€2,

Texte zur Gruppendynamik

Georges Lapassade

Gruppen, Organisationen, Institutionen

Ernst Klett Verlag Stuttgart

Aus dem Französischen übersetzt von Ute Guzzoni
Die Originalausgabe erschien unter dem Titel
»Groupes, Organisations et Institutions«

Der deutschen Ausgabe liegt die zweite Auflage von 1970 zugrunde

Satz und Druck: Ernst Klett, Stuttgart
Printed in Germany 1972
ISBN 3-12-905270-4

Inhalt

Vorwort

Das Studium der Kleingruppe hat unter den Humanwissenschaftlern die große Hoffnung hervorgerufen, daß sich die gemeinsamen und tiefgreifenden Gesetze, die sowohl das Individuum wie die Gesellschaft regieren, würden entdecken lassen. Damit würde ein Dilemma gelöst, dem die Psychologie und Soziologie zu Anfang unseres Jahrhunderts nur durch eine willkürliche Entscheidung entgehen konnten, da es ebenso unmöglich ist, den Menschen ohne die für ihn unerläßliche soziale Umwelt, wie die Gesellschaft ohne die Menschen, aus denen sie sich zusammensetzt, zu verstehen.

Auf der Ebene der Kleingruppen zeigt sich, daß die Beziehungen zwischen den Fachgebieten mit Verhaltensweisen der Individuen und mit Inter-Reaktionen verknüpft sind, die der Beobachter mit Genauigkeit feststellen kann. Und wenn die Kleingruppe eine experimentelle Kleingruppe ist, die nach den verschiedenen Weisen der Autoritätsausübung geführt wird, oder die künstlich von jeder anderen gemeinsamen Aufgabe als der, »zusammen zu sein«, befreit ist, so erweist sich, daß nicht irgendetwas Beliebiges geschieht, sondern daß jeder sich der Gegenwart der anderen bewußt wird, in einem Klima, wo man die enge Verbindung eines jeden mit jedem anderen lebendig spürt. Die Gruppenerfahrung verleiht also dem »Erkenne dich selbst!«, dem letzten Wort aller Weisheit und jeder psychischen Behandlung, neuen Sinn, sie beweist aber auch, daß diese Erkenntnis, um vollständig zu sein, dem Rechnung tragen muß, was uns die anderen, sowohl durch die Rolle, die sie uns zuschreiben, wie auch durch die Rolle, die wir übernehmen, über uns selbst zu wissen geben.

Wie unbestreitbar auch die so gewonnene Erfahrung sein mag, sie stellt gleichwohl eine Reihe von Problemen. Die sogenannten Psychosoziologen haben von den Ergebnissen der Gruppenerfahrung Gebrauch gemacht, um die zwischen den Mitgliedern gewisser natürlicher Kleingruppen bestehenden Spannungen zu diagnostizieren und zu mildern: Man erleichtert es dem einzelnen, sich ihres Ursprungs bewußt zu werden. Dies hat zu der Auffassung geführt, daß es über die psychologischen oder psychotherapeutischen Anwendungen dieser Techniken hinaus möglicherweise auch noch soziologische Konsequenzen gäbe. Wenn die Kenntnis der das Leben der Kleingruppen regierenden Gesetze es dem Psychosoziologen erlaubt, in einem Team oder in einem Unternehmen ein Klima der Zusammenarbeit und des guten Einvernehmens an die Stelle von Neid und Autoritätskonflikten zu setzen, warum können dieselben Methoden dann nicht auch dazu benutzt werden, dem Klassenkampf, ja sogar dem Krieg ein Ende zu setzen? Dieser Optimismus, der vielleicht naiv, gleichwohl aber zumindest sympathisch erscheinen könnte, wurde, mehr noch aus politischen als aus wissenschaftlichen Gründen, nicht nur so weitgehend kritisiert, daß das Extrapolieren aus den Lebensgesetzen kleiner Gruppen auf menschliche Gesellschaften im ganzen als ungerechtfertigt erschien, sondern es wurde auch die Beschuldigung erhoben, damit würden geheime Absichten einer konservativen Politik verschleiert. Der auf diese Weise gegen die Methode gerichtete Verdacht wurde dann sogar auf die auf Kleingruppen beschränkten Versuche ausgeweitet. Die Psychosoziologen erschienen als die Agenten einer Gesellschaft, die zur Verteidigung von überlebten Institutionen hinterlistige und irreführende Kunststückchen organisiert, um jene gefügig zu machen, die nahe daran waren, zu revoltieren. Die Psychosoziologie wäre eine Art psychologisches Opium, das mit der gesellschaftlichen Wirklichkeit, die sie mehr verhüllte als entschleierte, nichts mehr zu tun hat.

Unbeschadet dieser extremen Positionen gab es und gibt es immer noch eine Sozialpsychologie, die keinen Grund sieht, Fakten zu leugnen, die heute durch so viele Versuche bekannt geworden sind, daß es unmöglich ist, sie als wertlose »Artefakten« zu betrachten. Im übrigen muß vielleicht zunächst eine erste Lehre aus jenen Polemiken gezogen werden, und man muß sich fragen, ob man im Schoße einer beliebigen Gesellschaft eine wenn auch nur vorübergehende Gruppe mit einer neuen Struktur schaffen kann, ohne in dieser Gruppe oder um sie herum Phänomene entstehen zu sehen, die zeigen, daß die Gruppe nicht von dem gesellschaftlichen Milieu insgesamt isoliert werden kann, vor allem nicht von den Institutionen, denen die Gruppenmitglieder angehören. Auch wenn man den Wert der durch die Gruppendynamik entdeckten Gesetze voll anerkennt, wird man einsehen, daß das Vertrauen des Leiters einer Institution, in der eine experimentelle Gruppe gebildet wurde, notwendig ist, damit die Gruppe ihre Erfahrung fortsetzen kann. Wenn die Entwicklung einer Gruppe die verantwortlichen Autoritäten beunruhigt oder gewisse Belange der Institutionen mit einbezieht, dann wird das Ganze dieser Institution auf das Bestehen der Gruppe zu reagieren beginnen. Sicherlich ist es normal und wünschenswert, daß die Institutionen sich weiterentwickeln. Aber Evolution und Revolution sind leicht zu verwechseln, vor allem, wenn, wie die Psychologie uns lehrt, der Widerstand gegen Veränderungen, der manchmal äußerst lebhafte Abwehrreaktionen hervorruft, ein Merkmal nicht nur der Individuen, sondern auch der Gruppen ist. Daher kommt es, daß der Psychosoziologie, die von manchen angeklagt wird, eine konservative Gesellschaft zu verteidigen, von anderen vorgeworfen wird, gefährliche revolutionäre Fermente in sich zu bergen und heimtückisch die anerkannte Autorität, die Gewohnheiten und Traditionen zu untergraben. Manche werden geneigt sein, daraus den Schluß zu ziehen, daß es nicht eine Psychosoziologie sondern Psychosoziologen mit je eigenen theoretischen Optionen und einer je eigenen persönlichen Politik gäbe. Um sie ihren Irrtum einsehen zu lassen, genügt es, glaube ich, daß sie diese Arbeit von Georges Lapassade lesen. Denn die objektiven Fakten, von denen dieser Autor sowohl im Bereich der Ideengeschichte als auch auf der Ebene der konkreten Erfahrung Rechenschaft gibt, können nicht als subjektive Ansichten abgetan werden, so oft er im übrigen auch Stellung bezieht. Weil ich die Entwicklung seines Denkens miterlebt habe, weiß ich, wie sehr Georges Lapassade die Objektivität der Information respektiert, auch wenn er in die Forschung eine Leidenschaft mit einbringt, die, ganz nach dem oben beschriebenen Mechanismus, entweder Enthusiasmus oder Protest nach sich zieht. Unvergeßlich bleibt, wie die Diskussionen, die Georges Lapassade auslöst, ohne daß er sie zu suchen scheint, aufgrund seiner umfassenden Bildung und der Aufrichtigkeit, mit der er sich ohne Vorbehalte auf sie einläßt, lebendig und bereichernd wirken. Er hat sich nicht darum bemüht, Schüler zu haben, gleichwohl hat er Schule gemacht, und die Begegnung mit diesem ganz und gar engagierten Philosophen der Aktionsforschung hat Geister geprägt und Bestrebungen geweckt, deren langfristige Wirkungen ich besonders bei denjenigen feststellen kann, die in seinem Gefolge die schwierigen Pfade der »institutionellen Pädagogik« erkunden. Daher bedürfte dieses Buch bei einer breiten Leserschaft keiner anderen Einführung als der durch den Namen Georges Lapassades.

Nun aber ist mir die Gelegenheit gegeben worden, dem Autor dieser Schrift meine Achtung vor seinem Werk zu bezeugen und das Interesse zu unterstreichen, das besonders Psychologie und Pädagogik an den Forschungen über erzieherische Selbstbestimmung nehmen. Und ich möchte nicht vergessen, daß Georges Lapassades Denken sich mit einer tiefen Kontinuität weiterentwickelt. Die schon in seiner Schrift »L'entrée dans la vie« angeschnittenen Themen finden sich in diesem Buche wieder. Lapassades Kritik an den Illusionen des »Erwachsenseins« stehen wir nicht ganz ohne Vorbehalte gegenüber, sie scheint indes unsere Gewißheit zu rechtfertigen, daß Georges Lapassade in einer schwierigen und niemals vollendeten Welt noch andere Entdeckungen für uns bereithält und daß er uns heute noch nicht sein letztes Wort sagt.

Juliette Favez-Boutonier

Vorwort zur zweiten Auflage

Dieses Buch über Gruppen, Organisationen und Institutionen ist aus Überlegungen hervorgegangen, die im wesentlichen mit meiner psychosoziologischen Erfahrung zusammenhängen. Diese Erfahrung hatte mich auf dem Weg über Versuche zu der Feststellung und dem Nachweis geführt, daß Ursprung und Sinn dessen, was in menschlichen Gruppen vor sich geht, nicht allein in dem gesucht werden darf, was auf der Ebene der »Gruppendynamik« sichtbar in Erscheinung tritt. Es gibt in diesen Gruppen — gleichgültig, ob sie zur Ausbildung von Menschen oder zur Untersuchung und Erforschung gruppendynamischer »Gesetzmäßigkeiten« gebildet wurden — eine verborgene, nicht analysierte, aber gleichwohl bestimmende Dimension, nämlich die der Institutionen. 1963 habe ich vorgeschlagen, das Verfahren, dem es um die Aufhellung jener verborgenen Ebene des Lebens und Funktionierens der Gruppen geht, *institutionelle Analyse* zu nennen (Lapassade, 1970).

Die damalige, von pädagogischer und psychosoziologischer Erfahrung ausgehende Arbeit hatte mich zu Ergebnissen geführt, die den von der Richtung der institutionellen Psychotherapie entwickelten Thesen nahekamen. Die Vertreter der institutionellen Psychotherapie haben gezeigt, wie die in der Gemeinschaft eines Krankenhauses praktizierte Gruppentherapie letztlich wirkungslos bleibt, wenn man die institutionelle Dimension dieser Gemeinschaft außer acht läßt. Will man dies vermeiden, so muß man an der Institution selbst arbeiten, die Institution der Behandlung selbst behandeln. Dieser Hinweis ist zu kurz, als daß mit einiger Genauigkeit angegeben werden könnte, worin heute die entscheidenden Beiträge dieser Schule bestehen. Es genügt festzuhalten, daß Forscher und Praktiker im Laufe der letzten Jahre endgültig zu der Feststellung gelangten, daß eine »Gruppe« — und unter »Gruppe« verstehe ich auch eine »soziale Organisation« — immer durch Institutionen überdeterminiert ist. Will man analysieren, was in einer Gruppe — sei sie eine »natürliche« oder »künstliche«, eine Lern- oder Experimental-Gruppe — vor sich geht, so muß man vorweg anerkennen, daß der Sinn dessen, was jetzt und hier in dieser Gruppe geschieht, mit dem Ganzen des institutionellen Gefüges unserer Gesellschaft verknüpft ist.

Somit besteht ein gegenseitiges Abhängigkeitsverhältnis zwischen den Vorstellungen von der Gruppe, der Organisation und der Institution ebenso wie zwischen den verschiedenen Ebenen der sozialen Wirklichkeit, die in jenen Vorstellungen gefaßt werden soll.

Topisch gesehen können die Begriffe *Gruppe, Organisation* und *Institution,* die in der gewöhnlichen Sprache die Bezeichnung von drei Ebenen des sozialen Systems ermöglichen, ebenso dazu dienen, drei Ebenen der *institutionellen Analyse* (oder institutionellen Sozio-Analyse) zu bestimmen.

Die erste Ebene ist die der *Gruppe.* Darunter wird man die Ebene der »Basis« und des alltäglichen Lebens verstehen. Die Basiseinheit ist die Werkstätte, das Büro, die Schulklasse. Auf diese Ebene gehört die sozioanalytische Praxis von Analyse und Intervention. Auf dieser Stufe des Sozialgefüges gibt es bereits *Institutionen:* Arbeitszeiten, Arbeitsrhythmus und Arbeitsnormen, Kontrollsysteme, Status und Rollen. Ihre Funktion besteht darin, die Ordnung aufrechtzuerhalten, das Lernen oder die Produktion zu organisieren. Diese Arbeitsnormen an der Arbeitsstätte bringen, wie Marx sagt, im Betrieb unmittelbar die *Herrschaft des Kapitals* zum Ausdruck.

Was in diesen Grundeinheiten, in den wirklichen Gruppen vor sich geht — und auch in den künstlichen Gruppen, in Trainingsseminaren — geht nicht in einer nur psychosoziologischen Analyse auf, wenn darunter der Versuch verstanden wird, das Sozialgefüge auf die Summe der in ihm stattfindenden Interaktionen zu reduzieren. Stattdessen ist mit Kurt Lewin zu sagen, daß die Feldanalyse der Gruppe die Analyse des sozialen Feldes in seiner Gesamtheit impliziert, daß die Gruppenanalyse nur dann zutreffend ist, wenn sie sich auf die institutionelle Analyse stützt. An der Basis der Gesellschaft werden die menschlichen Verhältnisse durch Institutionen geregelt; unter der Oberfläche der menschlichen (und unmenschlichen) Beziehungen gibt es die Produktions-, Herrschafts- und Ausbeutungsverhältnisse ...

Das ganze institutionelle System besteht bereits, hier und jetzt, bei uns. Es besteht in der materiellen Einteilung der Arbeitsplätze und -werkzeuge, in den Zeitplänen, den Arbeitsprogrammen, den Autoritätsgefügen. Die Staatsmacht ist, wenn auch versteckt, an der Arbeitsstätte und im Klassenzimmer gegenwärtig. Und gerade auf dieser unteren Ebene ist auch die Familie anzusiedeln als die Institution der Liebe und der Sexualität, als die exogame Organisation der Geschlechter, als die ursprüngliche Arbeitsteilung und die ursprüngliche Form der Beziehungen zwischen den Altersstufen, den Generationen. Die Familiengruppe bildet den stärksten Zement der bestehenden Sozialordnung, sie ist der Ort, wo sich, wie Freud zeigt, die Verinnerlichung der Repression vollzieht, die sich dann in der Schule fortsetzt. Hier liegt das Fundament des ganzen Systems.

Die zweite Ebene ist die der *Organisation.* Es ist die Ebene der

Fabrik als ganzer, der Universität, der Verwaltungsbehörde. Auf dieser Ebene der Organisation, einer Gruppe von Gruppen, die ihrerseits durch neue Normen geregelt wird, geschieht die Vermittlung zwischen Basis (»bürgerlicher Gesellschaft«) und Staat. Für uns liegt hier eine zweite institutionelle Ebene vor: die Ebene der Apparate, der Kontrollinstanzen, der Befehlsübermittlung; die Ebene der bürokratischen Organisation. Auf dieser zweiten Ebene nehmen die Institutionen bereits juristische Formen an, wie z. B. die des Privateigentums an Produktionsmitteln.

Die dritte Ebene ist die der *Institution,* wenn man diesen Ausdruck in seiner gewöhnlichen, auf die juristische und politische Ebene eingeschränkten Bedeutung nimmt. Doch ist die klassische Soziologie — vor allem seit Durkheim — bereits über diese eingeschränkte Bedeutung hinausgegangen: Durkheim und seine Nachfolger verstehen unter Institutionen alles *Bestehende* oder, anders gesagt, das Ganze des *Instituierten.* Die dritte Ebene ist letztlich die des *Staates,* der das *Gesetz* schafft, der den Institutionen Gesetzeskraft verleiht. So steht in der Gesellschaft, die noch die unsere ist, das *Instituierende* auf der Seite des Staates, also an der Spitze des Systems.

Die »Basis« dieses Systems ist dagegen von der Spitze *instituiert* — außer in Zeiten revolutionärer Krisen. Wird die Unterdrückung der Basis durch die Spitze aufgehoben, so erwacht in den Basiseinheiten das *Instituierende.* Die gesellschaftliche Sprache wird befreit, *kollektive Kreativität* wird möglich, überall erfindet man neue Institutionen, die nicht mehr — oder noch nicht — *herrschende Institutionen,* durch die Herrschaft des Staates geprägt sind. Dies ist der zugleich anatomische wie dynamische Aufriß des Systems, das hier mit den Termini »Gruppen, Organisationen und Institutionen« umschrieben wird. Dieser allgemeine Aufriß muß sich auf die Analyse eines jeden Systems anwenden lassen: auf ein Unternehmen, eine Kirche, eine Bank, ein Krankenhaus, eine Schule. Ich werde hier nur ein einziges Beispiel geben, nämlich das Beispiel der Schule, — nur um zu verdeutlichen, was in seiner Allgemeinheit im Bisherigen etwas abstrakt erscheinen mochte.

*

Die pädagogische Praxis vollzieht sich auf drei Ebenen: die erste ist die der *pädagogischen Grundeinheit,* der Schulklasse, der Lehrpraxis. In der traditionellen Pädagogik ist der Lehrvortrag, der Unterricht durch den Lehrer, das Vorherrschende. Durch die Reformen werden, vor allem im Oberstufenunterricht, Anleitung zu selbständigem Arbeiten, praktische Übungen und Seminare eingeführt. Doch behält bei diesen neuen Bestimmungen der Bezug zwischen Lehrenden und Lernenden seine — in der

»Wissen« und »Nichtwissen« einander entgegensetzenden Asymmetrie gegründete — Machtstruktur. Sagen wir vorläufig, daß es sich hier um die Ebene der »Lehrer-Schüler-Gruppe« handelt. Als solche wird sie gewöhnlich angesehen, und man erkennt nicht, daß es in dieser Gruppe bereits Instituiertes gibt. Man erkennt nicht, daß die Institution die Beziehung zwischen Lehrer und Schüler, das Ausbildungsverhältnis als erlebtes Verhältnis in grundsätzlicher Weise determiniert.

Die zweite Ebene ist die der *Anstalt,* der Schule, des Gymnasiums, der Universität. In diesem Buch nenne ich diese Ebene das System der äußeren Institutionen. Die Anstalt wird manchmal selbst »Institution« genannt.

Diese Ebene ist zunächst die der *Organisation.* Die Struktur der Schul- und Universitätsleitung ist traditionellerweise autoritär, — sei es, daß diese Autorität aus einer Wahl hervorgeht (wie bei den Dekanen der Fakultäten), sei es, daß sie durch Ernennung erlangt wird (wie beim Direktor eines Gymnasiums). Die Lernenden sind nicht (immer noch im traditionellen Schema) an der Leitung beteiligt; vor dem Mai 1968 wurden in den Fakultäten die Entscheidungen des Dekans nur von seinesgleichen »kontrolliert«, von den Lehrstuhlinhabern (im Fakultätsrat) und den Dozenten (in der Fakultätsversammlung). Diese ohnehin begrenzte Entscheidungskontrolle wird dadurch noch weiter eingeschränkt, daß der Dekan in direkter Verbindung zur Staatsgewalt steht, die er innerhalb der Fakultät repräsentiert, und daß er bei der täglichen Amtsführung die einzige Entscheidungsinstanz ist. Schließlich steht es diesen Institutionen nicht zu, selbst ihre Struktur zu verändern; die Reform kann nur von der Staatsgewalt ausgehen. Das zeigte sich vor kurzem wieder bei der Abstimmung über ein »Rahmengesetz«, das von oben her die sogenannte Autonomie der Universität dekretiert.

Der *Staat* — auf der dritten Ebene — erläßt die allgemeinen Vorschriften für die Universität (bezüglich der Ausschreibungen, der allgemeinen Richtlinien des Lehrplans, der für den Hochschuldienst gestellten Anforderungen). Aber wie soeben gezeigt, ist er schon auf der zweiten Ebene unmittelbar gegenwärtig (selbst wenn er dort seinen Repräsentanten, den Dekan, nicht selbst ernennen kann), und so auch auf der ersten Ebene, da der Wissenserwerb von den Professoren kontrolliert wird. Insofern die Lehrenden die Zeugnisse ausgeben, sind sie auf sichtbare Weise die Repräsentanten der Staatsmacht im Bereich der pädagogischen Grundeinheit.

Diese Beschreibung bezieht sich auf die Institutionen nur auf einem unmittelbar einsichtigen Niveau, nämlich auf dem der Macht, der Organisation, der Kontrollen. Doch erschöpfen diese Kriterien keineswegs die

Reihe der Normen, denen wir einen institutionellen Charakter zusprechen müssen: Es sind dies die Normen, die auf der Ebene der »Klassengruppe« die Prozeduren und das Ritual des Unterrichts festlegen, seine Einordnung in den pädagogischen Raum, die Festsetzung der Stundenpläne, die Ausbildungsverhältnisse in ihrer äußersten Komplexität, das völlige Ignorieren der anonymen, die Hörsäle bevölkernden Studenten, bis hin zu den persönlichen Beziehungen und den Arbeitsrichtungen; die Bestimmung der Lerninhalte als desjenigen, »was man bis zum Tag des Examens behalten muß«; die spezifische Eigentümlichkeit der pädagogischen Beziehung; die Prüfung.

*

Bei der institutionellen Analyse stößt man notwendig auf den Klassenstaat und, durch ihn vermittelt, auf die Klassenstruktur einer bestimmten Gesellschaftsformation. So müßte man, ausgehend von der Analyse einer Gruppe, wenn diese Analyse weit genug getrieben wird, bis zu dem System der sozialen Klassen und ihrer Beziehungen vorstoßen können. Dahin führte uns unmittelbar unser Beispiel des universitären Systems. Heute sehen wir ein, daß die Institution der Universität eine Klasseninstitution ist. Doch versteht man darunter — und manche bleiben an diesem Punkt der Analyse stehen — die gesellschaftliche Aufspaltung, die durch die Schule, durch das System der Prüfungen und Ausschreibungen, durch die Sprache hervorgebracht wird, all das, was im Ausgang von der Ungleichheit in der Bildung die wirkliche, durch eine formelle Gleichheit kaschierte Ungleichheit der dem Unterrichtssystem gegenüberstehenden Kinder und Studenten erklärt. Damit hat man nachgewiesen, daß die Universität tatsächlich eine Klasseninstitution ist und nicht eine neutrale, für alle offene Institution des Wissens, die, wie angeblich auch die Wissenschaft, jenseits aller Klassenkonflikte stünde.

Diese Analyse ist nicht falsch; aber sie ist unvollständig. Es muß darüberhinaus gezeigt werden, daß die hierarchische Gliederung dieser Universität, so wie sie sich unter der direkten Kontrolle des Staates fortpflanzt, in unmittelbarem Zusammenhang mit der Herrschaftsfunktion steht, die dem Wissen innerhalb der Arbeitsteilung zuzusprechen ist. Die Schule gewöhnt die Menschen daran, zu glauben, daß das vermeintliche »Wissen« eine Herrschafts- und Ausbeutungsgewalt gewährt. Es ist nichts Neues, daß das bürokratische System eine seiner wesentlichen Grundlagen in den Mysterien des Erkennens findet. Marx bezeichnete das Examen als bürokratische Taufe des Wissens. Und tatsächlich ist der Besitz solchen Wissens Ergebnis einer Initiation, die uns auf die Seite der in einer Gesellschaft Herrschenden versetzt oder uns ihnen zumindest dienstbar macht. Kurz gesagt, die Universität ist in eben dem Maße eine Klasseninstitution, als sie die Funktion hat, die hierarchische Gliederung unserer Gesellschaft aufrechtzuerhalten. Dazu bestimmt, die Herrschaftssysteme zu reproduzieren, ist sie selbst eine *herrschende Institution.*

Nun könnte allerdings der Klassenstaat nicht fortbestehen, wenn das Ganze der Herrschaftsinstitution zusammenfallen würde, wie das in jeder revolutionären Krise geschieht. Bevor dies gezeigt werden kann, muß noch ein für die Theorie der Institutionen wesentlicher Punkt herausgestellt werden.

Das System der Institutionen verlegt man wie selbstverständlich auf ein einziges Niveau der sozialen Struktur. So bemüht man sich heute in jeder Soziologie darum, Basis und Überbau (in der marxistischen Terminologie) oder (in der Sprache der von Durkheim herkommenden Soziologie) morphologische Basis und institutionelle Systeme zu unterscheiden. Bei dieser Beschreibung würde man die Institutionen auf der Ebene des »Überbaus« ansiedeln. Das aber hieße vergessen, daß z. B. die Produktionsverhältnisse bereits instituiert sind.

Vor allem aber: wenn wir noch einmal zu dem Beispiel des Universitätssystems zurückkehren, so zeigt sich sofort, daß sich diese Institution nur als ein Ort verstehen läßt, an dem *Ökonomisches* (die Universität hat eine an ihren Platz in der Produktion gekoppelte ökonomische Funktion), *Politisches* (wir haben ihre Beziehung zum Staat kennengelernt) und *Ideologisches* (man weiß heute, wie die Universität fortwährend Ideologie hervorbringt und verbreitet, indem sie allgemein behauptet, daß diese Ideologie die Wissenschaft sei) aufeinandertreffen. Man kann dieses Beispiel der Universität verallgemeinern und sagen, daß eine Institution nicht eine bestimmte Stufe oder Ebene einer Produktionsweise oder einer Gesellschaftsformation ist. Die Institution ist, um in der marxistischen Sprache zu bleiben, kein Überbau. Was sich im Überbau eines Systems zeigt, ist nur der institutionalisierte Aspekt der Institution: das Gesetz, die Vorschrift, die geschriebene Regel, die Verfassung. Man wird zugeben, daß sich das System der politischen Institutionen, des politischen Zusammenspiels, der Parteien nicht in seinem institutionalisierten Aspekt, der im geschriebenen Recht niedergelegt ist, erschöpft. Es gibt vielmehr auch Instituiertes, das nicht unmittelbar sichtbar wird und das doch zur Institution hinzugehört. So kommen wir dahin, das Prinzip aufzustellen, daß die Institution nicht ein bestimmtes Niveau oder eine bestimmte Ebene des Gesellschaftsgefüges ist, sondern ein Ergebnis des Zusammentreffens dieser verschiedenen Ebenen oder Instanzen. Sie ist überdeterminiert durch das Ganze des Systems, unter Vermittlung des Staates.

*

Zu Beginn der großen Kulturen, sobald die Produktion sich in größerem Maßstab organisiert, entsteht der Staat. Gleichzeitig erscheint in den Systemen des »orientalischen Despotismus« die erste herrschende Klasse. Später hat sich eine Kultur vom orientalischen Staat befreit: In der griechischen Morgenröte der westlichen Gesellschaft decken sich Staat und herrschende Klasse nicht mehr vollständig. Die neue herrschende Klasse gründet ihre Herrschaft jetzt auf das Privateigentum, und der Staat wird ihr »Instrument«. Im Laufe der abendländischen Geschichte, einer besonderen Geschichte, die ihren ursprünglichen Zusammenhang mit der »asiatischen Produktionsweise« verloren hat, wandeln sich die herrschenden Klassen gleichzeitig mit dem jeweiligen Staat. Was aber für die aufsteigende Klasse dabei auf dem Spiel steht, ist immer die Kontrolle über den Staatsapparat.

Besonders deutlich wird dies beim Übergang von der feudalen zur bürgerlichen Gesellschaft. Der Staat siedelte sich damals in einer Zone des Ausgleichs im Klassenkampf an, bis zu dem Augenblick, wo er — mit der Französischen Revolution — das wurde, was er für uns heute noch ist: der bürgerliche Staat. Marx und später Lenin haben diesen Ursprung und diese Funktion des Staates, des Ortes, an dem sich die Produktionsweise entschlüsselt, aufgezeigt. Das ist für die revolutionäre Bewegung bestimmend, und zwar so sehr, daß seit fast einem Jahrhundert politische Analyse und Aktion erst dann ihre *Legitimation* erhalten, wenn der Staat — mit seiner Polizei, seiner Armee und seiner Bürokratie — eindeutig als der primäre Gegenstand der Kritik erscheint und als das, was zerstört werden muß.

Tatsächlich stimmt es, daß der Schlüssel zu einer revolutionären Veränderung in der Zerstörung des bürgerlichen Staatsapparates liegt. Erst dann wird die bürgerliche und kapitalistische Gesellschaft wirklich aufhören, zu existieren, wenn sie ihren Kopf verliert, wenn sie enthauptet wird. Das unmittelbarste Symbol einer Revolution ist der guillotinierte König. Eine Revolution ist also nicht gleichbedeutend mit einem Staatsstreich. Es ist Hohn und Mystifikation zugleich, wenn diejenigen, die durch einen Staatsstreich zur Macht kommen, zuweilen behaupten, sie seien Revolutionäre. Eine Volksrevolution ist immer ein Vorgang, der damit beginnt, daß der Staat abgelöst wird durch eine vielgestaltige Herrschaft, durch ein neues institutionelles System, das nicht mehr der zentralen Gewalt hörig ist und in dem die gesellschaftlichen Institutionen nicht mehr Herrschaftsinstitutionen sind. Die Eroberung des Staatsapparates wird, wie Gramsci schreibt, dann möglich sein, wenn die Arbeiter und Bauern ein System von Institutionen gebildet haben, das in der Lage ist, an die Stelle des bisherigen Systems zu treten.

Vom Beginn der Revolution an deuten neue, durch die Entwicklung der revolutionären Bewegung selbst erst hervorgerufene Institutionen voraus auf das, was die neue Gesellschaft sein könnte. Die Institutionen der Revolution sind die revolutionären Clubs und Vereinigungen, und ganz allgemein all das, was es erlaubt, kollektive Herrschaft auszudrükken und auszuüben. Zu allen revolutionären Zeiten, die wir kennen — um bei den »klassischsten« zu bleiben: 1789, 1848, 1871, 1917 — sehen wir jedesmal, wie ständig tagende Generalversammlungen entstehen, die Ausdruck der Befreiung des *Instituierenden* in der Gesellschaft sind, die neue Formen gesellschaftlichen Lebens instituieren und kollektiv neue Steuerungsweisen erfinden.

Zugleich entbrennt alsbald ein Kampf zwischen der offiziellen Revolution und der »Revolution in der Revolution«. Seit 1790 klagt man jeweils zugleich die Verfechter des Ancien Régime und die Anarchie an, die »Ultralinken« sowohl wie die »Rechten«. In Konkurrenz mit den revolutionären Institutionen bildet man — in der neuen Legalität — Institutionen, die aus der Revolution hervorgegangen sind. Und das bedeutet bereits den Rückstoß. Seit Trotzki hat man diese innere Dialektik des revolutionären Prozesses häufig beschrieben. Die *permanente Revolution* müßte besagen, daß die Revolution in Wirklichkeit niemals abgeschlossene Institutionen hervorbringen kann, daß sie im Gegenteil das *Instituierende selbst instituieren,* daß sie es erreichen muß, daß die kollektive Herrschaft sich nicht mehr in Institutionen entfremdet, die sich von neuem verselbständigen.

Die Institutionen tendieren dahin, sich gerade dann selbst zu *verstaatlichen,* wenn die Revolution mit der Abschaffung des Staates beginnt; sie verselbständigen sich und werden damit von neuem zu Herrschaftsinstitutionen, d. h. zu Institutionen im Dienste der neuen herrschenden Klasse. Der instituierende Prozeß trägt also bei zur Bildung der neuen Klasse. Die Institutionen werden zu Institutionen dieser Klasse. Auch die neue Ideologie bildet sich in einem derartigen Prozeß. 1789 teilen alle die Gedanken der Freiheit und Gleichheit, und diese Gedanken haben eine universelle Tragweite. Aber sie werden bald darauf von der herrschenden Klasse umgebogen, »vereinnahmt«, und die Freiheit wird zur Freiheit der Herrschenden. Einschränkungen und Verordnungen dämmen in der Erklärung der Menschenrechte von Anfang an die ideologische Subversion ein und bewirken, daß dieselben Begriffe die neue Herrschaft zugleich verschleiern und rechtfertigen. Im Inneren der revolutionären Ideologie selbst entbrennt ein Kampf, in dem es um die Verkehrung des Sinnes geht und darum, eine Wahrheit über die Gesellschaft in eine herrschende Ideologie zu verkehren.

Verkehrung der Institutionen, Verkehrung der Ideologien — diese beiden zusammengehörigen Prozesse sind das Ergebnis der revolutionären Krise. Ideologie und Institutionen werden zu neuen Schranken, zu neuen Formen gesellschaftlicher Verdrängung. Der neue Staat erhält sich dadurch, daß er in alle Poren der Gesellschaft eindringt, daß er die Untertanen an den Gehorsam gewöhnt, daß er die Informationen, die öffentliche Moral, die Handlungs- und Denkweisen kontrolliert, durch all das, was zu Beginn dieses Jahrhunderts die Soziologen der Durkheim-Schule, als ideologische Diener des Staates, die Institutionen genannt haben. Die institutionelle Analyse stellt sich die Aufgabe, dieses institutionelle Doppelspiel, diesen Kampf zwischen Instituierendem und Instituiertem ans Licht zu bringen, von den hier und jetzt in unserer Erfahrung gegenwärtigen herrschenden Institutionen zurückzugehen auf den Staat.

Die Ideologie ist ein Prozeß gesellschaftlichen Verkennens. Sie versagt den Zugang zur Wahrheit, zur wirklichen Erkenntnis der Gesellschaft. Eine Analyse der Ideologien und der sie jeweils stützenden Institutionen muß von einer Hypothese über das Ungesagte ausgehen. Warum gibt es in den Gruppen etwas Ungesagtes, etwas »Geheimes«? Die traditionelle soziologische Analyse stellt hier eine anscheinend verwandte Hypothese über das Nicht-Wissen in der Gesellschaft auf. Diese Analyse setzt in der Tat voraus, daß die Menschen nicht wissen, was sie sind und was sie tun, wenn sie Radio hören, wenn sie einkaufen, zur Wahl gehen, die Gesellschaft und ihren eigenen Platz darin beurteilen. Die Gesellschaft impliziert auf der Seite ihrer Mitglieder immer eine prinzipielle Verkennung des strukturellen Sinnes ihrer Handlungen, desjenigen, was ihre Entscheidungen, ihre Vorlieben und Abneigungen, ihre Meinungen und Sehnsüchte determiniert. Der Soziologe bringt die Parameter der Gesellschaftsstruktur ans Licht und zeigt dadurch auf, warum man etwa diesen bestimmten Beruf wählt, warum man sich entschließt, diesem besonderen Studium nachzugehen. Gleichzeitig zeigt er, daß diese Analyse nicht unmittelbar vorgehen kann, daß die befragten Personen nicht ohne weiteres oder spontan feststellen können, wodurch sie determiniert wurden. Es handelt sich hier um eine Kritik der Möglichkeiten spontaner Wahrheitsfindung; aber man sagt nicht, warum solche Spontaneität unmöglich ist.

Die institutionelle Analyse muß versuchen, diese Verkennung nicht als eine bloße Unkenntnis der gesellschaftlichen Strukturen und Funktionsweisen, sondern als einen Mechanismus kollektiver Verdrängung zu erklären. Sie stellt die Hypothese auf, daß der Sinn unterdrückt wird, daß wir das Wahre darum nicht sagen, ja nicht einmal denken können, weil uns eine gesellschaftliche Verdrängung permanent den Zugang zu der

Wahrheit über unsere Situation und über den Gesamtzusammenhang unseres Systems versagt. Die ständige Verdrängung des gesellschaftlichen Sprechens, das *Ungesagte* in den Gruppen, würde also letzten Endes davon herrühren, daß in unserer Gesellschaft der Sinn ständig unterdrückt wird. Diese Repression entspringt der von den führenden Klassen und dem Staat als ihrem Unterdrückungsinstrument ausgeübten Herrschaft. Der Staat vollbringt diese Aufgabe »ideologischer« Verdunkelung durch Vermittlungen institutioneller Art, die überall die Gesellschaft durchdringen. Der Staat kontrolliert Erziehung, Information und Kultur. Er erhält das Ungesagte, indem er überall — in der Presse wie im alltäglichen Verkehr — die Selbstzensur und die Normierung hervorruft, die beide die echte Kommunikation unterbinden. Die Gegenprobe hierzu liegt in der Befreiung des Sprechens in der revolutionären Krise, wenn die Unterdrückung aufgehoben ist.

Die Revolution selbst ist das, was in erster Linie unterdrückt wird. Sie zu verhüten ist die Funktion der Ideologie und der herrschenden Institutionen, die zugleich die kollektive Zustimmung zur Herrschaft gewährleisten, wie sie Konflikt und Kampf, die der Herrschaft ein Ende bereiten könnten, verhindern.

In diesem Konflikt bleibt der Soziologe nicht neutral. Üblicherweise besteht seine Rolle darin, Ideologien zu fabrizieren, das Schweigen der Gesellschaft mit Gerede über dieses Schweigen zu übertönen, die »Leere« der gesellschaftlichen Bedeutungen ständig auszufüllen, »Bedeutungen« hervorzubringen, um den Sinn zu beseitigen. Insofern ist die Soziologie ein Symptom der Gesellschaft. Die kritische Infragestellung der modernen Gesellschaft impliziert darum ein kritisches Sich-selbst-Infragestellen der Soziologen.

*

Vor der Mai-Krise war unsere Institutionsforschung in eine Sackgasse geraten. Schon seit langem bemühten wir uns vergeblich, von innen her die toten Punkte der Sozialwissenschaften zu überwinden, insbesondere die der Psychosoziologie der Gruppen, Organisationen und Institutionen. Gleichzeitig wollten wir, zusammen mit einer kleinen Minderheit von Lehrenden, Techniken der institutionellen Pädagogik und der Selbstbestimmung (autogestion) entwickeln. Ein solches zugleich theoretisches und praktisches Unternehmen machte eine Neubestimmung des Begriffs der Institution erforderlich. Obgleich nach Durkheim zahlreiche Soziologen diesen Begriff in den Mittelpunkt der soziologischen Theorie gerückt hatten, entdeckten wir, ausgehend von bestimmten psychosoziologischen und pädagogischen Praktiken, im *Hier-und-Jetzt* der Verhältnisse in

Produktion, Bildung, Krankenbehandlung usw. eine grundsätzliche und ständige Verdunkelung der institutionellen Dimension.

Nach der mühsamen Wiederentdeckung dieser »institutionellen Dimension« in Praxis und Analyse waren einige von uns der Auffassung, man könne Erziehung, Schule, Universität und vielleicht sogar den Staat grundlegend verändern, indem man »subversiv« neue Institutionen in die Lehrer-Schüler-Gruppe einführte, in Anlehnung an parallele Versuche »institutionalistischer« Psychiater, die für die Erfordernisse der Behandlung neue therapeutische Institutionen erfinden. Aber nach und nach haben wir erkannt, daß dieses Vorhaben zutiefst utopisch war.

Die Maikrise hat die Illusionen und Mißverständnisse verschwinden lassen. Seitdem ist die Krise der Institutionen auf allen Ebenen unseres gesellschaftlichen Systems offenkundig geworden. Die Universitätseinrichtungen bleiben allerdings — notdürftig »reformiert« — bestehen. Das jedoch ist bloße Fassade, dahinter ist nichts als Leere: Regulierung ist an die Stelle der Ausbildungsziele getreten; alle Ziele werden geleugnet; niemand vermag mehr an einen sinnvollen Fortbestand dieser alten Institution zu glauben. Sie kann ihren Bestand nur noch durch die Furcht sichern. Auf die Dauer läßt es sich nicht mehr verhindern, daß alle, die Lernenden und selbst die Lehrenden, zu einem Bewußtsein darüber gelangen, welchen Sinn die Institutionen des Wissens, der Bildung und des Lernens tatsächlich haben. Alles wurde enthüllt: die ungleichen Beziehungen zwischen Lehrenden und Lernenden, die Kontrolle über das Wissen, die Titelverleihungen und die autoritären Verfahrensweisen bei der Ernennung der Lehrkräfte. All dies wurde durch die Krise in Frage gestellt. Die vorübergehende politische Unterbrechung dieser Krise hat den Zerfall des Unterrichtssystems nicht aufhalten können.

Die Krise wurde ausgelöst und inspiriert durch die Jugend. Erst ihr unmittelbares und entschlossenes Eingreifen in die politische Unordnung ließ uns einsehen, was die *Institution des Erwachsenen* eigentlich bedeutet und welche repressive Funktion ihr zukommt. Die Integration in das System des sogenannten Erwachsenenlebens mit seinen Normen, seinen Mythen, Privilegien und Abhängigkeiten ist eines der wirksamsten Instrumente »sozialer Kontrolle«, und d. h. der in unserer Gesellschaft sich vollziehenden permanenten Gegenrevolution. In dem Moment, da sie ins Leben eintreten, lernen die Jugendlichen jenen Repressionshorizont kennen, der für ihr ganzes Leben bestimmend sein wird. Sie lehnen ihn ab und damit das ganze Gesellschaftssystem. Trotz der Klassenunterschiede, die Studenten und junge Arbeiter voneinander trennen und einander entgegensetzen, bewirkt diese institutionelle Solidarität — in Zeiten verschärfter Konflikte —, daß die »Altersklasse« eine offensichtliche Vermittlungsfunktion übernimmt. Der Hauptkonflikt in unserer Gesellschaft ist nicht der »Konflikt zwischen den Generationen«, sondern der Klassenkampf. Aber daß die junge Generation die gesellschaftliche Integration verweigert, wird dazu führen, oder besser: bedeutet bereits unmittelbar, daß die Klassengesellschaft anhand einer ganz bestimmten institutionellen Situation erkannt und abgelehnt wird. Die Jugendlichen sind in dieser Gesellschaft die Beherrschten. Von ihnen und ihrer Verweigerung kann ein wirklicher Umsturz des Bildungs- und des Integrationssystems für die Jugend ausgehen.

Die Krise der Institutionen hat mit Hilfe der Jugend die kapitalistischen Produktionsorganisationen erreicht, zugleich aber auch die Organisationen der Arbeiterklasse, deren institutionelle Funktion von den Werktätigen in Frage gestellt wurde. Die Arbeiter haben die Verhandlungen zwischen den Spitzengremien abgelehnt. Sie sind ohne Vorankündigung in den Streik getreten. Einige von ihnen, vor allem die jüngeren, haben die Wirksamkeit der direkten Aktion, der Überschreitung bestehender Normen wiederentdeckt. Die direkte Aktion ist wieder zu einer subversiven Praxis geworden, deren Wirksamkeit man erprobt hat. Diese Kritik der universitären, ökonomischen und gewerkschaftlichen Institutionen auf dem Wege direkter Aktionen (wilder Streik, Besetzungen und Selbstverwaltung als Formen des aktiven Streiks) reicht unendlich weiter als die gewöhnlich gegen die Bürokratisierung der Behörden und Apparate erhobene Kritik. In der traditionellen Kritik zeigen die Soziologen die bürokratischen Dysfunktionen der Organisationen auf; die positivistischen Bürokratietheoretiker entlarven den »Verrat der Führungskräfte«. Diese inzwischen wohlbekannten kritischen Stimmen haben wir in der ersten Ausgabe dieser Arbeit untersucht. Aber die praktische Kritik ist darüber hinausgegangen.

Heute werden die grundlegenden institutionellen Regulationsmechanismen unserer Gesellschaft überall kritisiert. Die Integrationsfunktion der Institutionen, die permanente Verhinderung des Ausbrechens von Konflikten und deren Verschleierung springen allen in die Augen. Was man manchmal eine Zivilisationskrise nennt, ist in erster Linie die Krise jener Institutionen, die diese »Zivilisation« begründen und schützen, die Verbreitung ihrer Nachrichten gewährleisten, die herrschenden Ideologien übermitteln, für die Sicherheit und Aufrechterhaltung der Ordnung sorgen. Hinter dieser Ordnung stehen immer die Kräfte der Repression. In einer Gesellschaft der Ungleichheit und der Herrschaft halten es die herrschenden Institutionen stets mit der Repression, — sind sie selbst repressiv. Schon der Soziologe Max Weber hat das unterstrichen: die Institutionen sind nicht auf die Zustimmung der an ihnen »Teilhabenden«, auf den Konsensus angewiesen. Es genügt, wenn sie sich auf die Macht des Staates stützen können. Sie erhalten sich aufrecht durch Drohungen.

*

Die Maiereignisse waren für uns sowohl eine Bestätigung wie eine Widerlegung all dessen, was wir hatten zustandebringen können, und so auch dieses Buches. Eine Bestätigung — so scheint es —, wenn man die Bedeutung in Betracht zieht, die die Ideologie einer modifizierten Gruppendynamik, die Kritik der Bürokratie oder die ersten Versuche pädagogischer Selbstbestimmung im Laufe dieser Ereignisse gewonnen haben. Zugleich aber hat, wie bereits gesagt, dieses Geschehnis die Illusion widerlegt, die uns von der Arbeit der nach dem Prinzip der Selbstbestimmung vorgehenden Erzieher, Sozialpädagogen und der praxis- und interventionsorientierten Psychosoziologen zuviel erwarten ließ. Wir sagten bereits, daß unsere Arbeit zweideutig, daß die Praxis der Sozio-Analytiker reformistisch war, auch wenn sie manchmal andeutungsweise den informellen Widerspruch an der Basis der Gesellschaft und das Entstehen einer ungezähmten Gesellschaft sichtbar werden ließ. Wir hatten nicht deutlich genug erkannt, daß die Aufhebung der Unterdrückung, die die in den Gruppen bestehenden Möglichkeiten, die »instituierenden« Forderungen und die wahre gesellschaftliche Sprache freisetzt, nur durch die direkte Intervention der Beherrschten selbst erfolgen könnte, in der Schule, in den Fabriken und in der ganzen Gesellschaft, — nicht aber durch die Intervention derer, die auf Grund ihrer arbeitsteiligen Stellung als Ausbilder oder Analytiker gewöhnlich auf der Seite der Unterdrückung stehen.

Utopie, Reformismus und Illusionen über die Möglichkeiten sozioanalytischer Intervention traten zutage, als die Veränderung, die wir durch unsere institutionelle Praxis vorzubereiten trachteten, anderswoher kam, als andere die erste Bresche schlugen. Unser Widerspruch blieb solange eingesperrt in Aufsätze, Bücher und Seminar-Übungen, in die Ghettos der Ideologen und der Praktiker, unserer Kollegen — die diesen Widerspruch übrigens als eine Verirrung ansahen —, bis auf einer Machtebene, die wir mit unseren Interventionen niemals hatten erreichen können, die institutionellen Kontrollmechanismen zersprangen. Als die Studenten und Arbeiter die direkte Aktion praktizierten und institutionelle Machtzentren besetzten, hat die in den analytischen Gruppen vergeblich erwartete Freisetzung instituierender Kreativität das tägliche Leben überflutet.

Muß man also die direkte und revolutionäre Aktion der institutionellen Analyse entgegensetzen? Muß man all dem, was in diesem Buch vorgeschlagen wird, eine Absage erteilen? Oder kann man nicht vielmehr die Analyse neu erfinden — wenn man nämlich zugibt, daß sie ihre Aufgabe solange bloß stellvertretend erfüllt, als sie isoliert bleibt, daß sie nur dann wahrhaft verwirklicht wird, wenn die ganze Gesellschaft sich in die Analyse begibt und sie selbst durchführt? Will man die Analyse unbedingt retten, so muß man jedenfalls die aus der Psychoanalyse übernommene analytische Grundregel neu überprüfen, die Analyse und Agieren einander entgegensetzt und damit innerhalb der analytischen Arbeit einen Übergang zum Agieren ausschließt. Was kann sozio-analytische Ausbildung und Intervention nützen, wenn sich in Wirklichkeit gar nichts ändert? Dies ist genau das Problem, das sich den Analytikern heute stellt.

Einige Psychologen haben bereits ihre Antwort gegeben, daß nämlich ein fortgesetztes, aber progressives und »vorsichtiges« »analytisches Wirken« Veränderungen in die Gesellschaft einführt, die zunächst kaum wahrnehmbar sind, die aber durch ihren kumulativen Effekt auf die Dauer doch wirksam werden. Aber welche Art von »Veränderung« hat man dabei im Blick, und wem soll sie zugute kommen? Impliziert diese Beschreibung nicht im besten Fall eine reformistische Vorentscheidung, die nicht analysiert — hier liegt der blinde Fleck der Analyse — und die auf die soziale Analyse einfach übertragen wird? Und: muß man weiterhin Analyse und wildes Agieren einander entgegensetzen wie jene Verfechter der vorsichtigen und kontrollierten Intervention? Schließlich hat sich im Gegenteil gerade gezeigt, daß die direkte Aktion eine *analytische Wirkung* haben kann, die weiter geht als unsere analytischen Interventionen. Um eine treffende Sozialanalyse erstellen zu können, braucht man kein diplomierter und anerkannter Analytiker zu sein, der in der Handhabung seiner esoterischen Berufssprache bewandert ist. Jemand, der auf revolutionäre Weise als Triebfeder wirkt, kann in der Aktion eine anerkannte analytische Funktion ausüben, er kann durch seine Worte wie durch seine Taten die Enthüllung der Bedeutungen erleichtern, die Institutionen in ihrer Wahrheit aufdecken und sie zwingen, zu sagen, was sie sind. Vor allem aber kann es einer wirksamen revolutionären Praxis gelingen, die von uns in diesem Buch beschriebenen Ebenen des institutionellen Systems sichtbar zu machen.

Im Mai haben wir, im Lichte der Ereignisse, die Tatsache wiederentdeckt, daß der Staat in dem Moment nicht mehr ist, da er sich nicht mehr auf die *herrschenden Institutionen* stützen kann, und daß diese Institutionen sich nur gestützt auf den Staat und seinen Unterdrückungsapparat aufrechterhalten können. Wenn z. B. die Institution der Universität die innere Ordnung ihrer Einrichtungen nicht mehr garantieren kann, so springt die Staatspolizei ein und übernimmt unmittelbar alle ohnmächtig gewordenen kulturpolizeilichen Funktionen der Universität.

Der Staat hält die Institutionen durch die Furcht seiner Untertanen aufrecht. Gleichzeitig sind die Institutionen die Wurzeln der Staatsmacht — und damit der herrschenden Klassen — im Ganzen der Gesellschaft. Um dies zu verstehen, genügt es übrigens, Durkheim zu lesen. Sein Verständnis war allerdings nur ein theoretisches, und es ging vor allem in die Richtung einer gewissen Rechtfertigung. Durkheim war ein Mann der Ordnung und liebte das »Instituierte«. Die von den Soziologen beschriebene institutionelle Ordnung erschien fast als eine »natürliche«, notwendige, unumgängliche Ordnung. Wir hatten Marx vergessen.

Die allgemeine Krise der Institutionen, der seit den Maiereignissen überall sichtbar gewordene Widerspruch gegen die Institution und die Rückkehr zur instituierten Ordnung haben in der Praxis deutlich werden lassen, was theoretischere Untersuchungen und eingeschränktere Erfahrungen — wie z. B. die pädagogische Selbstbestimmung — uns bereits vermuten ließen. Einige Experimente, die auf die Ebene von Trainingsseminaren und sozio-analytischen Interventionen beschränkt blieben, hatten schon die Auffassung nahegelegt, daß die Gesellschaften nach Modellen geführt werden könnten und sollten, die das genaue Gegenteil des gewohnten gesellschaftlichen Funktionsablaufs wären. Aber die experimentelle Wahrnehmung solcher Möglichkeiten wurde verdrängt durch den ganzen technischen und begrifflichen Apparat der Sozialwissenschaften in seiner praktischen Anwendung. Das wurde ganz deutlich, als die ersten Versuche pädagogischer Selbstbestimmung mit der Universitätsbürokratie zusammenstießen. Fünf Jahre später ist die Selbstbestimmung (autogestion) in den besetzten Fakultäten zum von allen anerkannten Programm geworden — für den Monat der Besetzungen! Gleichzeitig wurde die Selbstbestimmung in den Fabriken erprobt. Die bürokratische Ordnung war überall bedroht.

Während jenes Mai 1968 haben wir kollektiv die Praxis abgelehnt, daß Entscheidungen isolierten, zudem durch die Geheimhaltung ihrer Beratungen geschützten Instanzen vorbehalten bleiben. Wir haben wiederentdeckt und erprobt, was die »Rückkehr zur Basis« bedeutete, und zwar nicht mehr in dem bürokratischen Verständnis von Befragung und Wahl, sondern als permanente Praxis, die den einzigen Ort der Souveränität in die »Basis« verlegt. Auf diese Weise wurde auf allen Ebenen des gesellschaftlichen und politischen Lebens die institutionalisierte Trennung aufgehoben. Von da an wurde die Veräußerung der Volkssouveränität an einige wenige Gewählte nicht mehr als Selbstverständlichkeit und Naturnotwendigkeit angesehen. Wir haben gelernt, darin nichts weiter zu sehen als eine für einen bestimmten Gesellschaftstyp charakteristische Organisationsform. Marx zeigt, daß die Bourgeoisie die Feudalinstitutionen als zufällig und vergänglich, ihre eigenen Institutionen aber als natürlich und ewig ansieht. Eine Revolution in Gang bringen heißt, jene für gewöhnlich als unersetzlich angesehenen Institutionen aktiv zu bekämpfen. Noch wissen wir nicht, wie sie im einzelnen zu ersetzen wären. Dagegen wissen wir bereits, daß *ihre Zerstörung die notwendige Vorbedingung für die Erfindung neuer Institutionen ist.* Auch eine andere Kritik, die gestern noch auf einige kleine experimentelle Gruppen beschränkt war, wurde verallgemeinert: nämlich die Kritik an der Abstimmung, die die Wahrheit über den Willen der Gruppen dadurch ans Licht bringen soll, daß sie die Einstellung ihrer Mehrheit zeigt. Wir wußten bereits, daß diese Mehrheit nicht notwendig demokratisch ist. Aber die Maibewegung hat weiteres aufgedeckt: Eine Minderheit kann der wahre Ausdruck einer unschlüssigen Mehrheit sein, sie kann als *analytischer Indikator* fungieren und durch ihre gesellschaftliche Praxis einen neuen Konsensus schaffen. Und das ist es, was jetzt geschieht und was sich bereits in jeder früheren Revolution vollzogen hat.

1871, während der Pariser Kommune, haben die Einwohner von Paris ein neues Leben und neue Institutionen erfunden: Die alten staatlichen Institutionen (der bürgerliche Staat mit seiner Armee, seiner Polizei und seiner Bürokratie) wurden während jenes Frühlings, als Paris frei war, vorübergehend außer Kraft gesetzt. Die Kommune war bereits die echte »Partizipation«: Selbstregierung und Fest ineins. Alle Bedeutungen einer unmittelbaren »Teilnahme« aller am gesellschaftlichen Leben — die ökonomischen, politischen und die der Sphäre des Spiels zugehörigen — kamen in jenem Augenblick der Revolution zusammen.

Der Eintritt in die Revolution (die »fusionierende Gruppe«) bedeutet immer einen solchen Bruch, einen solchen Sprung im System und ein solches Erwachen kollektiven politischen Erfindungsgeistes. 1789: der sich verwirklichende Contrat Social, die Souveränität der instituierenden Generalversammlung, das sich bereits abzeichnende Absterben der zentralen Machtausübung (die Départements werden von gewählten Versammlungen verwaltet, unter Ausschluß von Vertretern der Zentralregierung). In den Clubs, den Kirchen, an vielen Orten versammeln sich die Menschen Tag für Tag, um gegen die Macht aufzubegehren. 1848 ist es dasselbe Erwachen einer kollektiven Sprache, in den Clubs und den Versammlungen — und das ist für ein Verständnis des Revolutionsverlaufs sehr viel signifikanter als die Gesetze über die Arbeitsorganisation, die Werkstätten, die Reformen, die neue Verfassung. 1871 — die Kommune: noch drei Monate lang politische Debatten in den neuen Souveränitätsinstitutionen. 1917 — die Sowjets, die Räte: von neuem wird in den Fabriken, auf den Schiffen, in den Kasernen das »System« der permanenten Generalversammlung gefunden. Was man jedesmal entdeckt — und wiederentdeckt — ist ein neues Verhältnis zur Politik, zum Ganzen des institutionellen Systems: neue Formen und neue *Institutionen* auch für das Alltagsleben. Wenn das aufhört, ist die Revolution suspendiert: 1794, im Juni 1848, im Mai 1871, 1918 — immer genau dann, wenn die Räte beginnen, ihre instituierende Funktion und ihre Macht an den neuen Staat abzutreten.

Sartre hat die kollektive und instituierende Souveränität als das Moment der *»fusionierenden Gruppe«* beschrieben. Er sieht in ihr bloß einen Ausdruck der Revolution, und er ist geneigt, sie in Begriffen darzustellen, die der Massenpsychologie nahestehen, so als ob die wirkliche Revolution noch dahinter stünde und in der Machtübernahme, dem idealen Moment des Staates, läge. Dieses Moment der gesellschaftlichen, vollständig befreiten Sprache, wo (nach einem Ausdruck von Montjoie, der in der »Kritik der dialektischen Vernunft« wiederaufgenommen wird) »jeder der Redner« ist, »bedeutet« für Sartre nur die Revolution. Die befreite gesellschaftliche Sprache ist für ihn ein Bedeutetes, nicht das zentrale revolutionäre Bedeutende. Mehr noch, Sartre zeigt nicht, daß in jenem Moment der *Gruppe* (die Souveränitätsversammlungen, die Clubs, alle revolutionären Vereinigungen sind in der Tat fusionierende Gruppen) die *Institution* bereits da ist: zunächst als instituierende Bewegung, sodann insofern diese Bewegung in neuen institutionellen Gruppen verwirklicht wird; schließlich, weil die »Masse« in Trance selbst »institutionell« ist. Sartre kommt den psychosoziologischen Analysen sehr nahe, und in diesem Sinne haben wir ihn in diesem Buch auch interpretiert, indem wir diesen Aspekt sogar noch betonten. In der »Kritik der dialektischen Vernunft« ist das Volk in der Revolte der eigentliche Akteur der Geschichte. Aber wir hatten im Lichte der Gruppendynamik und ihrer pädagogischen Anwendung jene Funktion des gesellschaftlichen Entlarvens (die Sartre der fusionierenden Masse zuspricht) einem Trainer neuer Art zugesprochen. Statt Sartre dazu benutzen zu wollen, die Psychosoziologen zu retten, hätten wir zeigen sollen, daß die Gruppen- und Organisationssoziologie nur eines der schiefen, von der Ideologie verzerrten Zeichen des revolutionären Entwurfs ist, der im Gewirr von Staat, Produktionssystem und kapitalistischer Organisation unkenntlich geworden ist. Die Psychosoziologie verkündete — noch sehr vage, sehr schlecht formuliert und bestimmt durch allzu künstliche Erfahrungen — den Plan einer neuen, oder, genauer, wiederzufindenden und wiederzuentdeckenden Form der Volkssouveränität. Kurz, anstatt bei den »Problemen« der Steuerung und bei neuen Rezepten stehenzubleiben, hätte man lieber den in der Gruppenerfahrung verborgenen institutionellen Widerspruch analysieren sollen. Die Maibewegung hat diesen Widerspruch mit einer ganz anderen Wirksamkeit entwickelt. In der Maikrise haben wir nicht nur die bereits in der eingeschränkten Erfahrung der Seminare verbreitete Ideologie wiedergefunden, sondern vor allem die Praxis der Selbstregierung: Es war die tätige Kritik der überlieferten Modelle der Machtdelegierung.

Allerdings waren uns die großen Themen des Mai 1968 — die befreite gesellschaftliche Sprache, die kollektive Entscheidung, die permanente Kritik der in den Gruppen entstehenden Machtverhältnisse, die Suche nach echter Kommunikation — bereits bekannt, wir hatten sie, ausgehend von gewissen aktiven Erfahrungen der Gruppendynamik, in diesem Buch selbst beschrieben. In bestimmten Veröffentlichungen der Bewegung vom 22. März findet man die Termini wieder, die wir gebraucht hatten, jetzt aber nicht mehr dazu benutzt, zu beschreiben, was in einem psychosoziologischen Seminar vor sich geht, sondern was auf der Straße geschehen war.

Man hat gesagt, daß damals das ganze Land — sagen wir, wenigstens Paris — zu einer riesigen »Basisgruppe« geworden war. Muß man daraus schließen, daß die Psychosoziologen in ihren Gruppen die Krise vorbereitet oder zum mindesten, daß sie ihr eine Sprache und eine Ideologie bereitgestellt haben? Das ist nicht bewiesen. Es stimmt allerdings, daß man in der Erfahrung vom Mai 1968 und in den aus ihr hervorgegangenen Texten auf Schemata und auf eine Sprache trifft, die zwar nicht an die gruppendynamischen Laboratorien im engeren Sinne erinnern, wohl aber an die Ideologie, die sich in den pädagogischen Erfahrungen der Kleingruppen ausgebildet hatte. Doch wenn man dies betont, so muß gleichzeitig daran erinnert werden, daß jene Befreiung der gesellschaftlichen Sprache auf der Straße vor sich ging, ohne Trainer, ohne die Situation instituierende Instruktionen. Wenn man also Ähnlichkeiten feststellt, so deshalb, weil beide Situationen — die des Seminars und die der Revolution — den gemeinsamen Zug aufweisen, in einem gewissen freien Raum abzulaufen und von einer Aufhebung der Unterdrückung auszugehen.

Der Unterschied zwischen beiden besteht darin, daß die Aufhebung der Unterdrückung in der Praxis der Seminare sehr viel eingeschränkter, sehr viel weniger eindeutig ist. Wenn es stimmt — worauf kürzlich hingewiesen wurde [1] — daß die T-Gruppe von gewissen Strömungen anarchisti-

1 Bernard M. Bass: Anarchismus und T-Gruppe (1967, 1970), zitiert von Robert Pagès in: L'analyse psychosociologique et le mouvement de mai 68 (1969).

schen Denkens beeinflußt wurde, so sind doch die Trainer in T-Gruppen gewöhnlich keine Anarchisten. Es geschieht gegen ihren Willen, wenn gewisse anarchistische Bestrebungen in dem durch den Versuch eröffneten Raum relativer Freiheit in Erscheinung treten. Diese Bestrebungen finden dann in der heutigen Sprache gewisse Ausdrucksformen, die wir in einer Bewegung wiederfinden, in der die militanten Anarchisten, die durch ihre Praxis eine Ideologie verbreitet haben, eine bedeutende Rolle spielten. Wir müssen noch weiter gehen: dieses Sich-Durchsetzen eines verwandelten anarchistischen Denkens, das man in Erfahrungen wiederfindet, die voneinander nachgerade so weit entfernt sind wie eine T-Gruppe von einer Krise revolutionärer Art, ist selbst ein Resultat der Krise. Die T-Gruppe begründet eine mikrosoziale Situation, in der eine gewisse Anzahl von Strukturen künstlich aufgehoben sind; was dann geschieht, ähnelt in der Tat einem Augenblick geschichtlicher Geburt. Daher die Ähnlichkeiten.

Der fundamentale Unterschied besteht darin, daß in der »T-Gruppe der Revolution« die Trainer fehlen. Der Zünder liegt hier nicht mehr in dem, was die Psychosoziologen eine *Intervention* nennen, vielmehr in der unmittelbaren Aktion als der revolutionären Praxis. Diese beiden sozialen Praktiken — diejenige der interventionistischen Psychosoziologen und die der revolutionären Bewegungen — lassen sich nicht gleichsetzen. Die Tätigkeit der nicht-direktiven Psychosoziologen bewahrt ein pädagogisches Verhältnis, das ein Machtverhältnis ist. Die revolutionäre Tätigkeit zielt im Gegenteil darauf ab, die Unterschiede aufzuheben, einfach eine Bresche zu schlagen [2], die es den Gruppen ermöglichen soll, sich selbst zu führen und sich selbst zu analysieren, ohne die Hilfe von Trainern, die zugleich mit der Durchführung der Analyse den »Ordnungsdienst« in den Trainingsgruppen übernehmen.

*

In diesem Artikel entwickelt R. Pagès einen dem unseren verwandten Standpunkt: »Es wäre naiv zu glauben, daß die seit einigen Jahren im studentischen Milieu erworbene psychosoziologische technische Erfahrung eine wirklich ursächliche Rolle hätte spielen können. Höchstens hat sie der aktuellen Bewegung gewisse neue Formen geben können.«

[2] Wir sagten: »Die Leute, die an der Demonstration teilnehmen, sind in der Lage, sich selbst zu verteidigen«, und wir entschieden, daß es am 10. Mai keinen Ordnungsdienst geben sollte, damit jeder sich selbst darum kümmert. Dany hatte sich mit zwei Genossen an der Ecke des Boulevard Saint-Michel und des Boulevard Saint-Germain aufgestellt und sagte: »Löst die Ketten auf, keine seitlichen Ketten mehr, damit die Bevölkerung sich anschließen kann ..., jeder wird sein eigener Ordnungsdienst usw.« In: Mouvement du 22 mars: Ce n'est qu'un début, continuons le combat. Paris, Maspéro, 1968, p. 7.

Dies ist ein zweideutiges Buch, das sich mit noch unsicheren Gegenständen beschäftigt. Seine Veröffentlichung rechtfertigt sich im wesentlichen durch seine Fähigkeit zur Provokation — mehr noch als durch seine informative Funktion. Weniger pointiert gesagt, läßt sich ein solcher Essay mit wesentlich kritischer Intention in eben dem Maße rechtfertigen, als er Veränderungen hervorzurufen vermag.

Die Zukunft wird zeigen, ob ihm heute noch eine solche Funktion zufallen kann oder ob wir dieses Buch, und vor allem das, wovon es handelt, als den Ausdruck einer bereits überwundenen Etappe ansehen müssen, einer Etappe in der Geschichte einer Krise, von der wir bisher erst die Anfänge kennen.

Januar 1970 G. L.

Ergänzende Anmerkung zur deutschen Ausgabe: Seither haben sich institutionelle Analyse und institutionelle Pädagogik in großem Umfang weiterentwickelt und verbreitet, wie die neuen Titel bezeugen, die wir in der Bibliographie mit aufführen. »Gruppen, Organisationen, Institutionen« ist nun Teil der bisher drei Bände umfassenden Serie »Recherches institutionnelles«, die der Autor beim Verlag Gauthier-Villars erscheinen läßt.

Juni 1972 G. L.

Einführung

Die unmittelbare Erfahrung des gesellschaftlichen Lebens vollzieht sich stets in Gruppen: in der Familie, in der Schulklasse, unter Freunden. Bei der Arbeit bilden immer Gruppen den unmittelbaren Erlebnishorizont: die Gruppe im Betrieb, die Gruppe in der Gewerkschaft. Doch tritt bereits in diesen Organisationsformen alsbald ein neues Moment hinzu; die Gruppe ist eingespannt in einen institutionellen Rahmen: die Organisation des Betriebs oder der Universität. Auf dieser Ebene verringert sich die Möglichkeit unmittelbarer Einflußnahme auf die Entscheidungen: es überkommt einen das Gefühl eigener Ohnmacht, die Entscheidungen scheinen häufig anderswo gefällt zu werden, ohne daß man selbst zu Rate gezogen würde.

Die zunächst unmittelbare und dann reflektierte Erfahrung dieses Widerspruchs hat die Menschen schon seit langem vor ein Problem gestellt, das die Geschichte nicht zu lösen vermochte. Sobald eine Gesellschaft sich organisiert — und zweifellos muß sie sich organisieren — hören die Menschen auf, an den wesentlichen Entscheidungen teilzuhaben; sie entdecken, daß sie von den verschiedenen Machtsystemen *getrennt* sind.

Diese Trennung ist nach Marx die fundamentale Existenzweise in der »bürgerlichen Gesellschaft«. Sie durchdringt alle Bereiche der Existenz, selbst des Privatlebens: die kleinen Gruppen des Alltags sind durch und durch bestimmt von jener Organisation der Trennung, die in der modernen bürokratischen Gesellschaft ihren höchsten Grad erreicht.

Das hat zu Reaktionen geführt. Sie waren zunächst politischer Art: Im letzten Jahrhundert erhoben sich verschiedene Denker gegen die bestehende Ordnung und verkündeten eine Zeit, wo die Menschen sich endlich in freien Gruppen zusammentun und die schöpferische Spontaneität der sozialen Gebilde freisetzen könnten. Gegen Anfang dieses Jahrhunderts wurde dieses Vorhaben dann auf neuen Wegen wieder aufgenommen. Diese Wege schienen wissenschaftlicher zu sein, blieben jedoch weiterhin bestimmt durch das Fortschreiten der Entfremdung in der neuen Gesellschaft.

Die Psychosoziologie der Gruppen wie die Organisations- und Bürokratiesoziologie erarbeiteten Begriffe und Techniken, die darauf angelegt waren, auf verschiedenen, aber konvergierenden Wegen die Dysfunktionen der Industriegesellschaft auf der konkreten und alltäglichen Ebene der gemeinschaftlichen Existenz zu *behandeln.*

Betrachtet man diese neuen Wege jedoch etwas näher, so entdeckt man, daß sie faktisch nicht auf eine Abschaffung der Entfremdung hinauslaufen, sondern bloß auf ihre Milderung, darauf also, sie erträglicher zu machen.

Die neuen Techniken gelingender Kommunikation, der Kooperation und der sogenannten »demokratischen« Führung erleichtern es den modernen Bürokratien, sich den technischen und sozialen Veränderungen anzupassen. Sie ermöglichen das Eintreten in eine neue bürokratische Ordnung — selbst wenn sie weitergehende Ziele zu haben scheinen, die in die Richtung einer neuen Gesellschaft weisen, die durch alle ihre Mitglieder kontrolliert würde und die eine Gesellschaft der Selbstbestimmung wäre.

Dieser bürokratische Reformismus zeigt sich besonders deutlich an der theoretischen wie praktischen Unfähigkeit der Gruppenpsychologie, die institutionelle Ebene der Gruppen zu handhaben. Dieses gleichwohl entscheidende Problem wird nicht ausdrücklich angesprochen. Alles geschieht so, als ob der Psychosoziologe — ohne daß er es ausdrücklich wollte — der Agent einer Modernisierung wäre, welche die Heraufkunft einer neuen Bürokratie ermöglicht.

Der Psychosoziologe ist nicht der einzige, dem diese Funktion zukäme. Die Ideologen, die jungen Gewerkschaftsführer, die jungen Unternehmensführer erfüllen dieselbe Aufgabe. Die »neue Arbeiterklasse« schafft die Führungskräfte für die neobürokratische und selbstverständlich »selbstbestimmte« Gesellschaft der Zukunft.

Das System wahrer Selbstbestimmung ist etwas völlig anderes. Es müßte der Trennung zwischen Führenden und Ausführenden, zwischen Herrschenden und Beherrschten ein Ende setzen.

Aber was könnte heute die Durchführung eines solchen Programms ermöglichen? Seit unserer Kindheit sind wir daran gewöhnt worden, diese Beziehungen der Trennung als natürliche und ewige Gegebenheiten der gesellschaftlichen Wirklichkeit anzusehen. Die Schule spielt eine entscheidende Rolle bei der Vorbereitung der Menschen auf eine Übernahme dieser Organisation der Trennung.

Von daher wird verständlich, daß man die Schule verändern muß, wenn man wirklich die Gesellschaft verändern will. Zweifellos genügt die Veränderung der Schule nicht. Aber umgekehrt kann sich gar nichts ändern, wenn die Menschen nicht von Kindheit an lernen, Institutionen zu bilden und sie zu leiten. Hier liegt die Wurzel dessen, was ich die pädagogische Selbstbestimmung (autogestion) nenne. Es geht ihr darum, Einstellungen und Verhalten zu ändern. Wenn morgen neue Formen eingeführt werden, bei denen es darum geht, endlich allen die Teilnahme an den Entscheidungen, d. h. die gesellschaftliche Selbstbestimmung, zu ermöglichen, so wird das gar nichts nützen, wenn die Menschen nicht bereits gelernt haben, in der neuen Gesellschaft zu leben, fortwährend an ihr zu bauen und niemals mehr die geschichtliche Entwicklung in erstarrten und von dem instituierenden Akt getrennten Institutionen aufzuhalten.

Das wäre das Ende des historischen Gegensatzes zwischen der — mit Sartre gesprochen — »fusionierenden Gruppe« und den Institutionen in einer Welt, wo die Menschen bereit wären, das Privateigentum an der Organisation, das das Auszeichnende und die letzte Grundlage unseres gesellschaftlichen Lebens ist, von sich zu weisen.

Sidi Bou Saïd, am 10. Juli 1966

Erstes Kapitel

Phasen der Organisationsgeschichte und die Entwicklung der Psychosoziologie

In der Entdeckung der von Gruppen, Organisationen und Institutionen aufgeworfenen Probleme, in der Tätigkeit der Psychosoziologen und der Organisationsberater in den Betrieben, in der Tatsache, daß Betriebe nicht mehr nur als ökonomische Institutionen, sondern als Organisationen bestimmt werden, in all dem zeigt sich eine Entwicklung, die, wie uns scheint, zu Anfang des 20. Jahrhunderts beginnt. Sie hat allerdings ihre Vorläufer, und sie wandelt sich im Laufe der Geschichte. Man muß die »Ära der Organisatoren« und den »organisierten Kapitalismus« in den Zusammenhang einer geschichtlichen Entwicklung einordnen.

Phase A: Frühsozialismus und Soziokratie

Während einer ersten Phase — der Phase A, um mit A. Touraine (1959) zu sprechen —, der Phase der industriellen und kapitalistischen Gesellschaft des 19. Jahrhunderts, bilden die Handwerke die Grundlage der Arbeiterorganisationen, und dies trotz der rapiden Entwicklung der Arbeitsteilung. Vielseitige Facharbeiter organisieren die Gewerkschaften und entwickeln Forderungen nach direkter Selbstbestimmung (»das Bergwerk den Bergleuten«). Die anarcho-syndikalistische Ideologie lehnt eine Betätigung auf der »politischen«, parlamentarischen Ebene ab. In diesen Organisationen stellt sich kein Bürokratieproblem. Aber das Proletariat des 19. Jahrhunderts wird nicht in seiner Gesamtheit von Massenorganisationen »vertreten«.

Zu jener Zeit entstanden die ersten großen soziologischen und politischen Lehren von der neuen Gesellschaft. Hier ist an die bedeutenden Strömungen zu erinnern, die immer noch unser politisches Denken bestimmen und noch heute den Horizont unseres Handelns und unserer Überlegungen bilden.

In Fourier kann man den wahren Vorläufer der Psychosoziologie der kleinen Gruppen und sogar der Gruppentechniken sehen. Wenigstens ist dies die These, die der Psychosoziologe Robert Pagès aufgestellt hat, und zwar ausgehend von einer genauen Analyse der fourieristischen Bewegung, die als Wegbereiter des Entwurfs zu einem sozialen und politischen Experiment angesehen wird, auf der Ebene, auf der auch heute ein solcher Versuch möglich ist: auf der Ebene der kleinen Gruppen und gesellschaftlichen Kleinorganisationen. Denn für Fourier reicht die Gruppe bis zur Größe eines Betriebes (R. Pagès, 1958).

Fourier ist zutiefst *direktiv*. Er entwirft den genauen und systematischen Plan einer sozialistischen Gesellschaft, in der, was das System angeht, nichts der Improvisation überlassen wird. Die Basisgruppen (in Ausbildung und Produktion) sind völlig in ein institutionelles System integriert, das ihre Koordination garantiert.

Schon vor Lewin und der Gruppendynamik und vor den Sozialkybernetikern wollte Fourier so etwas wie der Newton einer Gesellschaft der kleinen Gruppen sein; er wollte die Ordnung der beginnenden Industriegesellschaft — oder besser ihre Unordnung — analysieren im Hinblick auf ein mögliches System wissenschaftlich organisierter »Harmonie«, das bei den Leidenschaften des Menschen ansetzt, allgemeiner gesagt: bei seiner Psychologie. Dieses gesellschaftliche System komplexer Interaktion ist eine Psychologie der zwischenmenschlichen Beziehungen, die den Bedürfnissen Rechnung trägt und die nicht repressiv ist, obgleich das System den von Charles Fourier aufgestellten Plänen untergeordnet bleibt. Hier findet sich bereits der, wie später Auguste Comte sagt, »soziokratische« Anspruch, das *Human Engineering*, der Psychosoziologe als König.

Fouriers Werk ist somit voll von Antizipationen dessen, was ein Jahrhundert später die Gruppenpsychologie sagt. So zeigt er z. B., daß die pädagogischen und politischen Veränderungen notwendig Hand in Hand gehen; die kollektive und kollektivistische Organisation der Gesellschaft kann allein eine Gruppenpädagogik zulassen: »In diesen Gruppen wirken die Älteren auf die Jüngeren ein, und sie leiten sich gegenseitig zu den nützlichen Funktionen an, gemäß dem Anstoß, den die höheren Ränge der Cherubim und Seraphim gegeben haben, die bereits der tätigen Harmonie zugehören.«

*

Proudhon hat die fourieristische »Utopie« streng kritisiert. Er schreibt: »Es war meines Erachtens eine unglückliche Vorstellung der Phalansterien-Schule, zu glauben, sie werde die Welt mitreißen, wenn es ihr nur vergönnt wäre, ihr Zelt aufzuschlagen und ein erstes Modell-Phalansterium zu errichten. Man nahm an, daß ein erster, mehr oder weniger gelungener Versuch einen zweiten nach sich ziehen würde und daß, nach einem schneeballförmigen Anwachsen dieser Bestrebungen in der Bevölkerung, die 37 000 Gemeinden Frankreichs sich eines morgens in harmonische Gruppen und Phalansterien würden verwandelt finden. In der Politik und sozialen Ökonomie ist die Epigenese, wie die Physiologen sie nennen, ein völlig falsches Prinzip. Um die Verfassung eines Volkes zu verändern, muß man gleichzeitig auf das Ganze und auf jeden Teil des politischen Körpers einwirken; daran können wir nicht oft genug erinnern.« Hier wird vorweggenommen, was heute manche Soziologen den Psychosoziologen vorwerfen. Man denunziert den Irrtum einer »Revolution« durch die Gruppen (Morenos soziometrische Revolution, Lewins »Laboratorium«) im Namen der notwendigen Vorbedingungen, die in der gesellschaftlichen Veränderung insgesamt liegen sollen. Aber wenn Proudhon eine »tatsächliche Souveränität der arbeitenden, herrschenden und regierenden Massen« fordert, so stößt er wiederum auf die Gruppensysteme und fällt seinerseits unter die ironische Kritik von Marx. Nach dem Soziologen G. Gurvitch verkündet Proudhon deutlicher als Marx die gesellschaftliche *Selbstbestimmung* (autogestion) und somit das verallgemeinerte und dezentralisierte Gruppensystem. Doch für Marx ist das bei Proudhon nichts als ein rein abstraktes und nicht fundiertes Gedankengerüst. Das Gruppendenken ist das »Elend der Philosophie«: »Wie aus der dialektischen Bewegung der einfachen Kategorien die Gruppe entsteht, so entsteht aus der dialektischen Bewegung der Gruppen die Reihe (série) und aus der dialektischen Bewegung der Reihen das ganze System. ... Der Leser braucht indes vor dieser Metaphysik mit ihrem ganzen Gerüst von Kategorien, Gruppen, Serien und Systemen nicht zu erschrecken« (1953, S. 496 f.).

Mit Saint-Simon beginnt eine technokratische Strömung. Für ihn sind wir nach dem Jahrhundert der Revolutionen in das Jahrhundert der Organisation eingetreten. Hier beginnen die gegenwärtigen Probleme der Organisation. Saint-Simon kündigt die Ersetzung der »Politiker« durch die »Manager« an. Seit 1819 veröffentlicht er das Periodikum *»L'organisateur«*, das der Vorläufer der modernen Zeitschriften für Unternehmensführung ist.

Auguste Comte führt diese Lehre dann weiter aus, indem er die Rolle der »Soziokraten« bestimmt, die in Zukunft, auf dem Boden der beginnenden Soziologie, die Führungskräfte der Industriegesellschaft bei der Steuerung dieser Gesellschaft unterstützen können.

Ein ganzer Zweig der Soziologie und »interventionistischen« Psychosoziologie steht in unmittelbarer Verbindung zu diesen Lehren von Technokratie und Soziokratie. Comte spricht den Soziokraten die Aufgabe zu, die revolutionären Klubs in Stätten umzuwandeln, wo die Konflikte der Industriegesellschaft analysiert und behandelt werden, wo das Proletariat lernt, *zu partizipieren*, seinen Platz im Leben der neuen Gesellschaft einzunehmen.

In den sozialistischen Lehren seiner Zeit sieht Comte eine gewisse Wahrheit ausgedrückt: Sie zeigen auf ihre Weise, daß die Menschheit, nachdem sie endlich erwachsen geworden und in ihr positives Alter eingetreten ist, bald eine »universelle Kooperation« lernen wird. Er registriert eine »spontane Hinwendung« des Proletariats zu einer tatsächlichen Soziabilität, die sich vornehmlich darin manifestiert, daß »unsere Bevölkerung so erstaunlich bemüht ist, überall ohne irgendeinen besonderen Anlaß und obgleich jede wirkliche Begeisterung fehlt, Klubs zu bilden.« Solcher Art sind die revolutionären Klubs und — uns näherstehend — die Arbeitervereinigungen.

Doch sollen diese Klubs im »positiven Zeitalter« ihre negative und kritische Funktion verlieren, um sich der neuen geistigen Ordnung einzufügen; »sie werden dann die Hauptstütze für die geistige Erneuerung bilden ... Der Klub ist im Grunde vor allem dazu bestimmt, vorübergehend die Kirche zu ersetzen, oder besser, einen neuen Tempel vorzubereiten«. Diesen Tempeln der Zukunft widersetzen sich die von allen »westlichen Umstürzlern« entwickelten sozialistischen Lehren. Der Positivismus stellt sich von da an die Aufgabe, die Agitation durch Kooperation zu ersetzen, die revolutionäre Politik durch die neue Religion, deren Priester die Soziologen oder, wie Comte sehr zutreffend sagt, die Soziokraten sind. Ihre Rolle wird somit darin bestehen, das Proletariat innerhalb der kleinen Gruppen, die es spontan bildet, zu erziehen und zugleich die gefährlichen gesellschaftlichen Utopien zu zerstören, die darin bestehen, daß »da, wo die moralischen Mittel die Oberhand behalten müssen, auf politische Mittel zurückgegriffen wird«.

Was aber vor allem an diesen Utopien zu fürchten ist, ist ihre feindliche Einstellung gegenüber der hierarchischen Organisation der Produktion und der Gesellschaft: »nicht minder steht diese Utopie den soziologischen Gesetzen darin entgegen, daß sie die natürliche Verfassung der modernen Industrie mißversteht, deren unersetzliche Führer sie gern vertreiben würde. Eine Armee kann ebensowenig ohne Offiziere bestehen wie ohne Soldaten; diese elementare Feststellung gilt für den industriellen Bereich ebenso wie für den militärischen ... Es wäre keine große Operation möglich, wenn jeder Ausführende zugleich auch Führer sein müßte, oder wenn die Leitung ganz unbestimmt einer wirkungslosen und nicht verantwortlichen Gemeinschaft übertragen würde«, schreibt Comte in seinem »Discours sur l'ensemble du positivisme« (1848).

*

Marx meint im Gegenteil, daß das Problem nicht darin besteht, die kapitalistische Gesellschaft zu organisieren, sondern auf ihr Verschwinden hinzuwirken. Für ihn ist es nicht das Ziel der Analyse der Gesellschaft, ein »soziokratisches« Handeln zu begründen; sie soll das Proletariat bei seinem Kampf für die Zerstörung der Klassengesellschaft und die Beendigung politischen Handelns unterstützen. Die Klubs müssen sich verwandeln, aber nicht in Erziehungs-»Seminare«, sondern in proletarische Parteien, die den Umweg über den politischen Kampf nehmen können, um die Macht zu ergreifen und um die Trennung der Macht von der Gesellschaft aufzuheben.

Marx hat die Bedeutung der gesellschaftlichen Sprache und der Gruppendiskussion gesehen: »Für den schließlichen Sieg der im ›Manifest‹ aufgestellten Sätze verließ sich Marx einzig und allein auf die intellektuelle Entwicklung der Arbeiterklasse, wie sie aus der vereinigten Aktion und der Diskussion notwendig hervorgehn mußte.«[1] Wir müssen heute die Bedeutung sehen lernen, die Marx und Engels der Diskussion, der Selbstschulung des Proletariats, dem gesellschaftlichen Bewußtsein und der Ideologiekritik beigemessen haben.

Eine positive Theorie der Gruppen und Organisationen hat aber in Marx' Werk keinen Platz und kann ihn auch nicht haben, wenn man an die Grundlagen seiner Analysen denkt. Der Verfasser des »Manifest« und des »Kapital« zeigt vielmehr umgekehrt, daß die Industriegesellschaft und die Herrschaft der Bourgeoisie die menschlichen Beziehungen in allen Bereichen des gesellschaftlichen Lebens zersetzen. Aber in der gesellschaftlichen Existenz vollzieht sich durch diese notwendige Zersetzung eine dialektische Arbeit. So bereitet selbst der Verfall der Familiengruppe eine zukünftige neue Form der zerbrochenen Beziehungen vor: »in der Geschichte ist — wie in der Natur — die Fäulnis das Laboratorium des Lebens«.

Die Arbeitsgruppen der alten Handwerke sind ebenfalls verfallen. Die »Kooperation« — so lautet der Titel eines Kapitels aus dem *Kapital* — bedeutet in den modernen Unternehmen lediglich eine ganz mechanische »Solidarität« des Nebeneinanderarbeitens: Das ist die zerstückelte Arbeit, bei der jeder nur einen äußerst spezialisierten Beitrag zur Vorbereitung der verfertigten Gegenstände leistet; die »Gruppen« sind jeweils nur Produkt der Arbeitsteilung und der industriellen Konzentration der Arbeiter in den Fabrikkasernen. Nach Marx zeigt jedoch die Pariser Kommune bereits die Selbstregierung der Arbeiter, die Arbeiterselbstbestimmung als die Basis des zukünftigen gesellschaftlichen Systems. Die gesellschaftliche Revolution wird auf einer höheren Ebene die wirkliche

[1] Engels: Vorwort zur 4. deutschen Ausgabe des »Manifests der Kommunistischen Partei«, Karl Marx und Friedrich Engels, Werke, Bd. 22, S. 57, Berlin 1963.

Kooperation wiederherstellen. Vorbedingung hierfür ist notwendigerweise die totale Umstürzung des Systems, die radikale Veränderung der kapitalistischen Produktionsorganisation.

Die progressivsten Texte der marxistischen Theoretiker entwickeln weiter, was sich bei Marx kaum angedeutet findet. So beschreibt Lenin eine zukünftige Gesellschaft, in der alle und jeder uneingeschränkt an den Entscheidungen teilhaben: »die Köchin muß den Staat regieren können«. In der Praxis behält er jedoch — gegen die Arbeiteropposition, die seit 1821 die Arbeiterselbstbestimmung fordert — in der Organisation der Produktion und in den Produktionsverhältnissen das autoritäre Modell bei. Und Trotzki folgt in diesem Punkt Lenin, trotz seiner Begabung für die mikrosoziale Analyse, die sich vor allem im »Neuen Kurs« zeigt, wo eine politische Soziometrie der dynamischen Beziehungen vorweggenommen wird, die — in Partei und Staat — zwischen der Bürokratie und den Fraktionsgruppen bestehen. Es bleibt festzuhalten, daß für Marx und die Marxisten eine Gruppengesellschaft in ferne Zukunft gerückt ist. Sie wird entstehen mit dem Absterben des Staates und also der Bürokratie. Sie setzt eine klassenlose Gesellschaft voraus.

Phase B: Klassische Organisationstheorie und Human Relations

In der Phase B — seit Beginn unseres Jahrhunderts — werden die großen Industrieunternehmen bürokratisch; die klassischen Organisationstheorien (Taylor, Fayol usw.) formulieren und rechtfertigen diese Bürokratisierung. Der Arbeitsvorgang, der Produktionsprozeß, wird durch den Taylorismus selbst »bürokratisiert«: Die Bewegung der einzelnen Arbeitsvollzüge wird berechnet und gemessen, und anderswo, in den Büros für Arbeitsstudien wird darüber entschieden. Die Entfremdung wird bis zu ihren äußersten Grenzen getrieben. Die *Trennung* ist überall.

Die Arbeiterorganisationen sind das komplementäre Gegenbild zu den Produktionsbürokratien. Der Teilarbeiter — er ist das Ergebnis eines Prozesses, der in der Manufaktur seinen Ausgang nimmt und nicht erst von gestern datiert — delegiert sein ganzes Recht, sich zu verteidigen, zu vertreten und in seinem Namen zu sprechen an »Sprecher«, an Organisationen, die ihre hauptamtlichen Funktionäre und Bürokratien haben. Die Entscheidungen über Arbeitskämpfe fallen in Apparaten, die sich der Kontrolle derer, die sie gewählt haben, entziehen. R. Michels beschreibt schon 1912 das »eherne Gesetz« dieser Oligarchien. Wenig später, von 1917 an, weitet sich diese Diskussion aus, nämlich innerhalb der marxistischen Bewegung. Das Problem der Bürokratie wird zur fundamentalen Frage der Organisation und der Macht.

Gleichzeitig unternimmt von 1924 an eine andere, sich diesesmal innerhalb der Sozialwissenschaften vollziehende Bewegung, eine Kritik der industriellen Bürokratien und sucht nach Methoden, Abhilfe zu schaffen. Industriesoziologie kann — mit einem Ausdruck von B. Mottez — als ein antibürokratisches Manifest aufgefaßt werden. Und dasselbe gilt, wenn man das Entstehen der Psychosoziologie in der Industrie aus den Problemen der Phase B beschreiben und erklären will.

1924 wird Elton Mayo von der Direktion der Western Electric Company zu Rate gezogen, um gewisse, die Faktoren der Arbeitsleistung betreffende Probleme zu untersuchen. Während eines ersten Untersuchungsabschnittes beobachtet er eine Gruppe von Arbeiterinnen, die man isoliert hatte und in einem besonders ausgewählten Raum arbeiten ließ. Zwei Jahre lang beobachtet ein Assistent das tägliche Verhalten dieser Arbeiterinnen; aufgrund der Resultate versucht man, die Faktoren herauszufinden, die ihre Arbeit in Richtung auf eine Verbesserung der Leistungen beeinflussen. Man verändert einige materielle Arbeitsbedingungen, und die Arbeitsleistung steigt; man erhöht den Lohn, und die Leistung steigt ebenfalls; ein entsprechendes Resultat erhält man, indem man die Arbeitszeit herabsetzt oder eine Teepause gewährt. Somit scheinen alle diese Verbesserungen von Vorteil zu sein.

Dann kehrt man zu den Ausgangsbedingungen zurück und stellt gleichwohl fest, daß die Leistung besser ist als vor dem Versuch. Damit wird es notwendig, einen Leistungsfaktor zu erkennen, der bis dahin nicht in Betracht gezogen worden war. Dieser Faktor ist die Gruppe. Jene Arbeiterinnen haben untereinander gute zwischenmenschliche Beziehungen, die ihre Arbeit erleichtern. Diese — auch während gewisser Veränderungen der formellen, offiziellen Organisation der Arbeit fortdauernden — »informellen« Beziehungen sind es, die sich positiv auswirken.

Dann geht man zu einer zweiten Untersuchung in demselben Unternehmen über. In einem Arbeitsraum arbeiten neun Monteure, drei Schweißer und zwei Prüfer. Die Arbeit der Schweißer ist technisch der der Monteure untergeordnet (es handelt sich dabei um eine technische Arbeitsteilung): Sie müssen warten, bis die Blöcke von den Monteuren vorbereitet sind, um dann die Drähte auf die Blöcke zu schweißen; schließlich können sich die Prüfer einschalten. Neue Arbeiter erfahren eine fortschreitende Erweiterung ihrer technischen Kompetenz, und der Lohn ist abhängig vom kollektiven Produktionsergebnis.

Die Beobachtung ließ das Bestehen eines impliziten Codes der Zusammenarbeit in dieser Gruppe ans Licht treten: Kein Arbeiter hat versucht, seinen individuellen Verdienst zu maximieren. Andererseits funktionierte die Gruppe so, als ob sie sich gewisse, nicht zu überschreitende Normen gesetzt hätte; es bestand eine gewisse Solidarität der Arbeiter, die in einer Selbstregulierung der Gruppe zum Zuge kam — ein »informelles« System, dem man Rechnung tragen mußte, wenn man die Produktionsmechanismen zureichend verstehen wollte. Eine genauere soziometrische Analyse erlaubte es, weitere Elemente aufzudecken: die Existenz von sich unterschiedlich verhaltenden Untergruppen, Phänomene gegenseitiger Hilfe bei der Arbeit durch Austauschen der Arbeitsplätze. Kurz, das soziale Leben der Gruppe, mit ihren Spielregeln, ihrem Produktionsverhalten, ihren Beziehungen, ihren inneren Konflikten und ihrem Rollensystem konnte analysiert werden. Diese Untersuchung fällt mit dem Entstehen einer industriellen Psychosoziologie zusammen, welche die Analyse der Arbeitsgruppen in den Mittelpunkt stellt.

Damit ist das Problem der zwischenmenschlichen Beziehungen im Betrieb deutlich gestellt; die Bewegung der Human Relations nimmt hier ihren Ausgang. Sie trifft sich zunächst mit der soziometrischen Strömung und schließlich mit einer anderen, dem Laboratorium und der Forschung entstammenden Richtung, nämlich der Gruppendynamik.

Wir können bereits — mit Alain Touraine — sagen, daß die industrielle Psychosoziologie den Betrieb von ihren Anfängen an als eine *Organisation* bestimmt, d. h. als ein System von Kommunikationslinien, von Status und Rollen. Und das bedeutet sowohl einen Fortschritt wie eine Gefahr: die Gefahr besteht darin, daß man den Betrieb als Gruppe allein auf sich selbst zurückführt, ohne zu sehen, daß er in einem gesellschaftlichen System steht. Mit der Entwicklung der Soziometrie treten jener Fortschritt und jene Gefahr deutlicher hervor.

Gegen Ende des Ersten Weltkriegs gründet J. L. Moreno, ein aus Rumänien gebürtiger Psychiater, in Wien eine Schule für Schauspielkunst, die wesentlich von den Forschungen Stanislavskis angeregt wurde. Sie entwickelt sich bald zu einer Schule der Improvisationskunst, die einige ihrer Stoffe und Handlungen aus dem aktuellen Alltag, aus der Politik und den »faits divers« wählt.

Eines Tages macht Moreno einer seiner Schülerinnen, Barbara, den Vorschlag, statt ihrer gewohnten Rolle, der naiven Unschuld, die Rolle einer vulgären und aggressiven Prostituierten, wie sie in einer Skandalgeschichte vorkam, zu übernehmen. Der Freund der Schauspielerin stellt daraufhin eine positive Veränderung in ihrem privaten Verhalten fest; Moreno schreibt dies dem Rollenwechsel zu. Die Tatsache, daß sie diese neue Rolle spielte, hatte eine therapeutische — oder, wie Moreno auch sagt — kathartische Wirkung. Der Terminus »kathartisch« ist der aristotelischen Theorie vom Theater entlehnt; während jedoch der griechische Philosoph dem Theater eine solche kathartische Funktion gegenüber dem

Publikum zusprach, entdeckt Moreno, daß die Katharsis sich auf die Schauspieler selbst auswirken kann. So vollzog sich der Übergang vom »Theater der Spontaneität« zum Psychodrama, von der Schauspielkunst zur Psychotherapie.

Doch erhält sich unbeschadet dieses Fortschritts das Thema der Spontaneität. Moreno weist dem Psychodrama die Aufgabe zu, die in unserer Zivilisation verlorengegangene Spontaneität wiederherzustellen. Die Spontaneität der Ursprünge, der Kindheit: auf der psychodramatischen Bühne finden die Spieler des Dramas einen Stand der Gnade wieder, der dem der Geburt entspricht, wie Moreno sie versteht, nämlich als die Geburt eines unvollendeten und — eben auf Grund dieser Unvollendetheit — schöpferischen Wesens. Das Psychodrama ist Rückkehr zur Kindheit, zu ihrem Genie, ist Entdinglichung der versteinerten sozialen Rollen, wiedergefundener schöpferischer Elan, mit dem Vermögen, unaufhörlich den Schwierigkeiten des Alltags angepaßte Lösungen zu finden.

Zu Beginn der Sitzung sehen wir die Gruppe, die »Klienten«, den Gruppenleiter und seine Assistenten und manchmal ein mitwirkendes Publikum. Der erste Augenblick ist der einer »Verschmelzung« der Gruppe, der Schaffung eines Klimas, des *warming up*. Hier liegt das auslösende Moment für die anschließende Suche nach einem alle angehenden Thema. Dann wird zu diesem Thema eine Handlung ausgearbeitet; sie dient als Leitfaden für die dramatische Improvisation, die den Höhepunkt der Sitzung darstellt, auf den zum Schluß durch den Gruppenleiter oder unter seiner Mitwirkung eine Bewertung dessen, was zutage getreten ist, erfolgt. Dies ist der ideale Verlauf einer Psychodrama-Sitzung; denn man wird darin übereinstimmen, daß die Gesamtheit der Sitzungen, in denen es um die Behandlung eines einzelnen Falles, z. B. um die Trennung eines Ehepaares geht, ein *Psychodrama* genannt werden kann, ebenso wie die Gesamtheit der Sitzungen, die zu einer psychoanalytischen Behandlung, einer psychoanalytischen »Kur« gehören, eine »Psychoanalyse« ausmachen. Eine Gesamtheit von Sitzungen also, und im Verlauf einiger Sitzungen eine verbale und agierte Improvisation. Wie man sieht, beschränkt sich das Psychodrama nicht auf Rollenspiele, auf Sketches mit therapeutischer Intention. Es ist etwas ganz anderes, vor allem eine Gruppentechnik. Es wirkt wie eine Gruppenpsychotherapie, und deshalb beansprucht Moreno für sich auch den Titel des Begründers der Gruppentherapie.

Schließlich ist er der Begründer der *Soziometrie*. Nach seiner Emigration in die USA widmet sich Moreno der Problematik der Gruppen auf einer anderen, allgemeineren Ebene. Schon in den Wiener Parks hatte er Gruppen von Kindern beobachtet; und schon das Psychodrama richtete seine Überlegungen auf die Schwierigkeiten der sozialen Beziehungen. Bei der Arbeit in einem Flüchtlingslager stellte er fest, daß diese Menschen sich leichter an ihre Situation gewöhnten, wenn man ihnen gestattete, sich nach freier Wahl in Gruppen zusammenzuschließen: Eine derartige Beobachtung findet sich systematisiert wieder im »Test« der »soziometrischen Wahlen«, bei dem die Mitglieder einer Gruppe oder Organisation gefragt werden, welche Partner sie für die Lösung gewisser Aufgaben oder für Freizeitbeschäftigungen wählen würden. Von den dabei erreichten Ergebnissen ausgehend kann man zu einer Gruppenanalyse gelangen; man kann die Führer herausfinden, die Abneigungen, die Untergruppen, die Querverbindungen feststellen. Das Soziogramm ist die graphische Darstellung dieser inneren Organisation der Gruppe. Es ist zu unterscheiden vom Organigramm, der graphischen Darstellung einer offiziellen Struktur, nämlich der Hierarchie der Personen oder Gruppen in einer Fabrik, einer Schule oder einem Krankenhaus. Die soziometrische Untersuchung zeigt andere Hierarchien auf, andere Macht- und Abhängigkeitssysteme. Soziogramm und Organigramm stimmen selten überein, denn eine solche Übereinstimmung würde, wenn sie allgemein gälte, bedeuten, daß das gesellschaftliche System voll anerkannt und von allen Gruppenmitgliedern frei gewählt wäre. Moreno hat im übrigen die gesellschaftlichen und politischen Implikationen seiner Untersuchungen sehr wohl gesehen: Seine »soziometrische Revolution« ist nicht bloß der Ausdruck einer Bevorzugung der kleinen Gruppen in einem Programm sozialer Veränderungen; sie bringt ebensosehr den Gedanken einer permanenten Revolution innerhalb der gesellschaftlichen Revolution selbst zum Ausdruck und erhebt die Forderung, daß die neuen Gesellschaften sich nicht wiederum bürokratisieren lassen, um damit den Elan zu verlieren, der allein imstande ist, die entscheidenden Veränderungen hervorzurufen, die alten Strukturen umzustoßen und eine Zeit lang die schöpferische Spontaneität der »fusionierenden« gesellschaftlichen Gruppen wiederzufinden.

Somit erweist sich die Soziometrie als eine Technik des gesellschaftlichen Veränderns. Ihr Fundament ist psychologisch oder, genauer, interpsychologisch: Der soziometrische Test enthüllt die Sympathien und Antipathien, die anerkannten und die abgelehnten Strukturen. Zugleich aber offenbart er jenes komplexe System »informeller Gruppenbeziehungen«, die als die tatsächlichen psychosoziologischen Grundlagen einer Gruppe oder eines Systems von Gruppen anzusehen sind. Moreno versteht sich auf die institutionelle Dimension der Gruppen; seine nachgerade berühmt gewordene, in den »Grundlagen der Soziometrie« beschriebene Intervention in einem Resozialisierungsheim für jugendliche Straffällige zeigt deutlich, daß er auf dem Gesamtniveau der Gemeinschaft, also des institutionellen Systems, mit seiner gesellschaftlichen Aufgabenverteilung und mit all dem, was die *interne Institution* ausmacht, intervenieren will, daß er die Beziehungen und kleinen Gruppen hier ansiedeln will, indem er sie verändert.

Die soziometrische Intervention in den Gruppen und Institutionen wird also von einem Bestreben getragen, das dem des Psychodramas entspricht: Immer handelt es sich darum, die Spontaneität und Kreativität freizusetzen, das Vermögen, eine persönliche oder eine kollektive Geschichte zu erfinden. Es geht darum, die Gruppen zu erkennen, und dies nicht ausschließlich zu Forschungszwecken, sondern vielmehr, um Veränderungen zu erleichtern.

*

Der Terminus »Gruppendynamik« erscheint zum ersten Mal in einem 1944 von K. Lewin veröffentlichten Artikel. In diesem Text wird sogleich das Verhältnis von Theorie und Praxis näher umrissen: »Mehr als in irgendeinem anderen Bereich sind im Bereich der Gruppendynamik Theorie und Praxis auf eine methodische Weise so miteinander verknüpft, daß, wenn sie richtig gehandhabt wird, Antworten auf theoretische Probleme gegeben werden können und gleichzeitig jener rationale Zugang zu unseren praktischen gesellschaftlichen Problemen verstärkt wird, der eines der grundsätzlichsten Erfordernisse für ihre Lösung ist« (Lewin, 1944). Im folgenden Jahr, 1945, gründet Lewin das »Research Center of Group Dynamics«, zuerst im Rahmen der M.I.T. der Universität Cambridge, später, 1948, der Universität Michigan angeschlossen.

Die wissenschaftliche Tätigkeit von K. Lewin begann jedoch in Deutschland, und zwar mit individualpsychologischen Arbeiten, die man kennen muß, wenn man Herkunft und Gehalt der Begriffe verstehen will, die der Gruppendynamik zugrundeliegen. Mit Claude Faucheux (1959) können wir bei Lewin drei Abschnitte seines wissenschaftlichen Wirkens unterscheiden. Die erste Periode dieser intellektuellen Biographie endet 1930. Während dieser Periode interessiert Lewin sich für klassische Themen der experimentellen Psychologie: die Erforschung des Willens, der Wahrnehmungen, der Bewegung usw.; er widmet sich dieser Forschung in Fortführung einer bedeutenden Richtung der experimentellen Psychologie.

Diese experimentelle Psychologie hat zwei Phasen durchgemacht. Um 1890 haben die deutschen Psychophysiker die Methode der Psychologie verändert, ohne dabei ihren Gegenstand zu verändern: Anstatt die Introspektion als Weg zu der psychologischen Wirklichkeit zu wählen, wendet sich der Forscher den Instrumenten des Laboratoriums zu. Als Forschungsobjekt aber behält er die alten, aus der scholastischen Philosophie ererbten Kategorien bei, also den Willen, den Verstand, die Ideenassoziation. Zu dieser Zeit haben die Theologen, wie Georges Politzer es einmal ausdrückte, weiße Kittel angelegt und den Heiligen Thomas in Registrierapparaten versteckt. Zur selben Zeit jedoch gründet Freud mit seiner psychoanalytischen Praxis eine sehr viel konkretere Psychologie des »menschlichen Dramas«, die nun nicht mehr allein die Methode, sondern auch den Gegenstand der Psychologie verändert. Der Gegenstand des Psychologen ist das existierende Individuum oder die Person, der Mensch in seiner Geschichte und seinem alltäglichen Leben. Diese neue Ausrichtung beeinflußt auch das Denken und die Arbeiten der Psychologen der experimentellen Schule.

Während einer zweiten Phase, ab 1930, richtet sich Lewins Interesse zwar immer noch auf die Individualpsychologie; jetzt aber unter einem anderen Blickwinkel. Sein neues Forschungsobjekt ist die *topologische Psychologie:* Darunter versteht er eine räumliche Darstellung der psychologischen Situationen und ihrer Umwelt, in der sich *Regionen* unterscheiden lassen. So kommt man zur Bestimmung eines *psychologischen Feldes,* das von der Person und ihrer Umwelt gebildet wird. Diese durch die Physik (insbesondere durch den Elektromagnetismus) inspirierte Feldtheorie wird schließlich auf die Untersuchung der Gruppen übertragen. Und auch ein anderer Begriff wird übertragen, nämlich der zunächst auf dem Gebiet der Persönlichkeit und vornehmlich unter dem Einfluß Freuds entwickelte Begriff der psychologischen *Dynamik.*

Auch die dritte Periode in dieser wissenschaftlichen Entwicklung ist noch eine Periode experimenteller Forschung. Sie beginnt 1938 mit dem berühmten Experiment Lewins und seiner beiden Mitarbeiter, Lippitt und White, über »soziale Klimata« (1939). Heute kennt jedermann diesen Versuch, der den ersten experimentellen Schritt auf diesem Gebiet darstellt. Doch sei hier daran erinnert, daß es in K. Lewins Laufbahn eine vierte und letzte Periode — bis 1947 — gibt, die allzu früh durch seinen Tod abgebrochen wurde, und dies gerade zu der Zeit, als Lewin, nach seiner Erforschung des *psychologischen Feldes* (des Individuums) und dann des *Gruppenfeldes,* in der Theorie und in der Praxis die Probleme des *sozialen Feldes* anzugehen begann. Man ist tatsächlich allzu sehr geneigt, in Lewin den Begründer einer Gruppendynamik zu sehen, die sich auf die experimentelle Wissenschaft von den Kleingruppen beschränkt. Das ist ein Irrtum. Es genügt zu lesen, was Lewin 1943 geschrieben hat, als er über die Veränderung der Ernährungsgewohnheiten arbeitete, um sich darüber klar zu werden, daß es ihm immer mehr darum ging, eine

Wissenschaft vom *sozialen Feld* zu begründen, bei der die *Intervention* des Psychologen in den realen sozialen Situationen an die Stelle des Experimentierens im Laboratorium tritt. Andererseits zeugt auch der rege Anteil, den Lewin gegen Ende seines Lebens an der Ausarbeitung der Trainingsmethoden genommen hat (die sich seither von dem Trainingszentrum in Bethel ausgehend weiterentwickelt haben) von einer neuen Ausrichtung, wonach der Gruppendynamiker sein Wissen im Ausgang von der gesellschaftlichen Praxis erweitert. Der letzte wissenschaftliche und theoretische Beitrag Lewins liegt also in der wissenschaftstheoretischen Lehre von der *action research*, der aktiven, oder besser: engagierten Forschung. Schließlich kreist der unvollendete, 1947 veröffentlichte Artikel »Frontiers in Group Dynamics«, der als sein wissenschaftliches Testament anzusehen ist, um den Plan einer Integration der Sozialwissenschaften. — Wie läßt sich dieses Engagement in der Wissenschaft erklären?

Die Nachfrage, die von den industriellen Organisationen und darüber hinaus von der Gesellschaft insgesamt an die Psychosoziologen gerichtet wird, können wir aus den Schwierigkeiten der Führung, der Kommunikation und des Funktionierens erklären, die Soziologen wie Merton, Selznick und Gouldner in der Nachfolge Max Webers als Probleme der Bürokratisierung definieren. Max Weber hatte gezeigt, daß die Bürokratie die Rationalität in der Betriebsorganisation ist. Jetzt wird deutlich, daß diese Rationalität irrational ist, daß die Funktion Dysfunktionen einschließt. Zugleich erkennt man, daß es neben der »formellen«, offiziellen, bürokratischen Ebene eine andere Ebene gibt, nämlich die Ebene der informellen Netzwerke von Gruppen und Fraktionen.

Von nun an wird es die Aufgabe des Psychosoziologen, eine Verbindung zwischen dem Formellen und dem Informellen, zwischen der Organisation und der Motivation herzustellen, »die Organisation zu entbürokratisieren« oder, genauer, die Bürokratie zu modernisieren, und zwar mit Hilfe einer therapeutischen Behandlung der bürokratischen Rigidität und der Unfähigkeit zu wirklicher Kommunikation und Zusammenarbeit. So erscheint der praktizierende Psychosoziologe als Agent einer Modernisierung der Bürokratie, als derjenige, der den historischen Übergang von der Phase B zu einer Phase C erleichtert.

Es ist offensichtlich, wie sehr sich diese unsere Analyse von der noch heute gängigen politischen Kritik an der Psychosoziologie unterscheidet. Um 1948 haben einige »marxistische« Ideologen eine Offensive in Gang gebracht, die sich ineins gegen die Psychoanalyse und gegen die Psychosoziologie der zwischenmenschlichen Beziehungen richtete, wobei sie jedoch beide nicht zureichend voneinander unterschieden und das Wesentliche ihres Tuns verzerrt darstellten. Der Psychosoziologe wurde als gelehriges Instrument der Unternehmer hingestellt und sogar als ein Polizist neuen Typs, dessen Aufgabe es sei, die Arbeiter in der Fabrik zum Reden zu bringen, um dann gleich darauf der Unternehmensleitung Bericht zu erstatten. Man hat auch gesagt, es sei seine Aufgabe, das politische »kollektive Unglück« durch ein affektives »privates Unglück« zu ersetzen und den Klassenkampf in der Fabrik zu zerschlagen, indem er gute Beziehungen und Gespräche zwischen Vorgesetzten und Untergebenen herstelle. Der Psychosoziologe wurde also in politischen Kategorien definiert — und denunziert.

Man vergaß, daß er es war, der den dauernden informellen Kampf in der Fabrik erst an den Tag gebracht hatte: Man kann ebensogut behaupten, daß die Psychosoziologen auf diese Weise die Analysen von Marx vertieft und das Wissen über die Produktionsverhältnisse im Unternehmen vorangetrieben haben [2]. Sowohl der »reformistische« Charakter ihres Tuns wie auch der revolutionäre Wert ihrer Entdeckungen sind nicht zu leugnen.

Phase C: neue Bürokratie, Nicht-Direktivität und Selbstbestimmung

Der historische Übergang zur Phase C ist technologisch begründet; diese Veränderung ist sowohl von der Modernisierung der Techniken, der Entwicklung der Automation und den Umwandlungen der modernen Industrien (Elektronik, Petrochemie usw.) getragen als auch von den modernen Verwaltungsformen (Banken usw.). Diese Bewegung selbst gehört zusammen mit den ökonomischen Umwandlungen der neokapitalistischen Gesellschaft, den Veränderungen in der Zusammensetzung des Kapitals. Sie bringt das Auftreten einer »neuen Arbeiterklasse« mit sich, welche die Ideologie und die Strategie der Gewerkschaften verändert (Mallet, 1963). Sie inspiriert das Denken der neuen Planer. Die Führungsbürokratie der Phase C verliert ihre Starrheit, sie wird fähig, die Abweichler zu integrieren, Gruppendynamik und innere Demokratie zu praktizieren, die Veränderung im Griff zu behalten und sich um Mitbestimmung (participation) zu bemühen. Dies ist zwar nicht die unmittelbare Demokratie und die wahrhaft kollektive Selbstbestimmung, es ist jedoch vielleicht unsere nächste Zukunft.

Die traditionelle Bürokratie hat in den von ihr beherrschten sozialen

[2] Diese These ist mehrfach in der Zeitschrift »Socialisme ou Barbarie« vertreten worden, vgl. z. B. Nr. 27, S. 31.

Gruppen Revolten und gewaltsame Gegenbewegungen ausgelöst; auf diese Weise haben sich etwa die informellen Gruppen in den Betrieben und die Fraktionsgruppen in den Parteien und Gewerkschaften gebildet. Dagegen geht die Tendenz in den Gewerkschaften neuen Stils dahin, daß die oppositionellen Gruppen immer mehr verschwinden. Was bleibt, sind die Machtkämpfe und die Kämpfe um eine Modernisierung innerhalb der bürokratischen Führungsinstanzen. Es handelt sich jetzt nicht um Konflikte zwischen »Basis« und »Apparat«, sondern um Widersprüche innerhalb des Apparates.

Was die Basis anbelangt, so schwindet ihr Wunsch nach Selbst- und Mitbestimmung zusehends, im gleichen Maße, wie Zwang und Autoritarismus abnehmen. Der erfahrene Politikwissenschaftler kann diesen Vorgang in den bürokratischen Gesellschaften in der Zeit der »Entstalinisierung« unschwer feststellen.

Das bedeutet allerdings nicht, daß nun alle Probleme gelöst wären. Der Sieg über die Krankheiten läßt andere »Zivilisationskrankheiten« entstehen. Eine neobürokratische Gesellschaft wird individuelle wie gesellschaftliche Störungen erleben; die Revolten der Jugendlichen könnten sich in anderen Formen weiterentwickeln und sich in diesen Veränderungen verschärfen. Aber die Revolte verwandelt sich nicht notwendig in aktive Anpassung und Mitbestimmung. Ebensogut kann sie der Ausdruck eines Nihilismus sein, der eine Kehrseite der Modernität wäre. Man muß auch sehen, daß die Widersprüche in der Bürokratie fortdauern: Der chinesich-sowjetische Konflikt unterminiert die ideologische und die politische Basis des bürokratischen Vereinheitlichungsprozesses. Schließlich kann man dem bürokratischen Direktivismus das aufs engste mit dem Entwurf gesellschaftlicher Selbstbestimmung verbundene Prinzip der Nicht-Direktivität entgegensetzen.

*

Bekanntlich hat der amerikanische Psychotherapeut Carl Rogers den Begriff der Nicht-Direktivität in die Psychologie eingeführt. Kürzlich hat er einige Thesen zur Erziehung vorgelegt. In seiner Schrift »On Becoming a Person« (1961) findet sich eine Verallgemeinerung jenes Prinzips der Nicht-Direktivität, das unter anderen Namen bereits zu früheren Zeiten unserer Kulturgeschichte zugegen war.

Wie für Sokrates und Rousseau stehen auch für Rogers — zumindest im Bereich der Erziehung — offensichtlich Enttäuschung und Selbstkritik am Anfang seiner Überlegungen. Er sagt dies deutlich in seinem Vortrag über Lehren und Lernen (1971), dessen Veröffentlichung in Frankreich 1962 manchen Protest ausgelöst hat. Rogers skizziert in diesem Vortrag seine fachliche Autobiographie: Er will »versuchen, einige der Bedeutungen zu ordnen, die meine Erfahrungen in Unterrichtssituationen sowie bei der Einzel- und der Gruppentherapie für mich haben. Sie sollen keineswegs Schlußfolgerungen für irgend jemanden darstellen oder eine Anleitung sein, was ein anderer tun oder wie er sein soll. Es handelt sich um die versuchsweise dargestellte Bedeutung meiner Erfahrung bis zum April 1952 ...«

Es folgt eine Reihe scheinbar paradoxer Thesen; wir zitieren einige der charakteristischsten: »Ich habe die Erfahrung gemacht, daß ich einen anderen Menschen nicht lehren kann, wie man lehrt ... Es scheint mir, daß alles, was man einen anderen lehren kann, relativ folgenlos bleibt und geringen oder gar keinen Einfluß auf das Verhalten hat ... Ich bin zu der Überzeugung gelangt, daß das einzige das Verhalten signifikant beeinflussende Lernen das Lernen durch Selbst-Entdecken und Selbst-Aneignen ist.«

Die eben zitierten Abschnitte sind der erste, negative, sogar destruktive Schritt in Rogers' Vorgehen. Die Folgerung, die er daraus zieht, ist ganz unzweideutig: »Ich habe kein Interesse mehr daran, ein Lehrender zu sein.« Hier zeigt sich deutlich, daß es sich um ein autobiographisches Moment handelt. Rogers »bekennt« seine Enttäuschung, seine Skepsis hinsichtlich seines Berufs als Lehrer. Doch geschieht dies — wie sich zeigen wird — um den Gedanken einzuführen, daß die wahren Erkenntnisse nichts Äußerliches sind, das uns erst übermittelt werden müßte, sondern daß sie in jedem von uns und in unserer Erfahrung ihren Ort haben. Hier werden wir an die sokratische Mäeutik und Rousseaus negative Erziehung erinnert.

Dieser Gedanke wird bei Rogers in einer Theorie der Lernerfahrung näher entfaltet: »Dieses im eigenen Entdecken Gelernte, die Wahrheit, die persönlich gewonnen und der Erfahrung anverwandelt wurde, kann einem anderen nicht direkt mitgeteilt werden ... Mir wird klar, daß ich nur daran interessiert bin, ein Lernender zu sein ... Ich empfinde es als sehr lohnend zu lernen — in Gruppen, in einer Zweierbeziehung wie in der Therapie, oder allein ... Ich finde, daß es für mich eine der besten, aber schwierigsten Methoden ist, zu lernen, indem ich, zumindest zeitweilig, meine eigene Abwehrhaltung aufgebe und versuche, die Art und Weise zu verstehen, wie ein anderer seine Erfahrung sieht und empfindet ... Ich finde, daß ich aber auch dadurch lernen kann, daß ich meine eigenen Unsicherheiten feststelle, um so meine Schwierigkeiten zu erhellen und dabei der Bedeutung näher zu kommen, die meine Erfahrung wirklich zu haben scheint.«

Ein weiterer Gedanke, der übrigens den Vortrag beschließt, scheint uns einen anderen wesentlichen Aspekt des nicht-direktiven Denkens deutlich zu machen: Es handelt sich hier um ein Denken der Unabgeschlossenheit. Schlußfolgerungen ziehen heißt, einen Gedanken abschließen, einen Entwicklungsprozeß beenden. Wenn Rogers behaupten kann, daß die übermittelten Schlußfolgerungen für das Lernen keinen Wert haben, so deshalb, weil er am Ende seiner Überlegungen einsieht, daß das einzige authentische Wissen ein unabgeschlossenes Wissen und ein Wissen um das Unabgeschlossene ist. Dies ist heute das Schicksal der Wissenschaften; wer auch immer Theorie der Wissenschaften betreibt oder Techniken praktiziert, stellt es fest, sobald er die gegenwärtige Entwicklung unserer Zivilisation bedenkt. Dieses Moment unter den Prinzipien der pädagogischen Nicht-Direktivität, also Unabgeschlossenheit der Welt und des Menschen, ist vielleicht derjenige Aspekt dieser pädagogischen Konzeption, der am spätesten ans Licht getreten ist. Zweifellos war er bereits bei Sokrates und bei Rousseau latent vorhanden; aber diese beiden »Vorläufer« des Nicht-Direktivismus lebten in geschichtlichen Augenblicken, in denen der Besitz von Wissen und Techniken eines Erwachsenen leichter zu erreichen war als heute. Von daher versteht man, daß das Thema der Unabgeschlossenheit — auch wenn es in ihren dialektischen Analysen und in ihren negativen Konzeptionen der Erziehung gegenwärtig und von grundlegender Bedeutung ist — nicht in dem radikalen Sinne zu Wort kommt, den es bei Rogers erhalten soll. Ein anderer Weg, das Thema der Unabgeschlossenheit in der Pädagogik zur Sprache zu bringen — ein Weg, den Rogers denn auch einschlägt — besteht darin, die Betonung auf diejenigen Lernmethoden zu legen, die eine Veränderung hervorrufen.

Der Begriff der Veränderung ermöglicht es, daß Rogers zwischen seiner Erfahrung als Psychotherapeut und seiner — eingeschränkteren — Erfahrung als Lehrer eine Beziehung herstellen kann. Der Psychotherapeut hat es in der Tat mit Problemen der *Veränderung* zu tun; der Zweck einer Psychotherapie besteht darin, die Sperren wegzuräumen, die den Patienten an seiner Entfaltung, oder, wie Rogers auch sagt, an seinem »Wachsen« hindern. Denn das von Rogers als für sein therapeutisches Eingreifen fundamental angesehene Prinzip ist ein Prinzip des Wachsens, das, wie häufig betont wurde, an Rousseaus »natürliche Güte« — im psychopädagogischen Sinne dieses Begriffs — erinnert. Wenn man dieses Prinzip im Auge behält, so wird man feststellen, daß die von Rogers vorgeschlagenen technischen Analysen im wesentlichen nicht so sehr der Dimension des Wachsens gelten, als vielmehr der therapeutischen Beziehung. In der Schrift, der wir hier folgen, erwähnt Rogers die »bedingungslos positive Einstellung des Therapeuten, sein emphatisches Verstehen«, d. h. spezifische Aspekte der Beziehung zum Mitmenschen. Der Gedanke der Nicht-Direktivität findet hier seine Begründung: sie impliziert ihrem Wesen nach ein Machtverhältnis. Die freie Entfaltung eines Einzelwesens oder einer Gruppe ist eine Folge jenes ersten Prinzips. Kurz, die Nicht-Direktivität ist zunächst eine Politik und dann erst eine genetische Psychologie, eine therapeutische Methode oder eine neue Konzeption der Pädagogik.

Dies einmal vorausgeschickt, kann man mit Rogers (1961, Kap. 14) einige Elemente einer nicht-direktiven Pädagogik präzisieren. Der erste Aspekt, dessen Beachtung er empfiehlt, ist »der Kontakt mit den Problemen«. Unter diesem Ausdruck versteht Rogers die Tatsache, daß relevantes Lernen leichter erzielt wird, wenn es mit Situationen verbunden ist, die als Probleme erfahren werden. Die zum Beleg dieses Prinzips angeführte experimentelle Illustration ist eine Beobachtung dessen, was in Situationen vor sich geht, die weniger direktiv sind als der autoritäre Unterricht: »Ich fand die Arbeit in Seminaren fruchtbarer als die gewöhnlichen Kurse, die wahlfreien Kurse fruchtbarer als die Pflichtkurse. Die Leute, die in Seminare oder freie Kurse kommen, sind diejenigen, die in Kontakt mit den Problemen sind, die sie als ihre eigenen erkennen« (S. 286).

Abschließend analysiert Rogers die persönliche Authentizität des Lehrers, seine akzeptierende und verstehende Haltung, und leitet schließlich über zur Untersuchung der pädagogischen Mittel und des Gebrauchs, den der Lehrende von ihnen machen kann. Ein letztes, bedeutsames Problem, das Rogers aufwirft, betrifft die Zielsetzungen der Erziehung. Das ist jedoch kein spezifisches Problem der Nicht-Direktivität, sondern betrifft seit jeher die Problematik von Pädagogik überhaupt. Das Spezifische der nicht-direktiven Schule liegt vielmehr darin, daß die Ziele der Lernenden und nicht mehr die der Lehrenden anerkannt werden.

Carl Rogers' Einfluß auf die zeitgenössische Pädagogik ist noch beschränkt [3]; entscheidend aber ist die Kraft seines Widerspruchs. Der Angriff zielt auf den Pädagogen in seinen am besten verteidigten und

---

[3] Die nicht-direktive Pädagogik hat sich in Frankreich erst in jüngster Zeit entwickelt, worüber die Sondernummer »Le groupe maître-élève« der *Education Nationale* (Juni 1962) berichtet. Seither fanden in derselben Zeitschrift Diskussionen und Polemiken statt. Gleichwohl läßt sich daraus nicht der Schluß ziehen, daß der Nicht-Direktivismus als neue »Tendenz« wahrhaft Eintritt in die zeitgenössische französische Pädagogik gefunden hätte. Im Gegenteil: Zurückhaltung und Widerstände gegen eine nicht-direktive Gruppendynamik sind hier ebenso stark wie im gewerkschaftlichen und politischen Bereich. In beiden Fällen handelt es sich um denselben tiefen Grund: Die Erzieher und die Führungskräfte wollen sich nicht selbst in Frage stellen.

geschützten Positionen. Und hierin liegt der wesentliche Unterschied zu dem pädagogischen Reformismus, wie er sich in den neuen Methoden und d. h. in der ganzen Strömung der Aktivitätspädagogik und der neuen Erziehung zeigt.

Wir wählen hier das Wort »Reformismus«, um einen Vergleich mit der Politik nahezulegen. Reformistisch ist in der Politik bekanntlich die von der Bürokratie gemachte »Revolution«. Auf diese Weise wird eine radikale Umwälzung der gesellschaftlichen Organisation, d. h. die Infragestellung der Machtstrukturen durch die Gruppe insgesamt verhindert. Genauso verhält es sich mit dem pädagogischen Reformismus: Man stellt alles in Frage, mit Ausnahme eben des in Frage Stellenden selbst, des Erziehers. Rogers dagegen stellt sich selbst in Frage, in seiner Funktion und sogar in seinem Sein. Er nimmt es auf sich, an seiner eigenen Leistung zu zweifeln, er verzichtet auf Rechtfertigungen und gutes Gewissen. Darin ist er wahrhaft der Erbe von Sokrates und Rousseau. Als Pädagoge aber geht er über seine Vorläufer hinaus: Die moderne, nichtdirektive Methode ist subtiler, sie scheint sogar ohne Manipulation auskommen zu können [4]. Schließlich bestimmt sich, wie schon gesagt, Rogers' Nicht-Direktivität ausdrücklicher in Abhängigkeit von der individuellen oder kollektiven Veränderung, d. h. in Abhängigkeit von der Unabgeschlossenheit [5] des Menschen.

Kann man so auf der im engeren Sinne pädagogischen Ebene einen Fortschritt feststellen, so kann man hingegen unter dem Aspekt der philosophischen und politischen Grundlagen das Denken Rogers' als einen Rückschritt gegenüber Sokrates und Rousseau betrachten, besonders wenn man den historischen Abstand bedenkt.

Sokrates ist als politischer Agitator verurteilt worden, und alles weist darauf hin, daß bei dem Begründer der Philosophie pädagogisches Vorgehen und »politisches« — im griechischen Sinne des Wortes — niemals von-

[4] Man hat häufig folgenden Einwand gegen uns vorgebracht: Sokrates, so sagt man, weiß, worauf er hinaus will, und seine Mäeutik ist also nur ein äußerlicher Kniff. Dabei vergißt man, daß es sich in diesem Fall um den Sokrates von Platon handelt, der die Methode schließlich der Lehre unterordnet. Was andererseits die »Manipulationen« des Erziehers Jean-Jacques Rousseau angeht, so sind sie entweder die Folge von Unsicherheiten oder sie ergeben sich aus dem Roman-Charakter des »Emile«.

[5] Zu Beginn seiner Arbeit »Psychothérapie et relations humaines« stellt C. Rogers eine Norm der »Reife« auf. In seinen Schlußfolgerungen aber macht er sich die Worte eines »Klienten« über die Unabgeschlossenheit des Menschen zu eigen und setzt der Pathologie der verdinglichten Persönlichkeit das Ideal einer fließenden, in ständiger Veränderung begriffenen Persönlichkeit entgegen. Hier findet sich also dieselbe Zweideutigkeit wie bei Freud oder bei Moreno. Vgl. hierzu vom Verf.: L'entrée dans la vie (1963).

einander getrennt waren. Was Rousseau angeht, so versteht sich von selbst, daß der »Emile« nicht unabhängig vom »Contrat social« verstanden werden kann. Vergessen wir nicht, daß im »Emile« die letzte Bildungsstufe die Stufe der politischen Erfahrung ist.

Rogers dagegen flüchtet sich, wie uns scheint, in einen gewissen Psychologismus, und so auch seine Schüler. Die nicht-direktive Neutralität geht heute in die Richtung eines Sich-nicht-Engagierens, eines vorgeblichen Unpolitischseins des Wissenschaftlers und Therapeuten, das nichts anderes ist als eine nicht explizierte politische Entscheidung. Darum bleibt Rogers' Nicht-Direktivität auf halbem Wege stehen und verstrickt sich in den gleichen Widerspruch wie die Gesellschaft, in der die Nicht-Direktivität sich entwickeln konnte.

Rogers' Auffassungen — und die »nicht-direktive Erziehung« überhaupt — entwickeln sich im Zusammenhang einer hierarchisierten Industriegesellschaft, in der man von den Individuen soviel Initiative verlangt, daß sie tun, was die Automaten nicht tun können, nämlich Entscheidungen fällen. Gleichzeitig aber erwartet man von ihnen soviel Unterwerfung oder »Selbstkontrolle«, daß sie die Strukturen, Institutionen und allgemeinen Funktionsprinzipien der Gesellschaft nicht in Frage stellen. Daher rührt der Pädagogismus, der nur einen Abklatsch der therapeutischen Praxis darstellt: Man versteht die Individuen und Gruppen als Anwärter auf eine psychische »Reife«, deren Norm sie in sich tragen und deren Entfaltung man fördert.

Für Rousseau war die Reife dagegen eine politische Reife. Zweifellos soll im »Emile« die politische Erfahrung den individuellen Reifungsprozeß, die Initiation, abschließen. Zum Verständnis dieser letzten Bildungsstufe verweisen wir auf die Analysen im »Contrat social«, wo Rousseau zeigt, daß das Familienmodell der Beziehung zwischen Kindern und Erwachsenen nicht die Grundlage für eine politische Analyse der Macht abgeben kann. Es handelt sich hier um zwei verschiedene Ordnungen. Die zeitgenössische nicht-direktive Bewegung psychologisiert dagegen die Politik, statt die Psychologie zu politisieren.

In Rogers' ursprünglichen Auffassungen stellt die individuelle oder gesellschaftliche Nicht-Direktivität die strukturelle Direktivität nicht in Frage. Anders gesagt: Die nicht-direktive Selbsterziehung hat nicht die Selbstbestimmung über diese Erziehung zur Grundlage. Hier liegt ihr Grundwiderspruch. Dieser Widerspruch kann nur aufgelöst werden, wenn man das, was zuvor getrennt wurde, nämlich Politik und Erziehung, wieder zusammenfügt, d. h. wenn man die Prinzipien und Techniken einer Selbsterziehung ausarbeitet, die von Anfang an einschlösse, daß die »Klienten« der Erziehung diese selbst leiten. Das schließt den

Lehrenden nicht aus. Wir proklamieren nicht ein Laisser-faire in der Pädagogik, und das Problem des Lehrenden bleibt bestehen. Aber vielleicht ist der wahrhaft »nicht-direktive« Pädagoge derjenige, welcher der Gruppe die Möglichkeit gibt, die Voraussetzungen der Pädagogik selbst zu strukturieren.

Rogers hat die Problematik der pädagogischen Nicht-Direktivität um ein beachtliches Stück vorangetrieben. Doch fehlt ihm ein wesentliches Element: Obgleich er das Problem der Selbsterziehung unter der nichtdirektiven Leitung des Pädagogen klar gestellt hat, denkt er seinen Gedanken nicht ganz zu Ende. Dieser Gedanke impliziert die Selbstbestimmung in der Erziehung und damit die bewußte Politisierung der Pädagogik [6].

*

Wir werden bald sehen, daß die Selbsterziehung, die Selbstbestimmung in der Erziehung und die institutionelle Pädagogik hingegen eine instituierende Aktivität der Lernenden voraussetzen. Das erlaubt, die Grenzen der »freien Gruppenarbeit« zu überschreiten, bei der — wie R. Cousinet es ausdrückt — der Lehrer sich darauf beschränken soll, »den Schulbetrieb zu organisieren«. — Auf diese Weise werden wir feststellen, daß die echte Nicht-Direktivität in der Erziehung voraussetzt, daß man über die Ebene der Gruppen hinaus bis zu der Ebene der Institutionen vordringt.

An diesem Punkt unseres Weges mag es genügen, dieses erste Thema zu unterstreichen, das an all das anschließt und all das erhellt, was in diesem Kapitel über Entstehung und Entwicklung der Psychologie der Gruppen, Organisationen und Institutionen gesagt wurde. Wir haben den politischen Horizont und auch bereits das Problem der gesellschaftlichen Selbstbestimmung gezeigt. Und auf dieser Ebene stellt sich auch das Problem der Beziehung zwischen Gruppen und Institutionen: Die wirkliche gesellschaftliche Selbtsbestimmung ist nicht nur die Selbstbestimmung in Fabriken, Schulen und gesellschaftlichen Grundorganisationen;

---

[6] In dem bereits zitierten Artikel im *Bulletin de psychologie* gelangt J. C. Filloux zu ähnlichen Folgerungen. Er schreibt über die im Rogerismus vorausgesetzte »ideale« Persönlichkeit: »Man kann sich jedoch fragen, ob ein solcher Mensch in der Welt, wie sie nun einmal ist, genauer: in dem Gesellschaftssystem, wie es nun einmal ist, überhaupt möglich ist ... Vielleicht besteht eine der anregendsten Implikationen des Rogerismus auf der Ebene sowohl der Psychotherapie wie der psychosoziologischen Anwendungen darin, daß er die Notwendigkeit aufzeigt, die Strukturen auf eine bestimmte Weise zu ändern, wenn man den Menschen vermenschlichen und auf allen Ebenen eine echte Kommunikation verwirklichen will.«

sie ist, falls dies möglich ist, die Selbstbestimmung der Gesellschaft in ihrer Gesamtheit. Sie ist das Absterben des Staates und seine Ersetzung durch eine nicht-bürokratische Selbstregulierung der Beziehungen zwischen den Gruppen und Organisationen, die eine Gesellschaft ausmachen.

So wird deutlich, daß das Problem der Gruppen — im weitesten Sinne verstanden — immer und notwendig auf das Problem der Institutionen verweist. Eine Gruppendemokratie bedeutet so gut wie nichts, wenn sie sich nicht in eine institutionelle Demokratie einfügt.

Auf verschiedenen, aber konvergierenden Wegen kam es zu einer Einsicht in dieses Verhältnis: Die Reflexionen über Probleme des Sozialismus, der institutionellen Psychotherapie und der Selbstbestimmung in der Erziehung stoßen jeweils auf dieses selbe Problem. Man kann die Probleme der Gruppe nicht angehen, ohne gleichzeitig die der Organisationen und Institutionen anzugehen.

Zweites Kapitel

Die Gruppen

Forschung — Training — Intervention

Jede Gruppe verteilt unter sich Aufgaben und wählt Verantwortliche aus, die bestimmte Funktionen zu übernehmen haben; kurz, jede menschliche Gruppe organisiert sich, und zwar unabhängig von ihrer jeweiligen Zielsetzung, ob es sich nun um Produktion, Ausübung einer Religion, Verwaltung oder politische Agitation handelt. Woher aber stammt die Organisation? Und woher kommt die Gruppe?

Eine Gruppe wird gebildet durch eine Mehrzahl von Menschen, die in wechselseitigen Beziehungen zueinander stehen und aus verschiedenen Gründen zusammenkommen: auf Grund des Familienlebens, kultureller oder beruflicher, politischer oder sportlicher Tätigkeit, Freundschaft oder Religion usw. Alle diese Gruppen aber — Arbeitsgruppen, Belegschaften, Klubs, Zellen — scheinen nun nach gewissen, ihnen allen gemeinsamen Grundregeln zu funktionieren, auf die man aber gewöhnlich nicht von selbst aufmerksam wird. Wir leben in Gruppen, ohne daß wir uns notwendig der Gesetze ihres inneren Funktionierens bewußt würden.

Welches sind diese »Gesetze«? In einer Arbeitsgruppe z. B. bestehen — welches auch immer die zu leistende Aufgabe sei — die hauptsächlichen Faktoren für ihr Funktionieren in einem grundsätzlich gemeinsamen Ziel, in konkreten gemeinsamen Aufgaben, in einem System der Zusammenarbeit. Die Kommunikation erfolgt in bestimmter Weise, gemäß einem System der Führung und Steuerung der Gruppe und nach einem Komplex von sogenannten Verfahrensregeln (Abstimmung, Vorsitz, Sekretariat usw.) Kurt Lewin nannte die systematische und wissenschaftliche Analyse dieser allgemeinen Grundzüge des Lebens der Gruppen »Gruppendynamik«.

In einer ersten Phase bezeichnete der Ausdruck »Gruppendynamik« eine experimentelle Wissenschaft, die in Laboratorien und mit zu Versuchszwecken zusammengeführten artifiziellen Gruppen praktiziert wurde. Diese Versuche unterliegen den für jede experimentelle Forschung gültigen Grundregeln: Kontrolle der Variablen, Versuchsinstrumente, Quantifizierung der Beobachtungen. Ihre Gegenstände sind das Funktionieren der Gruppen, Kohäsion und Kommunikation, Kreativität und Führung.

In einer zweiten Phase bezeichnet derselbe Ausdruck die Arbeit des Gruppendynamikers, der sich nun außerhalb seines Laboratoriums mit der »Lösung sozialer Konflikte« beschäftigt. Der Psychoanalytiker »versteht« das Individuum in seiner therapeutischen Intervention, die auf Heilung, d. h. auf eine Veränderung der Persönlichkeit abzielt. Der psychosoziologische Praktiker »versteht« die Gruppe, indem er sie organisiert, und die Gesellschaft, indem er sie verändert. Seine wissenschaftliche Erkenntnis ergibt sich nun aus einer gesellschaftlichen Praxis, sein Laboratorium sind die wirklichen Gruppen, die gesellschaftlichen Organisationen.

Man kann die Gruppendynamik nicht erkennen und verstehen, wenn man nicht diese beiden Dimensionen der Forschung und der Aktion in den Blick faßt.

Im ursprünglichen Sinne also bildet die Gruppendynamik das Forschungsgebiet, das Kurt Lewin und seine Mitarbeiter in den Jahren 1938 und 1939 erschlossen haben. In einem weiteren und gebräuchlicheren Sinne bezeichnet derselbe Ausdruck mehr und mehr sowohl den Komplex der experimentellen Forschungen über Kleingruppen als auch alle *Gruppentechniken,* die Methoden der Anwendung. Diese Techniken sind Ausbildungs-, Therapie-, Trainings- und Interventionsinstrumente, deren gemeinsamer Nenner darin liegt, daß sie bei der *Gruppe* ansetzen.

Seit Lewins Tod (1947) haben sich die Arbeiten über die Kleingruppen stets vermehrt, und die Psychosoziologie der Gruppen ist zu einem selbständigen Forschungs- und Tätigkeitsfeld geworden, mit eigenen Laboratorien, Forschern, wissenschaftlichen Gesellschaften und auch mit seinen eigenen Sekten und Ideologien. So ist in Frankreich der »Psychosoziologe« heute derjenige, der sich mit den zwischenmenschlichen Beziehungen in den Betrieben befaßt oder der in psychosoziologischen Seminaren leitende Angestellte und Sozialarbeiter ausbildet. Kurz, er ist in erster Linie ein Praktiker, wie der Psychoanalytiker, von dem er übrigens Konzepte und Modelle der Intervention übernimmt.

1940 dagegen war der Gruppendynamiker ein Mann des Laboratoriums, isoliert von der Gruppenpraxis, die sich andernorts, in der Behandlung der »zwischenmenschlichen Beziehungen« oder in der Gruppenpsychotherapie entwickelt hatte. Forschung und Praxis haben also seither zumindest teilweise konvergiert.

Wir wollen diese Konvergenz betrachten, indem wir nacheinander folgende Punkte erörtern:

1. Die theoretischen und experimentellen Forschungen
2. Die Probleme des Trainings
3. Die psychosoziologische Intervention

Die Forschung

Die gruppendynamische Forschung betrifft im wesentlichen Kohäsion und Kommunikation in Gruppen, abweichendes Verhalten, Veränderung und Veränderungswiderstand, Kreativität und Führung.

1. Zusammenhalt (Kohäsion) der Gruppe

Lewins Begriff der Gruppendynamik setzt voraus, daß eine Gruppe als Kräftesystem bestimmt werden kann. So kann man z. B. Lokomotions- von Kohäsionskräften unterscheiden. Die ersteren treiben eine Gruppe zu den Zielen hin, die sie sich gesetzt hat; die letzteren motivieren die Mitglieder dazu, in der Gruppe zu bleiben (Abb. 1). In bestimmten

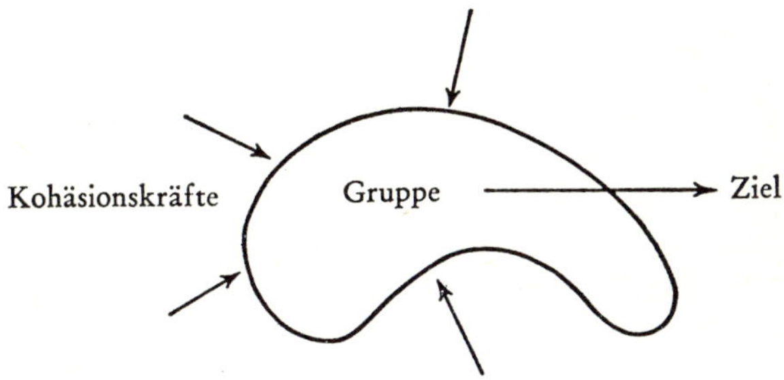

Abbildung 1: Kohäsion und Ziel

»natürlichen« Gruppen können die Kohäsionsfaktoren vorherrschen, so z. B. in einer Gruppe von Freunden, die in erster Linie »zusammensein« wollen. Man hat verschiedene Kohäsionskriterien angegeben: So verschwimmt nach Cartwright und Zander (1954) der Zusammenhalt der Gruppe mit ihrer Anziehung auf die Mitglieder. Man kann zwei Reihen von Faktoren unterscheiden: einerseits bestimmte Eigenschaften der Gruppe (ihre Ziele, ihre Größe, ihre Organisationsform), andererseits die bedürfnisbefriedigenden Qualitäten der Gruppe (Bedürfnisse nach zwischenmenschlichen Beziehungen, nach Sicherheit usw.).

Unter den Kohäsionsfaktoren kann man im Hinblick auf die Ziele der Gruppe unterscheiden:

— Die Angemessenheit der Ziele (sind sie richtig gewählt?).

— Die Klarheit der Ziele: Übereinstimmung der verschiedenen Gruppenmitglieder in ihrer Auffassung der Ziele.

— Die Anerkennung der Ziele seitens der Mitglieder.

Diese Übereinstimmungen unter den Mitgliedern bedeuten Anziehungskräfte; dagegen sind die Divergenzen Abstoßungskräfte. Überwiegen die letzteren, so kann man ein Auseinanderbrechen der Gruppen beobachten (Abb. 2).

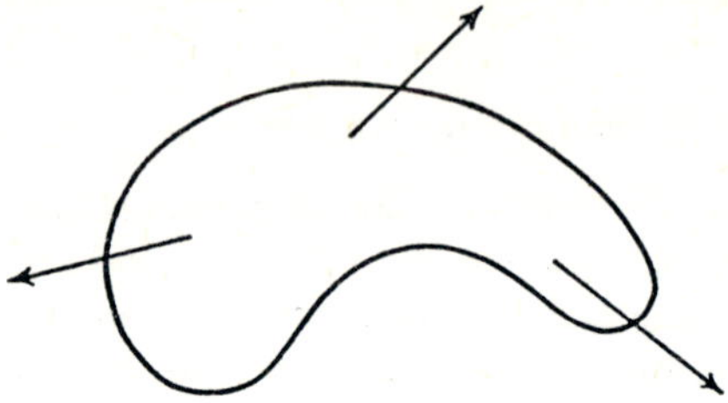

Abbildung 2: Divergenz der Ziele und Auseinanderbrechen der Gruppe

2. *Kommunikation*

Der Begriff der »Kommunikation« ist aus der Kybernetik in die Gruppenpsychologie übernommen worden. N. Wiener (1948) sagt, »daß die Natur sozialer Gemeinschaften in großem Maße von den Mitteln der ihr innewohnenden Kommunikation abhängt«. Das Problem der Kommunikation ist das Problem des Austausches der Gruppe. Es läßt sich unter verschiedenen Aspekten betrachten.

a) C. Faucheux (1954) unterscheidet zwei Forschungsrichtungen:

— Die Untersuchung der *Kommunikationsnetze*, bei der man »im Anschluß an Bavelas die Wirkungen zu bestimmen sucht, welche die Strukturen der Kommunikationskanäle auf den Informationsumlauf und seine fortschreitende Strukturierung, auf die Leistungsfähigkeit bestimmter Strukturen im Hinblick auf die Lösung von Problemen oder das Auftreten bestimmter Rollen (z. B. der Führerrolle) ausüben«;

— *Die allgemeine Dynamik der Kommunikation*, die vor allem von Festinger et al. (1950) untersucht wurde.

b) Aus soziometrischer Perspektive kann man unterscheiden:

— *formelle* Kommunikationsnetze (der Umlauf in einer Behörde oder einem Betrieb, die Berichte, Aktennotizen usw.);

— *informelle* Kommunikationsnetze (Flüsterpropaganda auf einem Kongreß, Gerüchte usw.).

c) Ferner sind zu unterscheiden:

— Kommunikationsverläufe (Wer spricht zu wem? Spricht man viel oder wenig? usw.);

— Verhalten und Einstellungen der einzelnen Gruppenmitglieder in der Kommunikation (Welche Verhaltensweisen eines Diskussionsleiters fördern die Kommunikation unter den Teilnehmern, welche nicht?)

d) Es gibt:
— verbale Kommunikation
— und non-verbale Kommunikation (den Kopf schütteln, ostentativ während einer Diskussion Zeitung lesen).

e) In einer Gruppe zirkuliert die Information:
— kettenförmig (Abb. 3);
— sternförmig (Abb. 4);
— kreisförmig (Abb. 5).

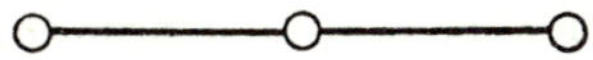

Abbildung 3: Kettenförmige Kommunikation

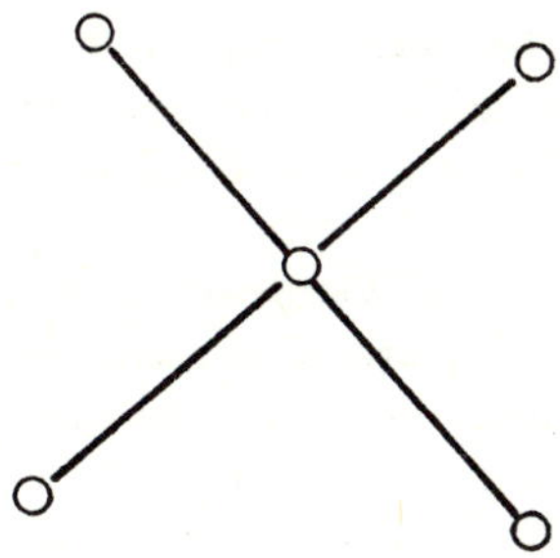

Abbildung 4: Sternförmige Kommunikation

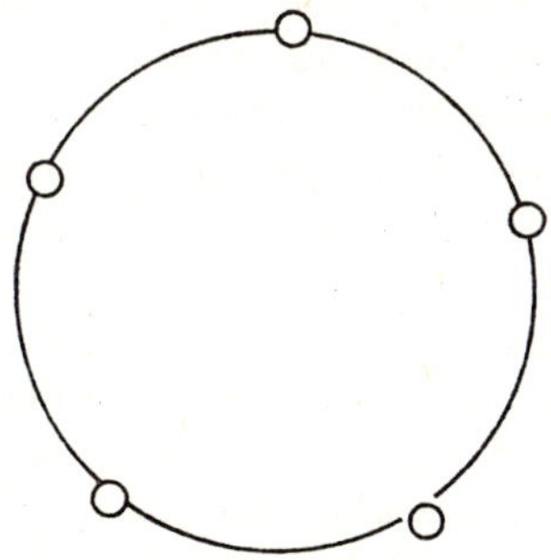

Abbildung 5: Kreisförmige Kommunikation

Diese Kommunikationsstrukturen haben Folgen für das Leben der Gruppe, für ihr »Klima«: Die sternförmige Kommunikation begünstigt die Leistung, kann aber zu Frustrationen und demzufolge zu Aggressionen führen, während die kreisförmige Kommunikation für die Gruppenmitglieder emotional befriedigender ist, aber zu Zeitverlusten führen kann.

3. *Abweichung (Devianz)*

Man kann in der Gruppe einen *Konformitätsdruck* beobachten, der hauptsächlich eine Zurückweisung (den Ausschluß) der Abweichler zur Folge hat, d. h. derjenigen Gruppenmitglieder, die die Werte, Normen und Ziele der Gruppe nicht übernehmen. Ein deviantes Mitglied stellt die Gruppe vor ein Problem: Während man es einerseits ausschließen möchte, darf man andererseits zugleich annehmen, daß es in die Gruppe neue Elemente und Problemlösungen einbringen könnte. Daraus erklären sich die Bemühungen, das Mitglied in die Gruppe wieder einzugliedern.

Das Verhältnis zum Abweichler ist zum Gegenstand zahlreicher Versuche gemacht worden. In einem wird die Ablehnung der Abweichler im Verhältnis zur Motivation der Gruppe untersucht: je stärker die Motivation, desto größer wird die Tendenz, den Abweichler auszuschließen. Mehrere Gruppen von Kindern sind mit Modellbau beschäftigt. Es handelt sich um einen Wettbewerb. Der Preis für die siegreiche Gruppe kann experimentell variiert werden: Im einen Falle ist es eine Filmvorführung, im anderen Falle ein Probeflug. Im letzteren Falle ist die Zurückweisung des Abweichlers, der die Arbeit der Gruppe sabotiert, entschiedener als im ersten Falle, wo die Motivation eine schwächere ist.

Ein weiterer Versuch. Man bringt eine Gruppe von 10 Personen zusammen, von denen drei (Psychologen) festumrissene Rollen zu spielen haben, die den anderen sieben Mitgliedern unbekannt sind. Der erste Psychologe übernimmt die Rolle des »Konformisten«, der sich der Mehrheit anschließt; der zweite ist der »Flexible«, der sich zunächst widersetzt, dann aber fügt; der dritte beharrt systematisch auf einem abweichenden, der Gruppe entgegengesetzten Standpunkt. Man macht den Vorschlag, der Gruppe eine Organisation zu geben: Der Konformist und der Flexible erhalten den Vorsitz; dem Abweichler bietet man die Stelle des Sekretärs an, um ihn zu kontrollieren und ihn, indem man ihn zum Mitschreiben nötigt, zum Schweigen zu bringen. In der Gruppenkommunikation läßt sich ein bezeichnender Rückgang der Mitteilungen an den Flexiblen nach seinem Wiederanschluß an die Mehrheit feststellen. Der Abweichler polarisiert zunächst die Äußerungen. Alsdann, sobald feststeht, daß er sich nicht einfügt, beobachtet man ein Abnehmen der an ihn gerichteten Kommunikationen, womit man ihn zu isolieren sucht. Gleichzeitig wird auch der Konformitätsdruck, den die Gruppe auf den Abweichler ausübt, geringer.

4. Veränderungswiderstand. Gruppenentscheidung

Der Widerstand gegen Veränderungen wurde von K. Lewin (1943) im Verlauf seiner ersten sozialpsychologischen Intervention untersucht, die den Veränderungen in den Ernährungsgewohnheiten gewidmet war.

Ein anderer, oft als »klassisch« bezeichneter Versuch ist der von Coch und French in der Harwood Manufactoring Corporation (1954). Wir werden in dem Kapitel über die *Intervention* darauf zurückkommen.

5. Kreativität der Gruppen

Die Fragen der Intelligenz, der Erkenntnis und des Erfindungsgeistes wurden bisher viel häufiger auf der Ebene des Individuums untersucht als auf der Ebene der Gruppen; in diesem Punkt hat die experimentelle Psychologie des Individuums einen Vorsprung von einem halben Jahrhundert gegenüber der experimentellen Gruppenforschung. Wir möchten aber kurz auf die Arbeiten hinweisen, die in Frankreich Claude Faucheux und Serge Moscovici im Rahmen des CNRS (Centre Nationale de la Recherche Scientifique) und des Laboratoriums für Psychosoziologie an der Sorbonne unternommen haben (1958).

Diese Forscher definieren die Kreativität als »einen Prozeß der Ausarbeitung von Vorstellungen, in dem deren Informationsgehalt ständig zunimmt«. Das gilt sowohl für die Entdeckung einer Gesetzmäßigkeit wie für eine wissenschaftliche Erfindung.

Um die Kreativität der Gruppen im Vergleich zu der der Individuen experimentell zu erforschen, haben Faucheux und Moscovici zwei Tests benutzt: die Eulerschen Figuren und die Riguet-Bäume. Ohne auf die Einzelheiten dieser Experimente einzugehen, führen wir die Ergebnisse der Untersuchungen an, die, wie im Auge zu behalten ist, vergleichend an Individuen und Gruppen durchgeführt wurden:

a) »Die Überlegenheit der Gruppe hängt von der Art der Aufgabe ab. Die soziale Interaktion ist keine Gewähr für ökonomische Leistung.

b) Die Gruppe wirkt sich positiv aus, wenn die Anordnung der Aufgabe eine Zusammenarbeit der Gruppenmitglieder erlaubt, die das Wahrnehmungsvermögen jedes einzelnen flexibler und, dank der bestehenden Regeln, die Produktion der Gruppenmitglieder kontrollierbar macht.

c) Bei einer Versuchsanordnung, bei der ein Gruppeneffekt möglich ist, sind die Gruppen origineller als die Individuen.«

Der Leser wird die wichtigen Folgen, die diese Versuche vor allem für die experimentelle Pädagogik haben, ziemlich schnell einsehen, ohne daß es nötig erschiene, ausführlicher darauf einzugehen. Solche Versuche könnten wirklich in die Lage versetzen, wissenschaftlich die durch die Unterscheidung von »individueller Arbeit« und »kollektiver Arbeit« gestellten Fragen zu lösen und auf einsichtigere Weise pädagogische Entscheidungen zu treffen (vor allem im Hinblick auf die Probleme der Gruppenarbeit).

Training

Die Geschichte der Theorien und Techniken der Organisation ist durch drei Phasen hindurchgegangen:

1. Die Phase eines mechanistischen Rationalismus. Das ist die Zeit der »klassischen Theorien« von Taylor und Fayol.

2. Eine zweite Phase, die mit Elton Mayo (1950) einsetzt und sich mit der Soziometrie und der Gruppendynamik einerseits und mit der Analyse der bürokratischen Dysfunktionen andererseits fortsetzt.

3. Die dritte Phase (die die vorige zu überwinden sucht, ohne sie jedoch ganz abzulehnen) ist durch einen *Neorationalismus* (March und Simon, 1958) und durch eine Betonung der Probleme der Macht (Crozier, 1963) gekennzeichnet.

Die Theorien der Ausbildung * weisen dieselbe Entwicklung auf wie die Organisationstheorien, deren Ergänzung und praktische Dimension sie darstellen:

1. Der ersten Phase entspricht die Methode des »training within industry« (TWI).

2. Die Reaktion der »nicht-direktiven Ausbildung«, der Trainingsseminare für zwischenmenschliche Beziehungen und Gruppendiagnostik (Bethel usw.) auf das TWI ist offensichtlich dieselbe wie die Reaktion von Elton Mayo auf die mechanistischen Konzeptionen der Organisation.

3. Die dritte Stufe in den Theorien und Techniken der Ausbildung befindet sich noch im Anfangs- und Experimentierstadium. Sie stützt sich auf die Analysen der Machtphänomene und auf die Entdeckung der institutionellen und »politischen« Dimensionen der Ausbildung, ohne jedoch alle Errungenschaften der voraufgegangenen Phase zu verwerfen. Wir können diese Tendenz die »institutionelle Pädagogik« (Lapassade, 1963) nennen. Eine Tabelle faßt die genannten Parallelen zusammen:

* Amerikanisch »training«, französisch »formation« (Anm. d. Übers.).

	Organisation	Ausbildung
	Organisation	*Ausbildung*
1. Stufe	Klassische Theorien (wissenschaftliche Arbeitsorganisation u. ä.)	TWI
2. Stufe	Human Relations, Gruppendynamik usw.	Nicht-direktive Ausbildung, T-Gruppe
3. Stufe	Neorationalismus, Erforschung der Machtverhältnisse	Institutionelle Pädagogik, Selbstausbildung

Nachdem wir so diesen Rahmen abgesteckt haben, können wir uns jetzt mit den Trainingsmethoden der zweiten Stufe, die sich auf die Gruppendynamik stützen, befassen.

Kurz vor seinem Tod im Jahre 1947 beschäftigte sich Kurt Lewin mit Fragen des Trainings. Er starb zu früh, um die Anfänge eines Experiments mitzuerleben, das die intensivste, wenn nicht gar die treueste Ausbreitung der Errungenschaften der Gruppendynamik erlauben sollte, nämlich die Entstehung der Trainingsgruppen in Bethel in den Jahren 1947—48 (Benne, 1964) und ihre Verbreitung in Frankreich und Europa seit 1955/56.

Die Entstehung der T-Gruppe ist nach L. Bradford, dem Direktor des Sommerseminars der National Training Laboratories (NTL) von Bethel (USA), zufällig gewesen: Während eines Seminars »hatten es sich die Trainer zur Gewohnheit gemacht, außerhalb der Sitzungen zusammenzukommen, um über die Dynamik der voraufgegangenen Sitzung nachzudenken«. (Es handelte sich damals um Referate und Übungen über Gruppendynamik.) »Die Seminarteilnehmer, die davon erfuhren, zeigten sich an diesen Diskussionen, die bald nicht mehr ohne sie stattfanden, sehr interessiert«. Dabei handelte es sich, wie man in der heutigen Fachsprache sagt, um einen »open staff«, d. h. um eine Sitzung des versammelten Trainerteams in Anwesenheit der Seminarteilnehmer, die somit von dem, was die Mitglieder des Teams über die Arbeit ihrer Gruppen denken, Kenntnis erhalten.

Man sieht daraus, daß diese T-Gruppen, die oft als esoterisch und nur für Eingeweihte zugänglich gelten, in Wirklichkeit von Anfang an auf einem sehr einfachen pädagogischen Verfahren beruhten: Der Trainer formuliert für die Teilnehmer erneut die Arbeitsmodalitäten ihrer Gruppe; dies soll es ermöglichen, von einer *hier und jetzt* gemachten Erfahrung ausgehend die Anfangsgründe der Gruppendynamik zu erlernen (Kommunikation innerhalb der Gruppe, Entscheidungsprozesse, eventuell auch Devianz und Kohäsion).

Dies scheint wenigstens die Orientierung zu sein, die sich an den ersten amerikanischen Konzeptionen der T-Gruppe (Bradford et al., 1964) ablesen läßt.

Die herausragende Form des gruppendynamischen Trainings ist eben diese »Training Group« (französisch »groupe de formation«, »groupe de diagnostic« oder »groupe de base«). Worum handelt es sich dabei? Im wesentlichen um eine *erlebte Erfahrung* dessen, was in jeder Gruppe geschieht, eine Erfahrung, die unter der Leitung eines Trainers gemeinsam diskutiert wird.

Es handelt sich also um eine pädagogische Erfindung, die vor allem darin besteht, eine Gruppe zu bilden, die zugleich Subjekt und Objekt der Erfahrung ist: Jeder »trainiert sich«, lernt das Funktionieren der Kleingruppen zu diagnostizieren, indem er in der Gruppe, der er angehört, die verschiedenen Mechanismen in vivo beobachtet, von denen man annimmt, daß sie für das Leben einer jeden Gruppe charakteristisch sind.

Das Prinzip einer T-Gruppe ist das folgende: Sieben bis fünfzehn Personen (von verschiedenem Alter, Geschlecht und Beruf), die einander nicht kennen, kommen zusammen, um in einer bestimmten, im vorhinein festgelegten Anzahl von Sitzungen gemeinsam eine Selbstanalyse der Gruppe durchzuführen. Ein »leader« mit pädagogischer und psychosoziologischer Ausbildung ist in der Gruppe anwesend, *aber er nimmt am Inhalt der Diskussionen keinen Anteil.* Wenn er es für nötig hält, teilt er der Gruppe seine Situationsdiagnose mit. Seine »Analysen« beziehen sich immer auf die Gruppe und nicht auf die einzelnen, aus denen sie zusammengesetzt ist. Sie betreffen den Prozeß, d. h. die Dynamik der Gruppe, die *Kommunikation,* das System der Wechselbeziehungen, die *Zusammenarbeit,* die Bestimmung der Ziele in der Gruppe. Dieser Trainer praktiziert also eine nicht-direktive Pädagogik, um den Ausdruck von Carl Rogers (1961) zu gebrauchen.

Die Trainingsgruppe hat keine von Anfang an festgelegte Aufgabe; genauer muß man sagen, daß ihre Aufgabe darin besteht, die Arbeitsprozesse der Gruppe deutlich zu machen, die »Gruppendynamik« zu lernen, und zwar durch eine Selbstanalyse dessen, was *hier und jetzt* geschieht. Das ist im Prinzip das »Programm« oder die »Tagesordnung«, so wie sie in dem Einladungsrundschreiben gekennzeichnet sind. Anfangs sind die Rollen der Gruppenmitglieder weder festgelegt noch verteilt. Allmählich jedoch — oft stillschweigend — organisiert sich die Gruppe, sie wird sich ihrer Rollenverteilung bewußt und stellt schließlich fest, daß sie zur Selbstbestimmung übergehen kann.

Die T-Gruppe unterliegt einer Regel, die drei »Einheiten« enthält:

— Einheit der Zeit: die Gruppe muß die vorgesehenen Zeiten einhalten: anderthalb oder zwei Stunden pro Sitzung.

— Einheit des Ortes: die Gruppe kommt zu den festgelegten Zeiten in dem hierfür vorgesehenen Raum zusammen.

— Einheit der Handlung: die Art der Teilnahme jedes Mitglieds und seine Rolle bestimmen sich durch Verbalisierung, was das Agieren ausschließt. Die behandelten Fragen sind grundsätzlich die der Gruppe, und nur auf dieser Ebene greift der Trainer ein. Die persönlichen Probleme werden nur insoweit diskutiert, als sie zugleich die Probleme der aktuellen, *hier und jetzt* bestehenden Gruppe bedingen.

Je nach den verschiedenen Phasen im Leben der Gruppe, je nach Ausrichtung und Stil des Trainers kann der Akzent auf der Kommunikation zwischen den Teilnehmern, auf den affektiven »Valenzen«, den Handlungen, Prozessen, auf den Zu- und Abneigungen, der Kooperation, den Rollen, den Entwicklungsphasen der Gruppe liegen. In jedem Fall aber vermeidet es der Trainer, inhaltlich an der Diskussion teilzunehmen, Ratschläge zu geben, Rollen zu verteilen, die Gruppe zu organisieren, Diskussionsvorschläge zu unterbreiten. Daher wird er — unter Anwendung der Terminologie von Carl Rogers auf diese Art von Gruppenpädagogik — als nicht-direktiver Trainer bezeichnet.

Die Hauptmerkmale dieser pädagogischen Haltung liegen darin, daß der Trainer der Gruppe *weder Richtlinien noch Werturteile* gibt. Oft wurde betont, daß der nicht-direktive Trainer keine Informationen geben darf, die von der Gruppe als Arbeitsrichtlinien benutzt oder als »Almosen« empfunden und die manipulativ aus ihm herausgepreßt werden könnten. Der Trainer enthält sich also bei seiner Teilnahme jedes »Geschenkes« an die Gruppe.

Um eine solche Haltung zu kennzeichnen, wird sehr oft auf das Bild des Spiegels zurückgegriffen. Dennoch liegt in dem Verhältnis des Trainers zur Gruppe mehr als eine einfache Spiegelung vor. Der Trainer urteilt nicht — weder zustimmend noch mißbilligend — sondern er versucht, die Gruppe zu verstehen und ihr zu helfen; somit nimmt er auf seine Weise am Leben der Gruppe teil. Man legt Wert darauf, daß es sich dabei um wirkliche Empfindungen des Trainers handelt und nicht um eine künstliche und bloß technische oder strategische Haltung. Abgesehen von diesen Grundzügen der Trainerhaltung wird die Art und Weise seines Tuns ebenso variabel sein wie die Gruppe selbst, insofern sie dieselbe Entwicklung durchmacht.

Der Trainer kann auf folgende Weisen intervenieren:

— Durch *Neuformulierung*, d. h. indem er der Gruppe ihr eigenes Bild zurückspiegelt. Dies kann auf verschiedene Weise geschehen. Dabei handelt es sich nicht so sehr um eine kalte, optische Spiegelung, als vielmehr darum, daß ein besonderer Teilnehmer, nämlich der Trainer, dem die größte Fähigkeit zugetraut wird, die dialektische Arbeit der Gruppe zu artikulieren, der Gruppe seine Empfindungen mitteilt.

— Durch *Interpretation,* d. h. das Aussprechen der verborgenen bzw. nicht völlig wahrgenommenen Gründe der zutage liegenden Phänomene. Auch in diesem Falle gibt der Trainer der Gruppe nur zurück, was aus ihr selbst hervorging.

Die Interpretation kann erfolgen:

— auf der Ebene der Gruppe;

— ausnahmsweise auch auf der Ebene der interpersonalen Beziehungen (in diesem Fall in einer eher »soziometrischen« Perspektive).

Die Wahl der Ebene und der Tiefe der Interpretation wird offensichtlich vom Entwicklungsstand der Gruppe und von dem, was sie in diesem Augenblick aufnehmen kann, abhängen. Dies setzt voraus, daß man den geeigneten Augenblick zur Intervention ergreift (timing) und daß man das auswählt, was zu sagen zweckmäßig ist.

Es wurde häufig vorgeschlagen, psychoanalytische Konzepte und Modelle auf das Verständnis dessen anzuwenden, was in der T-Gruppe vor sich geht. Dieser Vergleich ist zumindest in einer Hinsicht treffend: Ebenso wie der Psychoanalytiker nichts anderes tut, als dem Patienten dessen eigenes Bedürfnis deutlich werden zu lassen, ebenso begnügt sich der Trainer damit — durch seine nicht-direktive pädagogische Haltung —, einige Möglichkeiten zur Veränderung der Gruppe, d. h. Bedürfnisse, freizulegen. Die beiden von uns bezeichneten Interventionsweisen sind nur zwei Momente dieser einen Tätigkeit. Während die Neuformulierung ein Aussprechen des durch die Gruppe geäußerten Bedürfnisses ist, ist die Interpretation die Freilegung eines noch »latenten«, unbewußten Bedürfnisses. Sie kann es der Gruppe z. B. ermöglichen, sich dessen bewußt zu werden, was sie am Funktionieren hindert.

Man hat betont, daß es notwendig ist, daß sich die Haltung des Trainers entsprechend der Haltung der Gruppe entwickelt; seine Beteiligung an der Gruppe steht unter dem Vorzeichen dieser grundsätzlichen Entscheidung. Nach einigen Autoren sollte der Reifeprozeß einer Gruppe in Richtung auf eine zunehmende und schließlich erreichte Integration des Trainers in die Gruppe verlaufen. Natürlich handelt es sich dabei um die Integration des Trainers eben insofern er Trainer und nicht insofern er emotional Beteiligter ist. Er teilt der Gruppe weder seine Erfahrungen noch seine Gefühle mit.

Die Entwicklung der Gruppe wurde oft mit der des Individuums verglichen. Ein solcher Vergleich darf nur mit Vorbehalt angestellt werden; gleichwohl hat er den Vorteil, zwei wichtige Aspekte dieses Reifeprozesses zu unterstreichen:

— Den Entwicklungsprozeß (Geburt eines Organismus, Kindheit, Lehrjahre, »Reife« oder Erwachsensein, Verfall und Tod); Übergänge und Krisen kennzeichnen diese nicht kontinuierliche Entwicklung.

— Die für die großen Abschnitte dieses Prozesses charakteristischen gesellschaftlichen Verhältnisse, von einem Zustand anfänglicher Abhängigkeit zu einem Idealzustand der Autonomie und Unabhängigkeit der Gruppe.

Man hat verschiedene genetische Modelle zur Erklärung dieser Entwicklung entworfen. Sie stammen aus den Jahren 1955 (Bethel) und 1959 (Frankreich). Zweifellos wird es in der Zukunft möglich sein, ein Urteil über die Entwicklung der französischen Auffassungen abzugeben, insbesondere über den Niedergang der Theorie von den Entwicklungsstadien. C. Faucheux bemerkt in seiner Untersuchung über die amerikanischen Konzeptionen der T-Gruppe (1959), diese orientierten sich in zwei verschiedenen Perspektiven. Bennis und Shepard (1956) analysieren die Ebenen der Kommunikation und der interpersonalen Beziehungen: Beziehungen zum Trainer, Aufspaltung in Untergruppen. Blake (1964) führt die Diagnose auf der Ebene der Gruppenprozesse, der Kooperation, der Wahl der Diskussionsthemen, der Entscheidungsmodi, des Diskussionsverlaufs und der Gruppenarbeit durch. Diese mit den Trainingszielen verknüpften unterschiedlichen Perspektiven führen zu verschiedenen Vorentscheidungen des Trainers: Nach Bennis und Shepard steht für die Gruppe ein besseres zwischenmenschliches Verstehen im Mittelpunkt, während für Blake die Gruppe auf die Techniken zielstrebigen Handelns hin orientiert ist, die sie experimentell erprobt. Im ersteren Falle geht es darum, auf wirksame Weise zu *kommunizieren*, im zweiten darum, auf richtige Weise zu *handeln*.

Das erklärt auch die Abweichung in der Beschreibung der *Phasen* der Gruppe:

— Bennis und Shepard (1956) unterscheiden zwei Phasen: eine Abhängigkeitsphase, auf die eine in Stufen unterteilte Phase der Interdependenz folgt.

— Blake (1964) beschreibt drei Phasen einer fortschreitenden Organisierung der Gruppe.

— Ähnlich wie die frühen NTL-Autoren unterscheidet Claude Faucheux (1959) vier Entwicklungsstufen:

a) die anfängliche Unsicherheit;

b) die Lösung der Probleme, die die Beziehung zwischen Gruppe und Trainer aufwirft;

c) die Lösung der inneren Autoritätsprobleme der Gruppe;

d) das reflektierte Verhalten.

— Max Pagès (1959a) bemerkt ebenfalls, daß die Theoretiker der T-Gruppe meistens übereinstimmend drei oder vier Phasen unterscheiden:

a) Bemühungen der Teilnehmer, den Leiter zu manipulieren und ihn eine herkömmliche Rolle spielen zu lassen; Fehlschlag dieser Bemühungen; Versuche, auf klassische Methoden (Ernennung eines Vorsitzenden, Wahl eines Diskussionsthemas) zurückzugreifen; Fehlschlag dieser Versuche;

b) die Gruppe untersucht eingehender ihre eigenen Probleme, aber voller Angst, ohne Erfolg, so daß das Gefühl des Scheiterns verschärft wiederkehrt;

c) Versuch der Zusammenarbeit; gegenseitige Zugeständnisse unter den Mitgliedern; diese Lösung zeigt sich jedoch bald als vordergründig, und die Meinungsverschiedenheiten bestehen fort;

d) die Gruppe scheint mehr Abstand gegenüber ihren Schwierigkeiten zu gewinnen, sie sucht deren wahre Gründe; sie schätzt sich selber ein, ohne Hilfe des Trainers; Fortschritte in Richtung auf die angestrebten Ziele.

— Didier Anzieu (1959) entwickelt ein genetisches Modell: »Geburt, Gestammel und Hilferufe der Gruppe an den Trainer-Vater; schülerhafte Haltung, Texterläuterung und Erwartung einer Vorlesung: Krise der Adoleszenz, Schwierigkeit, die eigenen Motivationen und die eigene Abhängigkeit zu analysieren, erster Eintritt in die Reife, das ›Wir‹-Gefühl und die innere Organisation; Ausbruch von Spannungen und Spaltung in Untergruppen; Eintritt in eine höhere Reife durch die Analyse und durch die Lösung der Spannungen, durch die Einrichtung einer demokratischen Organisation; Vorbereitung auf den Tod im Rekapitulieren der Gruppengeschichte, in der Hoffnung, zu überleben.« In einer späteren Arbeit entwickelt Anzieu (1966) drei »Modelle«, die auf das Funktionieren der Trainingsgruppe anwendbar sind. Das erste ist ein »kybernetisches« Modell, das sich auf die Arbeiten von J. und M. van Bockstaele (1959) stützt, die die Gruppe als ein »System im Gleichgewicht« betrachten, »dessen Zustände einer Abfolge beobachtbarer Operationen entsprechen«. Dieses Modell scheint uns Lewins Untersuchungen über das quasistationäre Gleichgewicht in Gruppen verwandt. Es versucht, die Gruppe als Einrichtung und Entfaltung eines Kommunikationsnetzes zu bestimmen. Das zweite Modell ist psychoanalytischer Herkunft: Es läßt sich eine Anzahl von Analogien, fruchtbaren Parallelen und wirklichen Gemeinsamkeiten zwischen den Techniken der Psychoanalyse und denen der T-Gruppe aufzeigen. Beide Methoden erscheinen faktisch, wie Anzieu hervorhebt, als »einander ergänzend für das Verständnis des Menschen in seiner Vielfalt und für das Handeln zugunsten seines Fortschritts«.

Das dritte Modell, das auf Sartres Analyse in der »Kritik der dialektischen Vernunft« zurückgreift, ist ein dialektisches Modell. Wir selber haben, ähnlich wie auch J. Ardoino (1965), eine an Sartre orientierte Konzeption der T-Gruppe vertreten. Heute sind wir jedoch der Meinung, daß diese Auffassung angesichts der Probleme der Seminarstruktur tiefgreifend revidiert werden muß.

Aus der augenscheinlichen Vielfalt der Auffassungen über den Verlauf einer T-Gruppe können einige Momente herausgehoben werden:

a) Abhängigkeit vom Trainer, die sich in der Forderung nach Auskünften und Anweisungen äußert;

b) Fehlschlag dieser Forderung und Versuch, gemäß klassischen Modellen der Konferenztechnik vorzugehen; während dieser Phase herrscht eine kontradependente Einstellung; sie endet gewöhnlich mit einem Fehlschlag und dem verschärften Bewußtsein eines Fehlschlags;

c) Klärung der persönlichen und der von der Gruppe herrührenden Ursachen dieses Fehlschlags, d. h. Herausstellung und — vermittels *Katharsis* und Bewußtwerdung auf verschiedenen Ebenen — Lösung der interpersonalen Spannungen;

d) abschließende Selbsteinschätzung der Gruppe, die sich damit ihrer ersten gelungenen »Arbeit« widmet, d. h. der Gestaltung ihrer »Geschichte«. Diese Arbeit ist für die T-Gruppe die einzig mögliche. Sie bedeutet ihre Entstehung als Gruppe und ihren Tod.

Wie man sieht, ist das Trainingskonzept des Bethel-Instituts wesentlich pädagogischen Charakters, und zwar:

— *aufgrund seiner Herkunft:* Ein wesentlicher Teil der Trainer von Bethel sind Pädagogen, die mit Psychosoziologen zusammenarbeiten;

— *aufgrund seiner theoretischen Quellen:* Technik und Theorie liegen im Schnittpunkt verschiedener psychologischer Richtungen (Gruppendynamik, Psychoanalyse, Soziometrie) und der aktiven Methoden;

— *aufgrund seiner Methoden:* Die Grundaktivität in Bethel ist, wie wir sahen, die der Training-Group (T-Gruppe), die, wie der Name anzeigt, eine Lerngruppe ist. R. Meigniez (1967) schreibt dazu: »In der T-Gruppe spricht der Trainer gern von den allgemeinen Gruppen-Gesetzmäßigkeiten, für die die gegenwärtige Gruppe nur ein Beispiel ist.« Es handelt sich um eine didaktische Tätigkeit. Dadurch wird die strenge Nicht-Direktivität in Frage gestellt; denn man kann in der so beschriebenen Intervention des Trainers die indirekte Vermittlung eines Wissens sehen.

Die Trainingsgruppe erscheint ein wenig als das Instrument eines beschleunigten Lernens. Selbst der Begriff »Trainer« gewinnt hier seinen ganzen pädagogischen Charakter (Lapassade, 1959).

Neben der T-Gruppe finden in Bethel andere pädagogische Veranstaltungen statt: Übungen in den Gruppentechniken (skill groups), Vorträge usw. Die Organisation der verschiedenen Veranstaltungen weist denselben schulischen Charakter auf: Es handelt sich um einen letzten Endes sehr traditionellen Stundenplan, der von den Trainern beschlossen wird, die die verschiedenen Formen des Lernens über den Tageslauf und den ganzen Kurs verteilen. Nur auf der Ebene der T-Gruppe bemüht sich die Bethel-Pädagogik, *nicht-direktiv* zu sein. Dagegen ist sie *direktiv,* d. h. traditionell oder, wie Rousseau sagen würde, »positiv« auf der Ebene der Seminarstrukturen. Hier liegt der tiefgreifende Widerspruch des Trainings in Bethel; man beginnt heute, wenigstens in Frankreich, sich dessen bewußt zu werden.

Um diesen Punkt mit anderen Worten kurz zusammenzufassen: Der Sommerkurs in Bethel ist ein Trainingsseminar zur Fortbildung in Psychosoziologie auf der Grundlage der nicht-direktiven Methoden. Er ist für alle diejenigen eingerichtet, die es für nützlich halten, ihre Kenntnisse in der Gruppenpsychologie zu vervollkommnen.

*

Im System von Bethel scheint die Pädagogik nicht bis zu einer Analyse des institutionellen Ganzen fortzuschreiten. Alles geschieht so, als schränkten die Trainer hier das Lernen der Seminarteilnehmer auf die Ebene der Kleingruppen ein, während das Ganze des Seminars nicht als eine *umfassende Analysegruppe* angesehen wird.

Im Bereich der Sozialpsychologie greift man somit einen Ausschnitt der zwischenmenschlichen Beziehungen und der mikrosoziologischen Abläufe heraus, die nicht über die Ausdehnung und die Eigenschaften der kleinen Gruppen (small groups) hinausgehen. Damit es anders sein könnte, müßte zumindest das Seminar insgesamt (d. h. die Institution von Bethel) als solches einer psychosoziologischen Analyse unterzogen werden, die der in den T-Gruppen durchgeführten entspräche. Die Pädagogik von Bethel dürfte nicht allein eine *Gruppenpädagogik,* sie müßte auch eine *institutionelle Pädagogik* sein. Aber sie ist es nicht. Diese Einschränkung ist zweifellos durch folgende Faktoren bedingt:

— Durch kulturelle und strukturelle Faktoren, die der Organisation und der Ideologie der amerikanischen Gesellschaft, wie übrigens dem Ganzen der industriellen und kapitalistischen Gesellschaft, eigen sind. Diese Gesellschaft verlangt von ihren Arbeitern sowohl eine gewisse Initiative wie eine gewisse Zustimmung zu den bestehenden Strukturen.

— Durch mehr technische Gründe: Die großen Gruppen funktionieren nach dynamischen Prozessen, die weniger genau erfaßt und darum weniger kontrollierbar und analysierbar sind als kleine Gruppen von 10 bis 15 Teilnehmern.

— Durch den eklektischen Psychologismus der Trainer von Bethel, der das Zusammenwirken von unterschiedlichen psychosoziologischen, psychopädagogischen und psychotherapeutischen Konzeptionen impliziert (u. a. die Konzeptionen von Freud, Rogers, Lewin, Moreno usw.).

Für das Modell von Bethel spricht, daß es das erste war, das der Psychosoziologie einen Weg zur aktiven Ausbildung eröffnet hat; doch sollte man auch seine Grenzen sehen, wenn man das, was bei den im Rahmen dieses ersten Modells praktizierten Methoden unentwickelt bleibt, weiter vorantreiben will.

Wir müssen der Schule von Bethel zumindest ein wesentliches Positivum anrechnen: die Erfindung und Verbreitung einer Pädagogik, die, obgleich sie gewisse Berührungspunkte mit der Neuen Schule behält, doch sehr viel weiter in die Richtung der Nicht-Direktivität geht.

Die Nicht-Direktivität zielt, wie wir sahen, zumindest auf der Ebene der T-Gruppe (der Hauptaktivität von Bethel) dahin, vollständig und verwirklicht zu sein. Eine neue Strömung des Denkens und Handelns ist von da ausgegangen: eine Strömung, die den Erzieher in seiner pädagogischen Beziehung, in seiner *Praxis* in Frage stellt und die — durch eine Kritik an den direktiven Beziehungen beim Lernen — den Weg öffnet für eine kritische Analyse der menschlichen Beziehungen und der gesellschaftlichen Organisation in der gegenwärtigen Welt.

Eben dies wird auch in der Untersuchung betont, die J. Ardoino (1965) der »Diagnosegruppe als Ausbildungsinstrument« gewidmet hat. Ausbildungsinstrument? Manche würden heute fast so weit gehen, anzuerkennen, daß die T-Gruppe manchmal ein therapeutisches Instrument wird, auch wenn sie nicht ausdrücklich zum Repertoire der verschiedenen Formen der Psychotherapie der Gruppe oder der Psychotherapie in der Gruppe gehört, wie sie vor allem von Slavson '1956), Moreno (1932) usw. eingeführt wurden. Grundsätzlich bleibt aber die T-Gruppe ein Instrument der Ausbildung, nicht der Heilung. Ihre gegenwärtige Teilnehmerschaft teilt sich jedoch, wie Pingaud (1963) mit Recht betont hat, in eine pädagogische (Sozialarbeiter, Erzieher, Führungsstäbe) und in eine therapeutische Klientel (zuweilen dieselben und dazu diejenigen, die aus persönlichen Gründen kommen).

Es gibt andere Methoden der Ausbildung in der Gruppe und durch die Gruppe: Es sei nur die Falldiskussion angeführt oder die pädagogische Anwendung des Psychodramas. In all diesen Techniken bleibt der »gruppendynamische« Aspekt präsent, wenn auch mehr oder weniger betont und »gelenkt«, je nach den Umständen, den Schulen und Erfordernissen. Diese Methoden — oder wenigstens einige von ihnen — werden in den gruppendynamischen Trainingsseminaren, die in Frankreich von verschiedenen Teams für eine unterschiedliche Klientel (Erzieher, Führungsstäbe, Gewerkschaftler) organisiert werden, insofern angewandt, als das Prinzip sowohl der T-Gruppe als auch dieser Seminare (deren Grundinstrument die T-Gruppe bleibt) in der sozialen Heterogenität der Teilnehmer besteht.

Man könnte bereits die Diagnosegruppen oder die Falldiskussionsgruppen als Gruppentechniken ansehen. Aber es gibt noch andere, einfachere, denen es vor allem darum geht, Treffen und Versammlungen zu lenken. Hier handelt es sich häufig um Verfahrensweisen, die nicht notwendig psychosoziologisch, d. h. gruppenanalytisch vorgehen.

Diese Techniken und Verfahrensweisen zeigen deutlich die Zweideutigkeiten einer praktischen Psychosoziologie, die sich als befreiend und im gleichen Atemzug als utilitaristisch und reformistisch gibt. Diese Zweideutigkeit wird auf der Ebene der Interventionspraktiken noch besser sichtbar werden.

Die Intervention

Für die Psychosoziologen bedeutet *Intervention* eine in einer gesellschaftlichen Organisation und auf Verlangen dieser Organisation durchgeführte Aktion, die gewisse Veränderungen erleichtern soll.

Zu diesem Zweck beginnt man zunächst mit individuellen oder Gruppengesprächen und macht dann eine erste Zusammenfassung, die dem ganzen Führungsstab oder sogar allen Arbeitnehmern der Klientenorganisation mitgeteilt wird (Feedback). Darauf beginnt eine zweite Phase mit der Arbeit in Kommissionen. (Schon zu Beginn der Intervention hat man einen Untersuchungsausschuß gebildet, in dem die Psychosoziologen und die für das Unternehmen Verantwortlichen sich zusammensetzen.)

Die Intervention setzt sich so in Gruppensitzungen fort. Durch die Analyse der aus den Gesprächen gewonnenen Ergebnisse, durch die Einwirkung auf gewisse Strukturen der Organisation und durch die Kommissionssitzungen ergibt sich ein zunehmendes Auftauen der Kommunikationen; die verschiedenen Abteilungen treten in Kontakt zueinander ... Die Leitung muß allerdings auch in der Lage sein, diese Veränderungen und die von dieser *Soziotherapie* hervorgerufenen Spannungen auf sich zu nehmen. Es kommt vor, daß die Behandlung — unter verschiedenen Vorwänden — unterbrochen wird. Tatsächlich bedeutet das meistens, daß man den allgemeinen Willen der Gruppe entdeckt hat. Ein jeder hat die

Möglichkeit erblicken können, an den Entscheidungen teilzuhaben, das Unternehmen zu führen. Dies ist der letzte und wahre Horizont der psychosoziologischen Intervention: nicht das Vorrecht der Gruppe, sondern die *Selbstbestimmung* aller Gruppen, der Organisationen und der Gesellschaft im Ganzen. Die gesellschaftliche Selbstbestimmung ist bekanntlich kein Modell der Psychosoziologie; sie ist ein Produkt der sozialistischen Bewegung, der vom Proletariat gemachten Erfahrung. Wenn die Psychosoziologie heute auf dieses Problem stößt, so hat dies verschiedene Gründe:

Zunächst einmal haben alle Untersuchungen über die Gruppen gezeigt, daß die besten Resultate im Hinblick auf die Produktivität dann erzielt werden, wenn alle an den Entscheidungen partizipieren. Sodann setzt die gesellschaftliche Selbstbestimmung, wenn man eine Bürokratisierung vermeiden will, auf der Ebene der Leitungsausschüsse und der Steuerungssysteme eine ständige Verfeinerung der Methoden des kollektiven Entscheidens voraus. Die Jugoslawen beginnen das zu entdecken und eine Gruppendynamik ins Werk zu setzen. Schließlich und vielleicht vor allem erinnert die Psychologie die »Politiker« und die Technokraten daran, daß der Sozialismus nicht allein eine Sache der Wirtschaft und der juristischen Institutionen ist: Er setzt eine Veränderung in der Kultur und in den Motivationen, im affektiven Leben der Gruppen voraus.

Die erste Intervention wurde um 1943 von Kurt Lewin durchgeführt. Lewin interveniert in gesellschaftlichen Konflikten, zum Beispiel in Rassenkonflikten. Er erleichtert als notwendig angesehene Veränderungen; er hat u. a. an einer Veränderung der Ernährungsgewohnheiten in einer Periode der Knappheit gearbeitet. Es handelte sich im Jahre 1943 darum, in sechs Gruppen von je 13 bis 17 Hausfrauen den Kauf und Verbrauch von minderwertigen Fleischstücken (Innereien von Rindern) zu fördern. Drei Gruppen hörten 45minütige Vorträge, in denen über den Vitaminreichtum der Innereien informiert und Ratschläge für die Zubereitung gegeben wurden. Die anderen drei Gruppen nahmen jeweils an einer Diskussion mit einem Fachmann für Ernährungsfragen teil.

Man erzielte die folgenden Resultate: Aus den ersten drei Gruppen änderten 3 % der Hausfrauen ihre Ernährungsgewohnheiten, aus den anderen drei Gruppen dagegen 32 %. Diese Ergebnisse zeigen die Wirksamkeit der Gruppenentscheidungen. Sie zeigen auch, daß der Psychosoziologe nach Lewins Prinzip der »Aktionsforschung« (action research) die Gruppen »versteht, indem er sie verändert«. Und schließlich eröffnen sie ein neues Forschungsgebiet, das darin besteht, die Probleme des gesellschaftlichen Wandels zu analysieren und zu behandeln (Lewin, 1943).

Eine andere, oft zitierte Intervention wurde von Coch und French in einem Konfektionsbetrieb, der Harwood Manufacturing Corporation, durchgeführt. Dieser Betrieb stieß auf den Widerstand des Personals bei durch die technische Entwicklung bedingten Veränderungen der Arbeitsplätze. Dieser Widerstand kam zum Ausdruck in der Verringerung der Leistung, in Kündigungen, Feindseligkeit gegenüber der Leitung und Mangel an Bereitwilligkeit zur Umschulung. Der Versuch erfolgte mit vier Gruppen von Arbeitern:

— in der ersten Gruppe (18 Arbeiter) erklärte man einfach die Notwendigkeit der Änderungen;

— in der zweiten Gruppe nahmen Vertreter der Arbeiter an den Entscheidungen teil;

— in den beiden anderen Gruppen (7 und 8 Arbeiter) nahmen alle Arbeiter an den Entscheidungen teil.

In diesen beiden letzten Gruppen wurden die Veränderungen am besten aufgenommen, während in der ersten Gruppe der Widerstand am größten war (Coch und French, 1954).

Berühmt ist die Intervention von Elliot Jaques (1952) in einer Fabrik für Elektrogeräte, der Glacier Metal Company, die in einem Londoner Vorort liegt und ungefähr 1500 Arbeitnehmer beschäftigt. Die Intervention beginnt im April 1948 mit einer ersten Phase, in der die Intervention »eingepflanzt« wird (man verdeutlicht die Rolle der Psychosoziologen, die keine Funktion in der Leitung des Unternehmens haben, sondern einfach »consultants« sind). Im Juli 1948 interveniert ein achtköpfiges, von Jaques geleitetes Arbeitsteam. Dieses Team hält sich dem Kollektiv zur Verfügung. Zwischen 1948 und 1951 wird es von verschiedenen Gruppen zu Rate gezogen, die um Hilfe bei der Lösung von Problemen der Entlohnung, des Personalrats usw. bitten. Vermittels dieser Intervention werden die Sozialstruktur des Betriebs, seine »Kultur« (Konventionen, Sitten und Tabus) und die Persönlichkeit der Mitglieder analysiert. Das Team bemüht sich vor allem um Erleichterung der Kommunikationen im Betrieb, um Klärung der Rollen und der Verantwortlichkeiten.

Die psychosoziologische Intervention in den Betrieben und, allgemeiner, in den gesellschaftlichen Organisationen überhaupt weist einige Wesenszüge auf, die sich zunächst einmal anhand eines Beispiels aus der Dichtung verdeutlichen lassen. Im »Schloß« von Kafka sehen wir K., den Landvermesser, im Dorf ankommen mit der Absicht (oder dem Auftrag?), »Grenzen« abzustecken: Das ist sein Beruf. Aber er sucht den »Klienten«, den einzelnen oder die Organisation, die ihn gerufen hat, und stößt sehr bald auf den *Widerstand* der Gruppe, der verschiedene Formen annimmt und in gewissen Symptomen sichtbar wird: Wie läßt sich ein Telefongespräch mit dem Schloß führen? Die *Kommunikation* funktioniert schlecht. Das Schloß ist jene versteinerte »bürokratisierte« Organisation mit ihrer geheimen Komplexität, die der Psychosoziologe entdeckt, wenn er die Probleme seiner Gesellschaft von einer Organisation aus angeht, die ihn zu Rate zieht.

Die psychosoziologische Intervention in großen Gruppen (Betrieben, Verwaltungen, Schulen, Krankenhäusern ...) impliziert eine gewisse Zahl von besonderen Techniken. Eine erste Diagnose geht von Gesprächen und Fragebogenerhebungen aus: Ihr Ziel ist es, sowohl eine objektive Kenntnis der Klientenorganisation als ein Wissen davon zu erlangen, wie die Mitglieder ihre Organisation sehen. (So praktiziert etwa eine Organisation eine bestimmte Verkaufs-, Produktions- oder Werbepolitik, und ihre Mitglieder nehmen diese Politik mehr oder weniger deutlich wahr, stimmen ihr zu oder lehnen sie ab.)

Darüber hinaus ist ein Betrieb eine »Gruppe von Gruppen«. Er umfaßt Arbeitsteams, Büros, Werkhallen, die in bestimmter Weise organisiert sind. Zwischen diesen Gruppen zirkuliert die Information nach formellen (z. B. Rundschreiben) oder informellen (z. B. Gerüchte) Modalitäten. Diese Kommunikationen stoßen auf gewisse Schranken, die man aufheben kann. Darin kann eines der Ziele der Intervention bestehen, die durch die Mitteilung der ersten Ergebnisse (Feedback) eine neue Phase erreicht. An diesen Ergebnissen kann nun die Gruppe arbeiten, und zwar in Sitzungen, die gewisse Techniken der Diskussionsleitung voraussetzen. Übrigens bemüht man sich häufig von Beginn der Intervention an, Gruppen mit regulierender Funktion aus Mitgliedern der zu behandelnden Organisation zu bilden. Mit diesen Gruppen oder Ausschüssen wird die Arbeit fortgesetzt und weiter ausgedehnt, wobei eine immer weitergehende und immer tiefergehende Hineinnahme der anderen Mitglieder der Organisation erreicht wird.

Dies ist zumindest das angestrebte Ziel: die Mitglieder der Gruppe dazu zu bringen, daß sie die Probleme, die grundsätzlich *hier und jetzt* sie selbst betreffen, selbst in Angriff nehmen; mit ihnen nach Lösungen zu suchen, die notwendigen Änderungen zu bestimmen und diejenigen Änderungen zu erleichtern, die Widerstände auslösen. Man sieht, welcher Weg seit den ersten Forschungen von Elton Mayo zurückgelegt wurde: Heute wird die Arbeitsstätte in den Zusammenhang des Ganzen, des Betriebs, gestellt, die Kleingruppen werden in ihrem institutionellen Zusammenhang analysiert, und die Psychosoziologen sind nicht mehr der Meinung, daß die Intervention auf einen Teilbereich beschränkt werden könnte. Der Versuch von E. Jaques in der Glacier Metal Company, der das ganze System des Betriebs betrifft, gewinnt somit einen ganz anderen

Sinn als die zwanzig Jahre zuvor in einigen beobachteten Werkstätten der Western Electric angestellten Untersuchungen von Elton Mayo.

Dasselbe läßt sich hinsichtlich der Interventionen von Max Pagès (1959) und D. Benusiglio (1959) in Unternehmen und der Intervention von André Levy (1963) in einer psychiatrischen Anstalt sagen.

*

Die Intervention geht aus »vom psychosozialen Funktionieren des Unternehmens: Probleme der Koordination zwischen Stabs- und Linienfunktionen, zwischen Zentrale und dezentralen Außenstellen. Weitere Probleme ergeben sich aus dem Unverständnis gegenüber der Unternehmenspolitik oder aus ihren unterschiedlichen Interpretationen. Manche Mitarbeiter wollen sich nicht in die neuen Rollen fügen, deren Übernahme man von ihnen erwartet. Bestimmte Führungsmethoden sind dem sozialen Kontext unangemessen, Techniken der Rekrutierung neuer Mitarbeiter, der Ausbildung, Beförderung oder Bezahlung sind unzulänglich ... Alle diese Probleme betreffen das Unternehmen als gesellschaftliche Organisation, d. h. als ein *Ganzes aus sozialen Gruppen* (Arbeitsgruppen wie etwa Verwaltungs- oder Werkabteilungen, Gewerkschaften, Vereine, Arbeitgeberverbände, Klubs, politische Parteien) ... Das psychosoziale Funktionieren des Betriebs ist gleichbedeutend mit dem Funktionieren jeder dieser Gruppen und ihrer gegenseitigen Beziehungen, genauer, wenn auch immer noch sehr allgemein gesagt: Es ist gleichbedeutend mit der Weise, in der die Gruppenstrukturen (Ziele, Rollen, Normen, Sanktionen), die Kommunikationen zwischen den Gruppenmitgliedern und ihre Motivationen oder Wünsche miteinander verknüpft sind« (Pagès, 1959). Man sieht, das Unternehmen selbst (oder die Schule, das Lyzeum, das Krankenhaus) kann als eine Gruppe (oder eine »Gruppe von Gruppen«) bestimmt werden, deren Größe die der »Kleingruppen« (small groups), wie sie gewöhnlich im Laboratorium untersucht werden, übersteigt. Die Gruppendynamik ist nicht — oder nicht nur — eine Dynamik der *Klein*gruppen; sie ist auch und zu gleicher Zeit eine soziale Dynamik, die sich auf jene »Gruppen« erstreckt, die die Unternehmen, die gesellschaftlichen Organisationen, die Institutionen darstellen.

Das psychosoziale Funktionieren der Unternehmen verändert sich ständig, so wie sich das Ganze der Industriegesellschaft verändert. In einer ersten Annäherung läßt sich sagen, daß von dem als »Berater« fungierenden Psychosoziologen, der im Unternehmen interveniert, verlangt wird, diese Veränderungen zu erleichtern, ähnlich wie der Psychoanalytiker und der Psychotherapeut »Agenten der Veränderung« sind. Nun haben wir bereits — und zwar gerade hinsichtlich der Widerstände gegen die Veränderung — die Arbeiten von K. Lewin (Veränderung der Ernährungsgewohnheiten) und von Coch und French (über Gruppendiskussion und kollektives Entscheiden) erwähnt. Dabei befanden wir uns bereits auf der Ebene der Intervention in natürlichen sozialen Gruppen, und kaum mehr auf dem Boden der Laboratoriumsexperimente.

Diese Versuche zielen zugleich auf Grundlagenforschung über das Funktionieren von Gruppen (ihre »Dynamik«) ab wie auch auf die Soziotherapie bestimmter Sozialgebilde. Ebenso wie sich in der Humanbiologie Laboratorium und medizinisch-klinische Praxis wechselseitig ergänzen (wie G. Canguilhem in »Connaissance de la vie« gezeigt hat), ebenso gibt es in der Gruppendynamik eine Wechselwirkung zwischen der experimentellen Arbeit im Laboratorium und der klinischen Arbeit an Ort und Stelle, ohne daß die letztere eine bloße Anwendung der ersteren wäre.

Wie spielt sich nun hiernach eine Intervention ab? Max Pagès (1959) unterscheidet drei Phasen, die er mit denen der T-Gruppe glaubt vergleichen zu können: Bewußtwerdung, Diagnose und Handeln.

Die Phase der Bewußtwerdung »besteht in der Lokalisierung bisher nicht erkannter sozialer Schwierigkeiten. Im Stadium der Bewußtwerdung werden diese Schwierigkeiten noch je vereinzelt wahrgenommen und nicht miteinander verknüpft«.

In der diagnostischen Phase entdeckt die Gruppe (d. i. hier das Unternehmen) »das Bestehen eines komplexen Netzes von Ursachen ..., die auf das Funktionieren der Gruppe und auf ihre Schwierigkeiten einwirken«.

Die Phase des Handelns ist diejenige, während der »man in einem Unternehmen für bestimmte Funktionen neue Ziele setzt, den Organisationsplan reformiert, gemeinsame Ausschüsse oder Kommissionen bildet, Stellung nimmt zu den neuen Normen für die Haltungen des Personals aus den verschiedenen Abteilungen zueinander«.

Die Intervention setzt verschiedene Techniken voraus: Umfragen, die mit Hilfe von Interviews und Fragebogen durchgeführt werden und deren Ergebnis den Beteiligten anschließend mitgeteilt wird (Feedback); Erhebung über Kommunikationen und Strukturen (Levy, 1965), Untersuchung der unterschiedlichen Ziel- und Rollenwahrnehmung innerhalb der Arbeitsgruppe; das systematische Studium der Kommunikationshindernisse während eines Arbeitsablaufs, der verschiedene, auf eine einzige Entscheidung hinauslaufende Operationen umfaßt (Beispiel: die Aufnahme eines neuen Artikels in das Warenangebot eines Kaufhauses); Erhebung der soziometrischen Wahlen innerhalb einer Gruppe; die Organisation von Zusammenkünften, um die Ergebnisse einer Untersuchung zu besprechen, was eine erweiterte Teilnahme der Mitglieder des Betriebs an der Intervention bedeutet, die so tendenziell zu einer partizipativen Untersuchung wird.

Man sieht, daß der Terminus »Gruppendynamik«, ausgehend von seiner anfänglichen, strengen Bedeutung als experimentelle Wissenschaft vom Funktionieren der Gruppen, im Laufe der letzten Jahre eine immer weitere Bedeutung erlangt hat. Diese Erweiterung zeigt sich bereits in Lewins Entwurf der sozialen Praxis als reflektierter und genauer *Intervention* in die sozialen Prozesse, als *»action research«*.

Die Lewinianische Strömung sah sich sehr bald vermischt mit anderen Strömungen in Forschung und Praxis, die wir ebenfalls hier darstellen müßten, wenn wir das Ziel hätten, einen erschöpfenden Überblick über alle Gruppenforschungen zu geben: Die *»interaktionistische«* Strömung, bei der C. Faucheux (1954) einen »naturalistischen« (Homans) und einen »experimentalistischen« Flügel (Bales) unterscheidet; die *Soziometrie,* von Moreno begründet und durch eine große Zahl von Untersuchungen und Methoden von seiten anderer verdeutlicht; die *psychoanalytische* Strömung, vor allem in der englischen Schule bei W. R. Bion (1961); die u. a. von Cattell vertretene Faktorenanalyse.

Hinsichtlich der Ausbreitung und Anwendung der Gruppendynamik durch verschiedene soziale Gruppen ließen sich folgende Entwicklungen feststellen:

— ihre Anwendung im Rahmen der Familie, in Frankreich von der »Elternschule« angeregt;

— die Anwendung im Rahmen der Pädagogik, die durch eine Sondernummer der Zeitschrift *Education Nationale* (1962) gut veranschaulicht wird;

— die Einführung von Gruppenmethoden in den Gewerkschaften und vor allem in den Studentengewerkschaften, wie eine Nummer der *Recherches Universitaires* von 1963 zeigt. Hier wird die Psychosoziologie »politisiert«. Das sieht man an ihrer Praxis und an den Bemühungen um theoretische Klärung. Der verhältnismäßig indirekte und kritische Beitrag, den J. P. Sartre in seiner »Kritik der dialektischen Vernunft« (1967) geleistet hat, läßt sich nicht mehr übersehen. Auch die Mitarbeit einer Reihe französischer Psychosoziologen an einer Nummer der Zeitschrift »Arguments« von 1962 muß in diesem Zusammenhang erwähnt werden. Wir stoßen hier auf das Hauptproblem.

Die psychosoziologischen Interventionen stoßen immer wieder auf dieselben ideologischen Einwände. Man möchte in ihnen nur die letzte Entdeckung der herrschenden Klassen sehen, einen Versuch, die Arbeiter zu manipulieren und eine Kollaboration der Klassen im kapitalistischen Betrieb zu erreichen. Es ist nicht sicher, daß die Wirklichkeit so einfach ist. Zwar stimmt es, daß die Intervention in den Gruppen zuweilen ausdrücklich darauf abzielt, Spannungen zu vermindern, Veränderungen (an den Arbeitsplätzen, im Personal, in der »Politik« des Unternehmens) annehmbar zu machen. Aber es stimmt ebenso, daß die Intervention ein Sich-Bewußtwerden der Probleme fördert und daß sie all die durch Interessengegensätze hervorgebrachten informellen und konflikthaften Systeme aufdeckt. Die Diskussion über die soziale und politische Bedeutung der Intervention muß anders geführt werden.

Es ist bemerkenswert, daß sich in Frankreich die Kritik am Bürokratismus gegenwärtig in immer zahlreicheren Organisationen, in allen jenen Gruppen entwickelt, bei denen die »modernistische« Ideologie einen Übergang, eine Veränderung ausdrückt. Es handelt sich dabei um diejenige Veränderung, die für die neokapitalistische Gesellschaft charakteristisch ist: das Auftreten der »Manager«, die Geburt einer neuen Bürokratie, die nüchterner ist und fähiger, die technische und gesellschaftliche Veränderung, den historischen Übergang von der Phase B zur Phase C zu leiten.

In diesen Organisationen und Gruppen findet der Psychosoziologe neue »Klienten«, die neuen, modernistischen Bürokratien der Phase C. Der Klient des Psychosoziologen ist stets eine Organisation, aber nicht eine beliebige Organisation. Es empfiehlt sich, immer eine *soziologische* Analyse vorzunehmen, wenn man verstehen will, *wer* der Klient ist und *warum* er es ist. Die ersten Klienten waren die Industrieorganisationen, die die Bürokratisierungsprobleme (vom Typ B) zu lösen suchten. Die neuen Klienten sind nicht die traditionellen Bürokratien der beruflichen, gewerkschaftlichen und politischen Organisationen. Diese halten sich zurück oder sperren sich sogar. Stattdessen sind es die Modernisten der Bürokratie, die die Intervention der Psychosoziologen verlangen.

Doch tritt hier ein neuer Prozeß in Erscheinung, derselbe, den man auch ausgehend von den Interventionen in Industriebetrieben beschreiben konnte. In einem bestimmten Augenblick pflegt anstelle der Kooperation eine »Krise« einzutreten. Der Psychosoziologe ist nicht völlig *Instrument*, er liefert nicht das Instrument, das von ihm erwartet wurde. Er ist nicht, wie Sartre sagen würde, »die Waffe, die man den Händen der Kapitalisten entreißen muß, um sie gegen sie selbst zu kehren« (1964, S. 57); oder besser, er ist es und ist es zugleich auch nicht. Er ist von der Organisation berufen worden, und er entfaltet auf dieser Ausgangsbasis eine Tätigkeit, die allen Gruppen dienen will und die eine Bewegung freisetzt, die die Überwindung der neuen — und selbst der modernistischsten — Formen von Macht und Autorität möglich macht.

Betrachten wir die theoretische Grundlage der psychosoziologischen Praxis etwas näher. Heute ist diese Grundlage die Gruppendynamik. Der Grundgedanke der Gruppendynamik ist aber die gesellschaftliche Selbstbestimmung. Tatsächlich versteht sich — wie gerade noch einmal betont wurde — der psychosoziologische Praktiker stets als im Dienst aller Gruppen und nicht einer besonderen Gruppe stehend; gerade darin liegt sein Paradox oder, wenn man will, sein Doppelspiel. Von der kapitalistischen oder bürokratischen Organisation berufen und in sie eintretend, kann er doch nur so intervenieren, daß er allen Gruppen, allen Individuen, allen Mitgliedern der Organisation das Wort gibt. Darum entschließt sich der Klient manchmal, die Intervention abzubrechen, wenn er entdeckt, daß sie Gefahr läuft, über seine anfängliche Absicht hinauszugehen, daß sie nicht mehr ganz zu seinem Nutzen gerät — im ökonomischen Sinne des Wortes. Wie aber könnte es auch anders sein? Der echte Psychosoziologe hat keine Wahl. Er weigert sich, das Manipulationsinstrument der Manipulatoren zu sein, die ihn engagiert haben. Und wenn er diesen Handel dennoch eingeht, so geschieht es auf Kosten dessen, was die Grundlage seiner Praxis ausmacht.

Diese Grundlage der Intervention, also die wirkliche psychosoziologische Theorie, wird somit von den Verdrehungen, die einige in ihrem Namen durchführen mögen, nicht betroffen. Denn die wahre theoretische und praktische Ausrichtung der Gruppendynamik orientiert sich an dem Ziel einer von herrschenden Gruppen, von Ideologien der Verkennung und vom falschen Bewußtsein befreiten egalitären Gesellschaft.

Wir wollen keineswegs behaupten, daß die Psychosoziologie ältere Formen revolutionärer Theorie und Praxis ersetzen könnte. Ebensowenig sagen wir, daß der nicht-direktive Psychosoziologe eine Vorwegnahme des neuen politischen Führers sei, und noch nicht einmal, daß die Führer der Arbeiterbewegung die Psychosoziologie aufnehmen sollten, so wie sie die ökonomische Theorie in ihr Wissen und in ihre Praxis aufgenommen haben.

Wir behaupten lediglich, daß der Psychosoziologe — in seinem Tätigkeitsfeld und ausgehend von einer Situation, die so zweideutig ist, wie es heute alle politischen Situationen sind — an der Überwindung der Konflikte und der Entfremdungen, die die gegenwärtige Gesellschaft kennzeichnen, teilhaben kann, sofern er dies will und sofern es ihm gelingt, seine Praxis auf einer strengen Theorie aufzubauen. Doch kann er dies nur, wenn er zu einem Teil die Situation so hinnimmt, wie sie sich für ihn darstellt und wie sie sich heute in der Ideologie des Modernismus definiert. Der Psychosoziologe nimmt den Modernismus an, um ihn im gleichen Zug zu überholen und sein Ende vorzubereiten.

Wir schließen uns hier einer Stellungnahme von Max Pagès an: »Der Psychosoziologe müßte bereit sein, jeden Kompromiß anzunehmen, aber ohne sich zu kompromittieren; darin liegt das Wesen der Nicht-Direktivität. Sich nicht zu kompromittieren ist gleichbedeutend damit, daß man kein abgekartetes Spiel treibt. Man kann auf den Ebenen der Strukturen und des Verhaltens aktiv sein und gleichwohl offen bleiben für die tiefer liegende Bedeutung des Verhaltens, auf das hin man interveniert ... Die latenten Bedeutungen sind also aufzusuchen, ohne sie indes mit der Ebene der Ausführung, des sichtbaren Verhaltens, zu verwechseln. Z. B. ist die Weise, wie eine Entscheidung gefällt wird, von Bedeutung. Man kann durchaus einen Lehrvortrag halten, wenn die Entscheidung, dies zu tun, nicht autoritär war. Das ist ein Kompromiß. Man kann eine strukturierte Umfrage anstellen und Ratschläge erteilen. Der Psychosoziologe entspricht diesen Forderungen, aber er zielt noch auf weiteres ab ...«

*

Dieser letztere Aspekt der Widersprüche, auf welche die Psychosoziologie stößt, zeigt sich noch deutlicher, sobald der Praktiker in politischen Organisationen interveniert, für die Politik noch eine abgetrennte und »private« Angelegenheit innerhalb des gesellschaftlichen Ganzen ist. Indem er letztlich in jenem neuen, durch das Management bestimmten politischen Willen die Entfremdung ablehnt, zielt der Psychosoziologe weit über die Politik hinaus, selbst wenn seine Sprache und die Form, die er dem verleiht, was er freisetzt, den Charakter von Utopien haben.

Im Augenblick kann der Psychosoziologe — insofern er in den Gruppen zum Teil als Vertreter der neuen Bürokratie auftritt — die zur Verweigerung jener Ideologie gedrängten informellen Kräfte nur als ein fast pathologisches Stammeln des entpolitisierten und privatisierten Individuums wahrnehmen. Vielleicht aber ist dieses Gestammel in Wirklichkeit der sichtbarste, authentischste und »fortgeschrittenste« Ausdruck der Negativität. Vielleicht wird man in ihm eines Tages das erste Anzeichen einer praktischen und »revolutionären« Infragestellung sehen oder umgekehrt einer nihilistischen Infragestellung, insofern der Nihilismus die Kehrseite des Modernismus der im Entstehen begriffenen neobürokratischen Gesellschaft ist. Sagen wir vorläufig, daß der Psychosoziologe ein »soziometrisches Proletariat« (Moreno), das auch bereits ein »politisches Proletariat« (Lapassade, 1965) ist, ans Licht bringt.

Aber insofern der Psychosoziologe (der Sozioanalytiker) bemüht ist, seine soeben dargestellte berufliche und politische Entfremdung zu überwinden, insofern er sich selbst als kämpfender Mensch in der Geschichte, als *Akteur* und als Abhörer des *gesellschaftlichen Sprechens* versteht, erscheint er, sobald sich die politische Gesellschaft an ihn wendet, stets als unassimilierbar, als in seinem Tun durch eine tiefgreifende »Entpolitisierung« gekennzeichnet, als jenseits jener getrennten Politik stehend, die von ihrem soziopolitischen Ursprung losgelöste Funktions- oder Strukturmodelle verbreitet.

Hier endlich enthüllt sich der Standort der Psychosoziologie und der Gegenstand ihrer Arbeit. Das sind nicht die gesellschaftlichen Organisationen als solche, nicht einmal das Training in Kommunikation, Kooperation und Verwaltung und auch nicht die Sozialerziehung oder die Therapie. In all diesem hört die Psychosoziologie immer nur den abgeschwächten Ausdruck einer tieferen Dimension.

Der Psychosoziologe ist zunächst einmal derjenige, der durch seine Praxis in der Gesellschaft ein gewisses *Feld des Sichaussprechens* (champ de la parole) *instituiert.* Von dieser unmittelbar evidenten, bis heute aber noch nicht artikulierten Tatsache muß ausgegangen werden. Ob es sich nun um Gruppenanalyse handelt oder um Intervention, das *Material* ist immer Sprache, und die Absicht geht dahin, ein vollgültiges Sprechen freizusetzen, jenseits aller Ideologien, jenseits der Mißverständnisse, jenseits des Gebrauchs der Sprache zu Herrschaftszwecken in Gruppen. Die Bürokratie, die Gruppe, die Organisation, das Individuum — sie sind nur da, im Hier-und-Jetzt dieses Feldes, indem sie sich aussprechen oder indem umgekehrt die Institutionen durch die gesellschaftliche Zensur dieses Ausdrücklichwerden in der Gruppe versperren können. In der Analysegruppe gibt es beständig Mißverständnisse und mißlingende Kommunikation, ein Spiegelbild unserer Welt. Gleichzeitig bemüht sich ein jeder darum, zu kommunizieren, zu sagen, wer er ist, mit seiner eigenen Stimme sprechen zu lernen.

Auch der Soziologe hat es mit der Sprache zu tun. Bei einer Umfrage stellt er Fragen und erhält Antworten. Diese sind für ihn jedoch nur einer von mehreren Signifikanten (Statusmerkmale, ökonomische Gegebenheiten, Zeichen sozialer Zugehörigkeit, institutionelle Funktionsweisen). Für den Psychosoziologen dagegen ist das Wort nicht nur ein bevorzugter, sondern letztlich der einzig legitime, der genaue Ort seiner Praxis. Ebenso wie das Signifikat in der automatischen Schreibweise der Surrealisten aus der zwischen allen Materialien der Rede (unter Ausschluß jeder äußeren Bezugnahme) hergestellten Gleichwertigkeit und Assoziation entsteht, ebenso erscheint das Signifikat der Gruppe nur im uneingeschränkten Sprechen, wodurch die Gruppenmitglieder für sich selbst transparent werden. Die Regel der Analysegruppe ist, »alles zu sagen«; das Prinzip der *Intervention* ist, das von der Gruppe Ausgesprochene zu sammeln und in Umlauf zu setzen. Diese beiden Beispiele genügen, um anzuzeigen, wie der Begriff des *sozialen Sprechens* es schließlich ermöglichen könnte, die Prinzipien der Sozio-Analyse auszuarbeiten.

Alles, oder fast alles, bleibt hier noch zu tun. Doch sind bereits viele Hinweise ausgearbeitet worden, sowohl in den Analysen des »falschen Bewußtseins« (Gabel, 1962), der gesellschaftlichen Vorstellungen (Moscovici, 1961) wie auch in den Strömungen, die heute von der Psychoanalyse als Öffnung eines Sprachfeldes (Lacan, 1956), vom analytischen Psychodrama (Anzieu, 1956) und von der institutionellen Therapie als von einer Erforschung von Signifikanten (Tosquelles, 1966) sprechen. Hier handelt es sich um Forschungen, die unmittelbar an die zu unternehmende psychosoziologische Forschung angrenzen, welche die Psychosoziologie als eine Technik des sozialen Sprechens zu definieren hätte.

Die Psychosoziologie ist nicht nur und nicht in erster Linie der Ort der Begegnung und des Konflikts zwischen Individuum (Psychologie) und Gesellschaft oder Kultur (Soziologie). Sie ist auch nicht der Punkt, an dem das *gesellschaftliche Bewußtsein* zu erforschen wäre (worin manche eine andere Möglichkeit sehen, den »kollektiven« Charakter dieser Psychologie zu definieren). Sie wäre vielmehr vor allem die Untersuchung des sozialen Sprechens mit seinen Deformationen, seinem Unbewußten und seinen Verzerrungsmechanismen, so wie sie »hier und jetzt« in der Sprache auftreten, sobald in der Gruppe und durch die Gruppe die Grundregel, *alles zu sagen,* instituiert ist.

Drittes Kapitel

Die Organisationen und das Problem der Bürokratie

Das Wort *Organisation* hat mindestens zwei Bedeutungen:

— Es bezeichnet auf der einen Seite *das Organisieren*, das sich in Institutionen vollzieht;

— Es zielt auf der anderen Seite auf gesellschaftliche Gebilde: eine Fabrik, eine Bank oder eine Schule sind Organisationen. (Um 1900 nannte die Soziologie das »Institutionen«).

Als soziale Organisation werde ich also ein Kollektiv bezeichnen, das im Hinblick auf bestimmte Ziele wie etwa Produktion, Verteilung von Gütern oder Ausbildung von Menschen eingerichtet wird. Die drei oben genannten Beispiele bezeichnen *Unternehmungen* im weitesten Sinne des Wortes, und zwar genauer: ein Industrie- und ein Handelsunternehmen und eine Erziehungs-Einrichtung.

Wie March und Simon hervorgehoben haben, sind bis vor kurzem Organisation und Organisationen nicht zum Thema eigenständiger Forschungen gemacht worden; in den sozialwissenschaftlichen Handbüchern war ihnen kein eigenes Kapitel gewidmet; diese Forschung schien von sich aus keinen eigenen Zweig des Wissens und der Praxis bilden zu können. Die Lage hat sich jedoch gewandelt: Es entstand eine *Organisationssoziologie.* Jetzt stellt man fest, daß es eine »Organisationsdynamik« gibt, so wie es eine Gruppendynamik gibt. Das läßt die Annahme zu, daß es auf der Ebene der Strukturen und des Funktionierens in anscheinend so verschiedenen Gebilden wie — um die bereits angeführten Beispiele wieder aufzunehmen — einer Fabrik, einer Bank, einer Schule gemeinsame Züge gibt. All dies wurde jedoch nur allmählich und in schrittweiser Annäherung entdeckt.

Vor allem aber stellte sich die Frage nach den Organisationen im Hinblick auf die Frage nach der Bürokratie. Es versteht sich, daß die Organisation in dem Augenblick ein theoretisches und praktisches Interesse erweckt, wo sie schlecht funktioniert. Dieser »funktionale« Ansatz hat jedoch das eigentliche Problem, das politischer Natur ist, verdeckt. Wir werden durch eine kritische Prüfung der Bürokratie-Theorien zeigen, in welchem Sinne dies der Fall ist.

Hegels Staat soll der Triumph der Vernunft sein; die Konflikte sind überwunden oder sogar beseitigt, und die Geschichte hat nunmehr einzig und allein die Aufgabe, die bürokratische Gesellschaft zur Entfaltung kommen zu lassen. Hier findet die Spannung ihr Ende, die bisher, im Verlauf der vergangenen Geschichte, den individuellen und den allgemeinen Willen, die Korporationen und all die überholten Überbleibsel vergangener Zeiten einander entgegensetzte. Die Allgemeinheit ist durch die im Laufe der Jahrhunderte geleistete Arbeit allmählich hervorgetreten, die Geschichte ist endlich erwachsen geworden.

Die Hegelsche Philosophie will in erster Linie und vor allem eine Philosophie der Reife sein. Die vollendete Reife ist die *politische Reife*, in der die Menschen den subjektiven Egoismus der privaten Existenz überwinden, um sich in der politischen Existenz zu vollenden und ganz zu verwirklichen. Hierin liegt das Wesentliche des Hegelschen Werkes. Gewiß, man kann darüber streiten, ob der Hegelsche Staat autoritär oder vielmehr liberal ist, man kann viele andere Fragen an Hegel stellen. Aber — um es noch einmal zu sagen — das, worauf es ankommt, ist die Verkündung einer Vernunft, die sich schließlich verwirklicht, die zur wirksamen Wirklichkeit wird und den Weltlauf durchherrscht. Das bedeutet, daß die Geschichte vollendet ist.

Dieser Gedanke behält eine tiefe Aktualität. So beschreibt — ein Jahrhundert nach Hegel — Max Weber die Bürokratie als das Unternehmen einer völligen Rationalisierung von Produktion und gesellschaftlichem Leben, weshalb E. Morin (1960) ihn den »Hegel der Bürokratie« nennt. Und tatsächlich findet sich Max Webers Grundgedanke, der auch für die gegenwärtigen Analysen bestimmend ist, schon bei Hegel.

Hegel stellt die Behauptung auf, daß die Bürokratie die Aufgabe habe, in die Verschiedenheit die Einheit, in die bürgerliche Gesellschaft den Geist des Staates einzuführen. Die Bürokratie ist die in der Welt wirkliche und wirkende Vernunft; sie ist die Heraufkunft einer neuen Gesellschaft, ähnlich wie der erwachsene Mensch, aus der Unschlüssigkeit der Kindheit herausgetreten, sein Verhalten plant und ordnet und schließlich Herr seiner Geschichte wird.

Hegel verkündet somit, es »rechtfertigend«, das Zeitalter der Bürokratie als eine neue Gestalt der Geschichte, als die Morgenröte der neuen Zeit. Und es stimmt, daß es nach Hegel so scheinen kann, als erfülle sich dieses Schicksal der Geschichte; wir sind vielleicht in das Zeitalter einer Weltbürokratie eingetreten, in das Zeitalter eines bürokratischen Systems, das die *Unterschiede* zwischen den »Regierungsformen«, zwischen den politisch-ökonomischen Systemen allmählich überwindet, um dasselbe Modell sozialer Organisation überallhin auszubreiten und eine bürokratische Weltregierung vorzubereiten.

Marx weist Hegels Analyse zurück. Er zeigt die Negativität der Bürokratie auf: Dieses »rationale« System ist äußerst irrational; die Staatsbürokratie ist nicht, was sie zu sein scheint; daraus folgert Marx, daß sie zerstört werden muß. Es ist paradox, daß die Geschichte in Marx' Namen Hegel gegen Marx Recht zu geben scheint. Die Zerstörung des Kapitalismus in seiner von Marx beschriebenen Form hat bürokratische Systeme ins Leben gerufen, die ihre theoretische Rechtfertigung eher in Hegels Staatsphilosophie als in deren Kritik durch Marx fänden. Dieser Zusammenstoß der Lehren hat bis heute keinen echten Abschluß gefunden. Welcher von beiden auch unsere Vorliebe gehören mag, wir wissen nicht mit Sicherheit, welche unsere Zukunft bestimmen wird. Unsere gegenwärtige Unsicherheit ist der Ausdruck eines Jahrhunderts — vor allem seiner zweiten Hälfte — von Diskussionen unter den marxistischen Denkern, die zu klären suchen, was die politische Bürokratie ist, wo ihr Ursprung liegt und was ihr Status in der Welt von heute ist.

1841/42 verfaßt Marx eine *Kritik der Hegelschen Staatsphilosophie*, die seine erste und ausführlichste Untersuchung der Bürokratie enthält.

Der Herausgeber von Marx' Frühschriften, Landshut (1953), umreißt die allgemeine Bedeutung dieser Schrift über Hegels politische Philosophie mit den Worten: »Auch in dieser, seiner letzten Stellung zu Hegel und der Idee der Philosophie bleibt Marx — indem er sie aufgibt — vielleicht der echteste Hegelianer. Denn welcher Gedanke wäre mehr im Sinne der Hegelschen Philosophie gedacht als, daß nach der Vollendung der Philosophie als Philosophie der nächste Schritt des Geistes die absolute Unphilosophie sein muß« (Einleitung, S. XIX).

Ferner heißt es in dieser Einleitung: »Der Standpunkt, von dem aus Marx seine Kritik ansetzt, ist eine schlichte, gar nicht ausdrücklich diskutierte Negation des philosophischen Standpunktes als solchem. Unter der einfachen Berufung auf das, was so gemeinhin Wirklichkeit genannt wird, wird die philosophische Frage danach, was sie eigentlich sei, abgeschnitten ... Den Ausgang zur Kritik des Hegelschen Staates nimmt Marx also von der empirischen, tatsächlich wirksamen Wirklichkeit der unmittelbaren Erfahrung« (S. XXV f.).

Diese »empirische Wirklichkeit« findet Marx tatsächlich in Hegels Text selbst beschrieben. Er betont dies in seiner Kritik wiederholt: Hegels Theorie ist die schlichte Beschreibung der empirischen Situation in einigen Ländern; und »was Hegel über die ›Regierungsgewalt‹ sagt, verdient nicht den Namen einer philosophischen Entwicklung. Die meisten Paragraphen könnten wörtlich im preußischen Landrecht stehen ...« (S. 57);

schließlich: »Hegel gibt uns eine empirische Beschreibung der Bürokratie« (S. 58).

Die Hegelsche Theorie ist also keine »Logik«, die an die Stelle des »Objekts« träte, sondern eine Logik des Objekts selbst. Marx sieht also in Hegel gewissermaßen einen unkritischen Soziologen der preußischen Bürokratie; seine Hegel-Kritik wird damit zwangsläufig zu einer soziologischen und politischen Kritik dieser Bürokratie und so zu einer allgemeineren Kritik der Staatsbürokratie, die er anhand von Begriff und Modell der Hegelschen Analyse — Staat, bürgerliche Gesellschaft — ausführt.

Die Bürokratie ist der Verwaltungsapparat des Staates. Die Regierung stellt ihre Rekrutierung und Ausbildung sicher: »Die Individuen müssen ihre Fähigkeit zu Regierungsgeschäften beweisen, d. h. Examina ablegen. Die Wahl der *bestimmten* Individuen zu Staatsämtern kommt der fürstlichen Staatsgewalt zu. Die Einteilung dieser Geschäfte ist ›durch die Natur der Sache gegeben‹.« Die Beamten sind Staatsbesoldete: »Das Amtsgeschäft ist die Pflicht, der Lebensberuf des Staatsbeamten. Sie müssen daher *besoldet* werden vom Staat« (S. 58). Der Beamtenstand bildet einen »Mittelstand«, welches »der Stand der Bildung« ist. Das ist in den wesentlichen Zügen das Gesicht der Bürokratie, wie es von Hegel dargestellt wird; und das ist zugleich der Ausgangspunkt der Kritik.

Zunächst: »Hegel entwickelt keinen *Inhalt* der Bürokratie, sondern nur einige allgemeine Bestimmungen ihrer *›formellen‹* Organisation, und allerdings ist die Bürokratie nur der *›Formalismus‹* eines Inhalts, der außerhalb derselben liegt« (ibid.). Im Gegensatz zur bürgerlichen Gesellschaft, die das »Wirkliche« ist, ist die Bürokratie also vielmehr die bloße »Form«, der Hegel gleichwohl die Aufgabe zuspricht, ein vermittelndes Drittes zwischen Regierung und Volk zu sein. Diese Aufgabe der Bürokratie veranlaßt Marx zu einer weiteren ironischen Bemerkung: Die Bürokratie sei der bürgerlichen Gesellschaft gegenüber der vom Vater (d. h. hier vom Fürsten) gesandte »Christus«, der der Botschaft des Vaters Gehör verschaffen soll (vgl. S. 104).

In der bürgerlichen Gesellschaft gibt es die Korporationen: »Die Korporation ist die Bürokratie der bürgerlichen Gesellschaft; die Bürokratie ist die Korporation des Staats ... Wo die ›Bürokratie‹ neues Prinzip ist, wo das allgemeine Staatsinteresse anfängt, für sich ein ›apartes‹, damit ein ›wirkliches‹ Interesse zu werden, kämpft sie gegen die Korporationen ... Derselbe Geist, der in der Gesellschaft die Korporation, schafft im Staate die Bürokratie. Sobald also der Korporationsgeist, wird der Geist der Bürokratie angegriffen, und wenn sie früher die Existenz der Korporationen bekämpfte, um ihrer eigenen Existenz Raum zu schaffen, so sucht sie jetzt gewaltsam die Existenz der Korporationen zu halten, um den Korporationsgeist, ihren eigenen Geist zu retten« (S. 58/59).

Die bürgerliche Gesellschaft ist das wirkliche gesellschaftliche Leben; sie ist, mit Jean Hyppolites Worten, die Welt, in der die Menschen arbeiten, tauschen, Verträge abschließen; sie ist also nach diesem Beispiel »die Welt der politischen Ökonomie« (Hegel, 1821). Die Korporationen als die Organisationen dieser »Welt« sind somit nach Marx deren »Bürokratie«. Aber es handelt sich dabei, wie er weiter ausführt, um eine »unvollendete Bürokratie« (S. 60). Die Staatsbürokratie ist dagegen »die vollendete Korporation« (S. 59), denn »die Korporation ist der Versuch der bürgerlichen Gesellschaft, Staat zu werden, also die Bürokratie ist der Staat, der sich wirklich zur bürgerlichen Gesellschaft gemacht hat« (S. 60). Dieses Verhältnis von Bürokratie und Korporationen birgt einen Konflikt in sich, und zwar den Konflikt zwischen der alten Welt mit ihren vielfältigen Strukturen und der neuen Welt, dem modernen Staat, der die Vielfalt vereinheitlichen, überall das Gesetz der Bürokratie einführen will. In diesem Sinne deutet Hegels Analyse auf die von Max Weber voraus.

Aber Marx betont das Mißlingen dieser Analyse, da, wo sie den Anspruch erhebt, sich in die Heraufkunft der Vernunft zu verwandeln. Er zeigt, daß Hegel die in diesem »System« überall hervortretenden Konflikte und Gegensätze nicht zu verheimlichen vermag. Die Ordnung ist rein formaler Art, so gerät die Bürokratie »überall in Konflikt mit den ›reellen‹ Zwecken« (S. 60). Und: »Jedes Ding hat daher eine doppelte Bedeutung, eine reelle und eine bürokratische« (S. 67). Daher die Verheimlichung: »Der allgemeine Geist der Bürokratie ist das *Geheimnis,* das Mysterium, innerhalb ihrer selbst durch die Hierarchie, nach außen als geschlossene Korporation bewahrt« (S. 61). Der Widerspruch besteht schließlich auch innerhalb der Bürokratie selbst, also in den Bürokratien, in denen gleichfalls leerer Spiritualismus und krasser Materialismus nebeneinander stehen. Letzterer kommt im Karrieredenken des Staatsbeamten zum Ausbruch: »Was den einzelnen Bürokraten betrifft, so wird der Staatszweck zu seinem Privatzweck, zu einem *Jagen nach höheren Posten,* zu einem *Machen von Karriere«* (ibid.).

Die Bürokratie ist eine Gefahr für die bürgerliche Gesellschaft. Hegel hat sie vorausgesehen, und er hat auf die möglichen Sicherungen hingewiesen: die Hierarchie, der Konflikt, die »Institutionen der Souveränität von oben herab«, die »sittliche und Gedankenbildung« der Beamten, die »Größe des Staats«. Marx zeigt den illusorischen Charakter dieser »Sicherungen«. Von der Hegelschen Analyse behält er lediglich dieses

Eingeständnis bei: der eigentliche Geist der Bürokratie sei die »Geschäftsroutine« und der »Horizont einer beschränkten Sphäre«. Kurz, die Bürokratie ist das Gegenteil des Schöpferischen und ebenso das Gegenteil der Versöhnung. Die Bürokratie ist also das Gegenteil der Vernunft.

*

Marx' zweite Behandlung der Bürokratie findet sich im Zusammenhang seiner Beschäftigung mit dem »Orientalischen Despotismus«. Dieses System gesellschaftlicher Organisation wurde von Reisenden und »Conquistadores« beschrieben (Pizarro, Barnier), dann von der englischen politischen Ökonomie (Richard Jones, 1831, John Stuart Mill, 1848), von der politischen Philosophie des 18. Jh. (vor allem Montesquieu im »Esprit des lois«), schließlich von Marx und bestimmten Richtungen des Marxismus. K. Wittfogel zeigt in seinem Buch über den »Orientalischen Despotismus«, wie Marx die Analyse dessen, was bereits J. S. Mill die *herrschende Bürokratie* genannt hatte und was die Marxisten mit Marx die *asiatische Produktionsweise* nennen, zugleich getroffen und verfehlt hat. Die Gesellschaft ist in diesem ökonomisch-politischen System in zwei Klassen unterschieden: die Bürokraten und die Regierten. Marx beschreibt das ökonomische Funktionieren des Systems und seinen politischen Überbau: den vom Despoten geleiteten Staat. Doch hat er nie deutlich gesagt, welches die herrschende Klasse sei, die den asiatischen Staat »bewohnt«. Engels sagt einmal, daß in der asiatischen Gesellschaft »die einzelnen herrschenden Personen sich zu einer herrschenden Klasse zusammenfügten« (Anti-Dühring, MEW Bd. 20, 167) und daß die Basis solcher Klassenmacht in dem Bestehen eines Staates, einer Despotie zu sehen sei, die als »Gesamtunternehmen in der Berieselung« (ibid. 167) fungiere. Nun haben — im Gefolge von A. Smith und Locke — Marx und Engels immer gesagt, daß der Staat in der westlichen Geschichte die Aufgabe hat, »den Reichtum zu schützen« (A. Smith), also der herrschenden Klasse zu dienen. Sie hätten streng logisch zeigen müssen, daß der orientalische Staat auch ohne Privateigentum als Apparat von Funktionären die erste herrschende Klasse war. Das haben sie nicht getan, jedenfalls nicht systematisch. Gleichwohl liegt hier das Kriterium für die Analyse ihrer Thesen über die »neue herrschende Klasse«.

Es ist somit durchaus angebracht, genauer zu umreißen, welcher Art diese ersten *Staaten* der Geschichte — die chinesischen, ägyptischen, indischen Staaten —, deren Bedeutung Marx ungefähr 1853 entdeckte, gewesen sind.

In der primitiven Gesellschaft ist die Nutzung des Bodens eine gemeinschaftliche; das Gemeinwesen gründet sich auf »die Gemeinschaftlichkeit in Blut, Sprache, Sitte etc.« (Grundrisse, S. 376). Der Boden gehört jenem Gemeinwesen, das gemeinschaftlich sein Eigentümer ist. Marx und Engels nennen das den primitiven Kommunismus. Das Individuum besitzt in diesem System des Gemeinwesens den Boden nur indirekt. Ein Schema des ungarischen Sinologen F. Tökei (1969) zeigt diese Vermittlerrolle, die das Gemeinwesen zwischen dem Individuum und dem Boden innehat; die Gruppe, das Gemeinwesen hat die Funktion einer vermittelnden Instanz: die Gruppe ist das Erste. Sie geht dem Individuum vorauf.

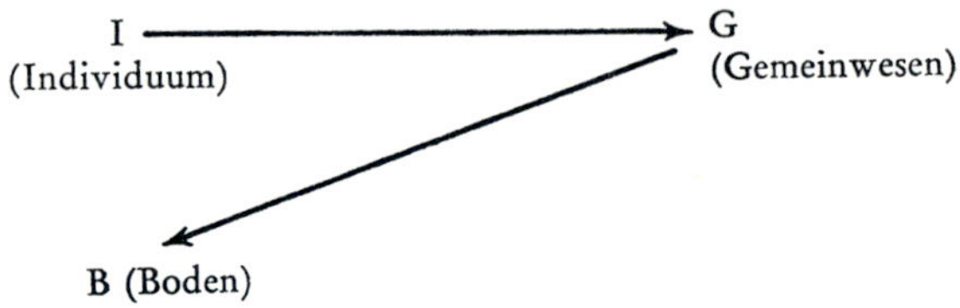

Abbildung 6

Man kann in dieser ersten Phase zwei Unterabschnitte unterscheiden: Zum einen den der Inbesitznahme der Natur durch Jagen, Sammeln und Fischfang, zum anderen den ihrer Verwandlung durch den Ackerbau. Die Entwicklung schreitet dann fort mit dem Auftreten des Handwerks und der ersten gesellschaftlichen Teilung der Arbeit: Diese Teilung stellt, wie Marx sagt, eine erste »primitive« Form der Trennung dar. Aber es handelt sich noch lediglich um eine funktionelle Trennung; es ist eine Form gesellschaftlicher Organisation, der Aufgabenverteilung, und nicht eine Form der Ausbeutung und Herrschaft. Implizit nehmen wir immer an, daß diese ursprüngliche »primitive Gesellschaft« den großen politischen und ökonomischen Formen der Trennung voraufgeht. Die Politik ist nicht Sache einiger weniger, sondern Sache aller; die Ökonomie ist kollektiv.

Dann teilt sich, im Laufe einer langen Entwicklung, auf der Grundlage eines neuen Produktions- und Organisationssystems die Gesellschaft in gesellschaftliche Klassen: Dies geschieht in der asiatischen Produktionsweise, in der »die einzelnen herrschenden Personen sich zu einer herrschenden Klasse zusammenfügten« (Engels), der ersten herrschenden Klasse in der Geschichte der Gesellschaften. Diese herrschende Klasse hat sich von den beherrschten Gemeinwesen auf der Grundlage von Organisationsfunktionen abgetrennt: Allmählich übten Individuen, die zunächst nur eine funktionale Macht hatten, schließlich eine Ausbeutungsgewalt aus. Hier vollzieht sich der erste Übergang von Organisationsfunktionen zu bürokratischer Macht. Die in den großen »asiatischen« Reichen entstehende Bürokratie läßt sich nicht als Dysfunktion der Organisationen oder organisationspathologisch definieren. In ihrer unmittelbaren Form verstehen wir unter »Bürokratie« die Organisation als Machthaber.

Die fortschreitende Formierung der ersten Bürokratie sowie ihre Konstituierung als Klasse sind seit der Entwicklung der Forschungen über die »asiatische Produktionsweise« wohl bekannt. Unter bestimmten materiellen Voraussetzungen — etwa Wasserknappheit, die eine Bewässerung nötig macht, oder umgekehrt Überschwemmungen, die zu einer Vereinigung der Anstrengungen zur Trockenlegung des überschwemmten Bodens zwingen — wird eine Koordination erforderlich, gleichzeitig mit einer Kooperation als ihrer notwendigen Ergänzung. Es bedarf einer »zusammenfassenden *Einheit*« (Grundrisse, S. 376): Organisieren heißt von jetzt an koordinieren, nämlich die großen Arbeiten planen; es heißt die Ausführung von Aufgaben leiten und kontrollieren, die für die kleine Gruppe, das primitive Gemeinwesen, zu groß sind.

Zu diesem Zeitpunkt entsteht der Staat: Er ist der Gesamtunternehmer der Bewässerung. Die primitiven Gemeinwesen bleiben bestehen; der Boden bleibt hier gemeinschaftliches Eigentum; doch nach und nach wird er höheres Eigentum (vgl. Grundrisse, 370) der neuen Macht. Diese Macht kann, zunächst für die großen Aufgaben von kollektivem Interesse, periodische Massenaufgebote der Beherrschten veranlassen. Man kann diese neue Struktur nach M. Godelier (1962) in einem weiteren Schema darstellen:

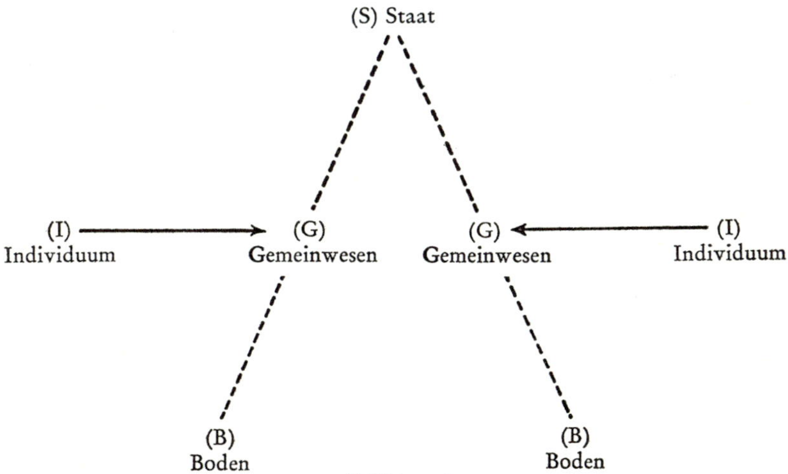

Abbildung 7

Von diesem Zeitpunkt an wird die Bindung des Individuums an ein Gemeinwesen und an den Boden in eine neue Struktur aufgenommen und auf neue Weise vermittelt. Andererseits wird die *soziale Kontrolle* nicht mehr durch die gesamte Gemeinschaft, sie wird jetzt durch Beamte ausgeübt (die Historiker des orientalischen Despotismus nennen sie so). Es sind Beamte (Funktionäre), die zunächst tatsächlich eine technische Funktion ausübten und die in dem Moment zu Bürokraten wurden, als diese Funktion die von ihr getrennte Macht entstehen ließ.

Dies also ist der erste große Übergang von der funktionalen Organisation zur herrschenden Bürokratie. Eine Gruppe von Beamten wird, wenn eine Anzahl von Bedingungen erfüllt ist, zu einer Klasse von Bürokraten: Übergang von der technischen zur gesellschaftlichen Teilung der Arbeit, Ausübung der Führungs-, Neuerungs- und Regulierungsaufgaben allein durch die Beamten und nicht mehr durch die Gesamtheit des Gemeinwesens, Ausbeutung der Arbeiter durch Frondienst und Einzug des Mehrprodukts. Diese Anhäufung des Mehrwerts zeigt sich in den Königsschätzen, etwa denen der Inkas zur Zeit der spanischen Eroberung. Der goldbedeckte Inka-König wird selbst als Beamter verstanden, als erster Diener des Staates. Der Anthropologe A. Caso (1963) zeigt, daß in den Systemen des Despotismus der König »nicht als Individuum, sondern als Beamter« seine Ländereien besitzt.

Dies sind die wesentlichen Grundzüge der ersten Bürokratie. Später werden die führenden Klassen ihre Herrschaft auf das Privateigentum an Produktionsmitteln gründen. Die erste führende Klasse aber befestigt ihre Herrschaft allein auf der Grundlage der Organisationsfunktion. Diese letztere ist, historisch gesehen, die erste Quelle der Bürokratie. Sie erscheint somit als deren *elementare* Wurzel.

Demnach ist es die Tätigkeit des Organisierens, die Organisation im aktiven Sinne des Wortes, welche die Bürokratie mit ihren Privilegien als führende Klasse, als die Macht ausübende soziale Gruppe begründet. Es ist diese zunächst regulative Tätigkeit, die jene spezifische Form gesellschaftlicher Herrschaft auf der Grundlage der Produktion entstehen läßt. Die Bürokratie ist somit eine Form der Produktionsorganisation: Eine Bürokratie besteht dann, wenn die Organisation der Gesellschaft das Privateigentum einiger weniger geworden ist. Die Bürokratie ist somit eine gesellschaftliche Struktur und ein Machtsystem, dessen erste historische Form die sogenannte »asiatische« Produktionsweise ist, die ich lieber die bürokratische Produktionsweise nennen möchte.

Diese historische Gestalt, diese Genese der Bürokratie führt uns somit dazu, eine Definition der Bürokratie und ihrer Quellen nach ihrer Funktionalität oder Dysfunktionalität, d. h. eine moderne Definition als historisch und logisch späteres Moment anzusehen. Das erste Moment der Bürokratie ist das des Übergangs von der Verwaltung zur Herrschaft und zur Ausbeutung. Es ist ein *politisches Moment.*

Die erste Definition der Bürokratie kann also nur als Definition einer herrschenden Klasse gefaßt werden. Autoren, die sich in ihrem Vorgehen wie in ihren Zielen so sehr unterscheiden wie Merton und Sartre, haben das übersehen: Beide lassen die Bürokratie aus einem inneren Prozeß der Bürokratisierung der Organisationen hervorgehen. Dagegen zeigt die Analyse der ersten Bürokratien, daß man von den Formen der Produktionsorganisation ausgehen muß, wenn man verstehen will, wie die Organisatoren Staatsmänner werden, Zutritt zur Macht gewinnen und die Gesellschaft beherrschen können.

In der bürokratischen Produktionsweise, die — um nur die bekanntesten Beispiele zu nennen — für die großen chinesischen, ägyptischen und aztekischen Reiche und für die Inkas kennzeichnend ist, geschieht die Ausbeutung der Bauern und Handwerker durch eine Aristokratie von Adligen und Staatsbeamten nicht als individuelle Ausbeutung; denn die Fron ist gemeinschaftlich, die Grundrente ist mit der Steuer vermischt, und die eine wie die andere werden von einem Beamten nicht persönlich erhoben, sondern im Namen seines Amtes innerhalb des übergeordneten Gemeinwesens. Das Individuum, den im Schoße seines Gemeinwesens freien Menschen, schützt diese Freiheit und dieses Gemeinwesen nicht vor der Abhängigkeit gegenüber dem Staat oder dem Despoten. Im Schoße der bürokratischen Produktionsweise nimmt die Ausbeutung des Menschen durch den Menschen eine Form an, die J. S. Mill als »politische Sklaverei« und Marx als »allgemeine Sklaverei« (Grundrisse, S. 395) bezeichnet.

Diese Sklaverei unterscheidet sich also von der privaten, griechisch-römischen Sklaverei, die für eine andere Produktionsweise kennzeichnend ist. Die bürokratische Sklaverei besteht in der direkten und gemeinschaftlichen Ausbeutung einer Gruppe durch eine andere Gruppe. »In diesem Rahmen jedoch können Sklaverei und Leibeigenschaft im Gefolge von Kriegen und Eroberungen auftreten. Sklave und Leibeigener werden gemeinschaftliches Eigentum der Gruppe, der ihr Herr angehört; dieser selbst hängt von seinem Gemeinwesen ab und ist der Unterdrückung durch den Staat unterworfen.«

Die »asiatische Gesellschaft« stellt somit den ersten historischen Übergang von einer Freiheit der Gruppen zu ihrer gemeinschaftlichen Sklaverei dar, von der funktionellen Arbeitsteilung zur gesellschaftlichen und politischen Teilung, von der Organisation zur Bürokratie. Es war dies die erste Bewegung in der Geschichte. Sie hat gleichzeitig eine bedeutende

Entwicklung der Produktivkräfte, des Wissens und der Kultur eingeleitet, eine Entwicklung, die die Heraufkunft der westlichen Welt vorbereitet hat. Von seiner Geburt im antiken Griechenland an erfährt das Abendland eine typische und einzigartige Entwicklung. Die Geschichte wird eine Geschichte des Privateigentums und des Klassenkampfes. In dieser neuen Wendung des Geschichtsverlaufs bleibt die Verfassung des Staates nicht mehr die des sogenannten »asiatischen« Staates, womit sich zugleich auch der historische Status der Bürokratie verändert.

Der westlich-abendländische Staat wird zum Austragungsort von Konflikten, zum Kampfplatz der Gruppen und Klassen. Die Gesellschaft organisiert sich auf andere Weise und nach neuen Strukturen: die politische Demokratie in Griechenland mit auf Sklaverei aufbauender Organisation der Produktion; die Organisation der Feudalgesellschaft mit einer neuen Stellung des Privateigentums; die spezifische Organisation der kapitalistischen Gesellschaft, in der die Bürokratie zum Instrument des Staates wird. Mit den Phasen der Geschichte ändert sich so auch der Status der Bürokratie. Immer aber wird sie aufrechterhalten durch eine Bewegung, die auf Herrschaft abzielt. Toqueville macht das deutlich, wenn er in »L'ancien régime et la révolution« die Tendenz zu administrativer und bürokratischer Zentralisation aufzeigt, wie sie in der absoluten Monarchie stattfindet; das gleiche zeigt auch Taine in seinen »Origines de la France contemporaine«.

Marx kennt also diesen ersten Ursprung der Bürokratie, der in dem Augenblick in Erscheinung tritt, da sich »Organisatoren« von der Gruppe trennen und Zugang zur Macht gewinnen. Aber Marx stellt dieses Problem nicht in den Mittelpunkt seiner Analysen.

Für Marx bezeichnet auch weiterhin die Bürokratie immer die parasitäre Kaste, das Instrument des Staates (zusammen mit Armee und Polizei), eines Staates, der selbst ein »Instrument« ist. Will man in Marx' Beschreibung der asiatischen Gesellschaft eine andere Dimension dieses Problems, einen anderen möglichen — und in der Geschichte bereits wirklich gewesenen — Status der Bürokratie auffinden, so muß man ihn von dem Standpunkt aus lesen, der heute der unsrige ist, oder es doch sein könnte. Es bleibt bestehen, daß für ihn mit dem Auftreten einer sozialistischen Gesellschaft und dem fortschreitenden Absterben des Staates die Bürokratie verschwinden wird. Die Bürokratie verschwindet mit dem durch den Staat ausgeübten Zwang und überläßt der Organisation das Feld. Marx sagt das in der Saint-Simon entlehnten Sprache, die jenen möglichen Übergang als den von der »Verfügung über Menschen zur Verwaltung von Sachen« bezeichnet. Aber für den Autor des »Kapital« ist dies ein Problem der Zukunft: Die Gesellschaft, in der er lebt und die er beschreibt, die kapitalistische Gesellschaft kann nicht zu einer wirklichen Organisation der Ökonomie gelangen, und vor allem besteht die Aufgabe gerade nicht darin, ihr zu einer Organisation zu verhelfen, sondern darin, sie zu vernichten. Marx hat nicht das, was H. Marcuse den »organisierten Kapitalismus« nennt, im Blick, sondern den Sozialismus. Dies ist auch der Sozialismus der Utopisten, die ihrerseits die zukünftige und ideale Organisation der Gesellschaft beschreiben. Aber für Marx heißt »utopisch« eben dies: Es heißt jene Organisation — wie wir sagen würden, auf »direktive« Weise — vorwegzunehmen, die die Gesellschaft sich selbst geben wird, wenn sie die Revolution gemacht hat.

Gleichwohl hat Marx in gewissem Sinne »gesehen«, wie die moderne Bürokratie in der Fabrik und in den Industriebetrieben entstehen kann. Man sieht, wie er kurz davor steht, jenes Entstehen der Organisation auf eine Formel zu bringen, wenn er nämlich die Bewegung beschreibt, die von der Kooperation zur modernen Maschinerie führt. Von der Struktur dieser Texte aus dem »Kapital« her gesehen, läßt sich im wesentlichen feststellen, daß Marx in den Seiten über den Betrieb zum Vergleich die alten »orientalischen« Bürokratien, die asiatische Produktionsweise heranzieht.

Diese strukturelle Analogie scheint mir nur zu besagen, daß sich für Marx die moderne Industriebürokratie formal gesehen wie die alte asiatische Bürokratie bildet.

In der dritten Stufe dieser Behandlung der Bürokratie beschreibt Marx die Etappen, die von Handwerk und Manufaktur zur industriellen Maschinerie führen. Im folgenden werden wir auf diese Beschreibung zurückgreifen und dabei den uns hier interessierenden Aspekt betonen, nämlich die *Bildung von Systemen der Produktionsorganisation.*

Marx beginnt mit einer Beschreibung der *Kooperation.* Dieser Ausdruck »Kooperation« hat im gegenwärtigen Sprachgebrauch einen positiven Sinn angenommen: Er bezeichnet die akzeptierte und sogar gewünschte gemeinsame Arbeit, die Mannschaft, den Gruppengeist. Wir werden ihn für diese erste Phase nicht in einer solchen Bedeutung gebrauchen. Zunächst handelt es sich einfach um ein »Zusammenwirken von Kräften« (Destutt de Tracy, 1826), um eine »mechanische Solidarität« (Durkheim, 1893). Marx bestimmt sie sehr genau: *»Die Form der Arbeit vieler,* die in *demselben* Produktionsprozeß oder in verschiedenen, aber *zusammenhängenden* Produktionsprozessen planmäßig neben- und miteinander arbeiten, heißt *Kooperation«* (Kapital I, 1947, S. 340). Der Autor des »Kapital« entdeckt jedoch die Bedeutung der »Gruppenmoral«, und in der veralteten Sprache der Psychologie seiner Zeit sagt er bereits die zukünftigen Entdeckungen der Psychosoziologie voraus: »Abgesehen von der neuen

Kraftpotenz, die aus der Verschmelzung vieler Kräfte in eine Gesamtkraft entspringt, erzeugt bei den meisten produktiven Arbeiten der bloße *gesellschaftliche Kontakt* einen Wetteifer und eine eigene Erregung der Lebensgeister (animal spirits), welche die individuelle Leistungsfähigkeit der einzelnen erhöhen, so daß ein Dutzend Personen zusammen in einem gleichzeitigen Arbeitstag von 144 Stunden ein viel größeres Gesamtprodukt liefern als zwölf vereinzelte Arbeiter, von denen jeder 12 Stunden, oder als ein Arbeiter, der 12 Tage nacheinander arbeitet. Dies rührt daher, daß der Mensch von Natur, wenn nicht, wie Aristoteles meint, ein politisches, jedenfalls ein gesellschaftliches Tier ist« (S. 341) [1].

So besitzt also die Kooperation — wenn auch ungewollt und von außen her organisiert — auch ihre innere Dynamik, und Marx findet in dieser »psychologischen« Dynamik einen der Faktoren, die die Gruppenproduktivität ansteigen lassen. Er entdeckt dies, bzw. veröffentlicht es im Jahre 1867. Erst 60 Jahre später, 1927, verifizieren Mayo und seine Mitarbeiter diese Intuition und geben ihr schließlich eine wissenschaftliche Gestalt.

Die erste Organisation der Gemeinschaftsarbeit, der Kooperation setzt ein Mittel der Konzentration voraus, das mit dem Beginn der industriellen Zivilisation durch die Akkumulation des Kapitals bereitgestellt wird: »Wenn Arbeiter überhaupt nicht unmittelbar zusammenwirken können, ohne zusammen zu sein, ihre Konglomeration auf bestimmtem Raum daher Bedingung ihrer Kooperation ist, können *Lohnarbeiter* nicht *kooperieren,* ohne daß *dasselbe Kapital, derselbe Kapitalist* sie gleichzeitig anwendet, also ihre Arbeitskräfte gleichzeitig kauft« (S. 345).

Diese Kooperation ist nur möglich und fruchtbar, wenn sie von außen her organisiert wird: *»Konzentration größerer Massen von Produktionsmitteln in der Hand einzelner Kapitalisten* ist also materielle Bedingung für die Kooperation von Lohnarbeitern« (S. 345 f.). Der Organisator der Kooperation ist das Kapital: »Ebenso erschien ursprünglich das Kommando des Kapitals über die Arbeit nur als formelle Folge davon, daß der Arbeiter statt für sich, für den Kapitalisten und daher unter dem Kapitalisten arbeitet. Mit der Kooperation vieler Lohnarbeiter entwickelt sich das Kommando des Kapitals zum Erheischnis für die Ausführung des Arbeitsprozesses selbst, zu einer wirklichen Produktionsbedingung. Der

---

[1] »Das Kapital«, S. 341 f. Marx fügt hier noch, zur Stützung dieses vorweggenommenen psychosoziologischen Standpunkts (einer im Dienste der Produktivität stehenden Psychosoziologie) den folgenden Abschnitt aus einem Untersuchungsbericht hinzu: ». . . in der Erntezeit und bei vielen andren Verrichtungen, die derartige Eile erfordern, wird *durch Zusammenfassen vieler Arbeitskräfte* die Arbeit besser und schneller geschafft«. Vgl. auch S. 344/345.

Befehl des Kapitalisten auf dem Produktionsfeld wird jetzt so unentbehrlich wie der Befehl des Generals auf dem Schlachtfeld« (S. 346).

Im Anschluß hieran stellt Marx sehr deutlich die Frage nach der Macht und der Leitung im Unternehmen, und zwar als Produkt historischer Notwendigkeit: »Alle unmittelbar gesellschaftliche oder gemeinschaftliche Arbeit auf größerem Maßstab bedarf mehr oder minder einer Direktion [2], welche die Harmonie der individuellen Tätigkeiten vermittelt und die *allgemeinen Funktionen* vollzieht, die aus der Bewegung des produktiven Gesamtkörpers im Unterschied von der Bewegung seiner selbständigen Organe entspringen. Ein einzelner Violinspieler dirigiert sich selbst, ein Orchester bedarf des Musikdirektors. Diese Funktion der Leitung, Überwachung und Vermittlung, wird zur *Funktion des Kapitals,* sobald die ihm untergeordnete Arbeit kooperativ wird. Als spezifische Funktion des Kapitals erhält die Funktion der Leitung spezifische Charaktermale« (S. 346).

Setzen wir diese Lektüre des »Kapital« noch weiter fort: Man kann den Ort, den Marx seiner Analyse gibt, genau ausmachen und auch zeigen, wieviel er bereits von der Betriebsbürokratisierung erkennt; aber man kann auch zeigen, inwiefern und warum er sein *Hauptaugenmerk* nicht auf diese Ebene lenkt, sondern auf die des *ökonomischen Systems,* das im Betrieb dem *Machtsystem* zugrunde liegt. Man sieht sehr klar, wie sich dieser Übergang von der einen zu der anderen Ebene der Untersuchung vollzieht, wenn er schreibt: »Die Leitung des Kapitalisten ist nicht nur eine aus der Natur des gesellschaftlichen Arbeitsprozesses entspringende und ihm angehörige besondere Funktion, sie ist zugleich *Funktion der Ausbeutung eines gesellschaftlichen Arbeitsprozesses* und daher bedingt durch den unvermeidlichen Antagonismus zwischen dem Ausbeuter und dem Rohmaterial seiner Ausbeutung« (S. 347).

Wir können also, was Marx' (und Engels') Werk anbelangt, kurz zusammenfassen:

Es gibt bei Marx keine vollständige und systematische Theorie der Organisation. In seinem Werk findet sich:

a) eine erste Theorie der Bürokratie, die er 1845 im Zusammenhang mit einer Kritik Hegels und seiner Staatsphilosophie ausarbeitet;

---

[2] Man sieht, wie der Gedankengang verläuft: Er entspricht demjenigen, der die Geburt der Bürokratie in den großen asiatischen Reichen erklärt, eine Geburt, die, wie wir sahen, verknüpft ist mit der Notwendigkeit, die Kooperation und die gemeinsame (Zwangs-)Arbeit zu koordinieren, zu planen und zu organisieren. Es ist ersichtlich, daß wir zu der Behauptung berechtigt sind, daß Marx die beiden Modelle (das landwirtschaftliche und das industrielle) einander gleichsetzt und daß dies der Grund ist, warum er auf diesen Seiten ständig auf die asiatische Produktionsweise Bezug nimmt.

b) eine Analyse des *orientalischen Despotismus*, die Marx zu der Feststellung hätte führen können, daß von dem Moment an, wo die *Organisation Privateigentum* wurde, die Organisatoren die Macht ergriffen haben und die Bürokratie die herrschende Klasse geworden ist. Doch das sagt Marx nicht; sehr viel später erst, um 1940, sagen es einige Marxisten;

c) eine Analyse des industriellen und kapitalistischen Unternehmens, die, so scheint uns, eine genetische und strukturelle Theorie der industriellen Bürokratie ankündigt. Doch auch hier handelt es sich wiederum nur um einen Anfang und nicht um Marx' Hauptanliegen. Es wird jedoch das seiner Nachfolger sein.

Lenin und Trotzki

Die neue russische Bürokratie — die »neue Klasse« — ist nicht plötzlich entstanden wie ein Geschwür, das aus dem fortschreitenden Verfall, aus dem Rückfluß und der Entartung eines ursprünglich revolutionären Antriebs hervorwächst. Sie ist schon von 1917 an vorhanden. Sie liegt bereits in der politischen Vergangenheit Rußlands, in der asiatischen Produktionsweise der zaristischen Zeit und in bestimmten theoretischen Auffassungen der Bolschewisten, die durchsetzt sind von den Modellen der bürgerlich-bürokratischen Gesellschaft des Westens. Sie liegt in den ersten Beschlüssen, eine neue sowjetische Industrie aufzubauen, als Lenin und Trotzki das Votum der Arbeiteropposition für eine kollektive Leitung der Fabriken ablehnten und sich für die autoritäre Leitung und die Produktionsmethoden des Taylorismus aussprachen. Die Bürokratie ist schließlich offensichtlich schon vorhanden bei der Niederwerfung des Kronstädter Aufstandes. Man kann ihre Entstehung also nicht erst, wie die Trotzkisten [3], auf 1923 datieren. Was man dagegen sagen kann, ist, daß der Bürokratismus 1923 eindeutiger ins Bewußtsein tritt. Man muß auch hinzufügen, daß dieser Bürokratismus nicht das Privileg des neuen russischen Staates ist; er ist das ganz allgemeine Kennzeichen der Industriegesellschaft im ersten Viertel des Jahrhunderts, und so ist es nicht verwunderlich, daß er zu gleicher Zeit von E. Mayo in den USA, von Kafka in Prag, Moreno in Wien, Lukács in Budapest und Breton in Paris entdeckt wird.

Lenin stellt das Problem der Bürokratie seit 1921, und zwar folgendermaßen:

»Am 5. Mai 1918 liegt der Bürokratismus nicht in unserem Blickfeld.

---

[3] Z. B. Pierre Broue (in *Arguments*, 25—26, S. 61).

Ein halbes Jahr nach der Oktoberrevolution, nachdem wir den alten bürokratischen Apparat von oben bis unten zertrümmert haben, spüren wir dieses Übel noch nicht.

Ein weiteres Jahr vergeht. Auf dem VIII. Parteitag der Kommunistischen Partei Rußlands (18. bis 23. März 1919) wird ein neues Parteiprogramm angenommen, und in diesem Programm sprechen wir unumwunden, ohne Scheu, das Übel zuzugeben, beseelt vom Wunsche, es zu enthüllen, zu entlarven, zu brandmarken, das Denken und Wollen, die Energie, die Aktion zum Kampfe gegen das Übel zu wecken, von einem *teilweisen Wiederaufleben des Bürokratismus innerhalb der Sowjetordnung*.

Es vergingen weitere zwei Jahre. Im Frühjahr 1921, nach dem VIII. Sowjetkongreß, auf dem (im Dezember 1920) die Frage des Bürokratismus behandelt wurde, nach dem X. Parteitag der Kommunistischen Partei Rußlands (März 1921), der das Fazit der Diskussionen zog, die aufs engste mit der Analyse des Bürokratismus zusammenhingen, sehen wir *dieses* Übel noch klarer, noch deutlicher, noch gefahrdrohender vor uns.«

Von da an sucht Lenin nach den Quellen des Bürokratismus, nach den Quellen der Bürokratisierung: »Welches sind die ökonomischen Wurzeln des Bürokratismus? Diese Wurzeln sind in der Hauptsache zweifacher Art: einerseits benötigt die entwickelte Bourgeoisie gerade gegen die revolutionäre Bewegung der Arbeiter (zum Teil auch der Bauern) einen bürokratischen Apparat, in erster Linie einen militärischen, sodann einen richterlichen usw. Diesen gibt es bei uns nicht. Die Gerichte sind bei uns Klassengerichte gegen die Bourgeoisie. Unsere Armee ist eine Klassenarmee gegen die Bourgeoisie. Der Bürokratismus steckt nicht in der Armee, sondern in den sie bedienenden Institutionen. *Bei uns ist die ökonomische Wurzel des Bürokratismus eine andere* (Hervorhebung G. L.): die Zersplitterung, die Atomisierung des Kleinproduzenten, seine Armut und Kulturlosigkeit, die Wegelosigkeit, das Analphabetentum, der mangelnde *Umsatz* zwischen Landwirtschaft und Industrie, das Fehlen einer Verbindung und Wechselwirkung zwischen ihnen. In sehr hohem Grade ist das eine Folge des Bürgerkriegs ... Der Bürokratismus als Erbschaft des ›Belagerungszustandes‹, als Überbau der Zersplitterung und Niedergedrücktheit des Kleinproduzenten, trat nun voll in Erscheinung« (Lenin II, S. 846 f.).

Man sieht, daß Lenin versucht, durch eine soziologisch-ökonomische Analyse der sowjetischen Wirklichkeit in ihren Anfängen von dem Rechenschaft abzulegen, was vor sich geht. Er schützt also nicht die von der Partei angenommene Politik, die führende Rolle der Partei vor, so wie es z. B. Rosa Luxemburg in ihrer »Geschichte der russischen Revolution«

getan hat. Und am Ende schlägt er — in Entsprechung zu seinen Analysen — eine Abhilfe vor: »Die Hilfe für ... einen neuen Zustrom von frischen Kräften, für einen erfolgreichen Kampf gegen den Bürokratismus, für die Überwindung der schädlichen Trägheit muß von den lokalen Organisationen, von unten, von der mustergültigen Einrichtung eines kleinen ›Ganzen‹ kommen« (S. 850 f.). Notwendig ist die »größte Berücksichtigung der Bedürfnisse der Arbeiter und Bauern, sorgsamste Hebung der Wirtschaft, Steigerung der Arbeitsproduktivität, Entwicklung des örtlichen Umsatzes zwischen Landwirtschaft und Industrie« (S. 852).

Diese Leninsche Analyse, mit ihrem Reichtum wie mit ihren Grenzen, finden wir, in anderem Stil, bei Trotzki wieder.

Ausgehend von *Trotzki* und historisch in der Reihenfolge, wie er sie gestellt hat, werden wir die folgenden Probleme behandeln:

1. Die Bürokratisierung in der Partei (Trotzki, 1924).
2. Die Theorie von der Bürokratie als »parasitärer Kaste«.
3. Schließlich Trotzkis Position gegenüber der Theorie von der Bürokratie als »neuer herrschender Klasse« (B. Rizzi). Dieser letzte Punkt wird im folgenden Kapitel behandelt. Schon hier muß jedoch dies gesagt und unterstrichen werden: *Niemals und nirgends hat Trotzki in* Betracht gezogen, daß die Bürokratie in der UdSSR oder anders*wo — eine neue herrschende Klasse werden könnte.* Er hat sogar gegen Rizzi das Gegenteil vertreten. Es waren trotzkistische Dissidenten (Rizzi und Burnham, in Frankreich die Gruppe um die Zeitschrift *Socialisme ou Barbarie*), die mit Trotzki und dem Trotzkismus gerade aufgrund dieses fundamentalen Problems gebrochen haben. Es ist kaum verständlich, daß heute noch Intellektuelle, Marxisten, guten Glaubens davon überzeugt sind, daß die Thesen von Rizzi oder von Djilas trotzkistisch seien. Wir werden auf dieses Mißverständnis zurückkommen.

Nach der Revolution werfen Lenin und vor allem Trotzki das Problem der Bürokratisierung auf (die bolschewistische Partei stellt es sich 1923). Trotzkis Kritik an der sowjetischen Bürokratie — als der parasitären Schicht, aus der Stalin hervorgegangen ist — entwickelt sich in den Jahren des Exils. Diese kritischen Überlegungen haben die Kritik der Bürokratie in den politischen Gruppen erst nachhaltig populär gemacht.

Gleichwohl beginnt Trotzkis Analyse des Bürokratismus viel früher, genau in dem Augenblick nämlich, als Lenin kurz vor seinem Tode die Gefahr des Bürokratismus entdeckt. Das wichtigste Dokument hierfür ist die Artikelserie, die Trotzki unter dem Titel »Neuer Kurs« in der *Pravda* veröffentlicht hat.

Marx' Analyse der Bürokratie bezog sich zunächst auf Hegels Philosophie und war somit spekulativ. Später, vor allem im »Bürgerkrieg in

Frankreich«, hat Marx die Notwendigkeit eingesehen, die Organisation der bürgerlichen Gesellschaft als solche zu vernichten, also ihren »bürokratischen Apparat« niederzuwerfen. Das bleibt jedoch Programm, eine vorgeschlagene Richtlinie für die Praxis.

Trotzki dagegen entdeckt wie Lenin das Problem der Bürokratie im Herzen seiner eigenen Erfahrung in der sowjetischen Wirklichkeit, um ihm herum, nach der vollbrachten Revolution, nur einige Jahre nach Rosa Luxemburg. Und für den Trotzki von 1923 ist der Bürokratismus eine Betriebskrankheit, deren Genese und Struktur er beschreibt und deren Ursprünge er untersucht. In der Folge ist die Bürokratie dann eine parasitäre Gesellschaftsschicht: Er geht niemals so weit, sie — mit den Worten von Djilas — als eine *neue Klasse* anzusehen.

Wir werden jetzt die im »Neuen Kurs« niedergelegte Theorie des Bürokratismus näher untersuchen.

Man stößt in diesem Text zunächst auf eine erste Definition des Bürokratismus: Er ist »die übertriebene Autorität der Ausschüsse und Parteisekretäre« (S. 33), die »daher rührt, daß man Methoden und Verfahrensweisen der Verwaltung, die sich in den letzten Jahren angesammelt hatten, in die Partei eingeführt hat«. Ein anderer, mit dem Generationenproblem verknüpfter Grund: »Indem sie die Rolle des Parteiführers spielt und ganz von Verwaltungsfragen in Anspruch genommen ist, hat sich die ältere Generation daran gewöhnt und gewöhnt sie sich weiter daran, für die Partei zu denken und zu entscheiden, und sie führt für die kommunistischen Massen mit Vorliebe Methoden der Teilnahme am politischen Leben ein, die rein schulmäßig und pädagogisch sind: elementare politische Schulungskurse, Wissenskontrollen, Parteischulen usw. Daher kommt der Bürokratismus des Apparates, seine Isolierung gegenüber den Massen, sein Fürsichbestehen ...«

Die eben zitierte Beschreibung führt den Schlüsselbegriff des ganzen Werkes ein: Für Trotzki ist der Bürokratismus zunächst »die Tatsache, daß die Partei auf zwei verschiedenen Ebenen lebt« (S. 35): die Basis — ohne wirksame Mitbestimmung — und der bürokratisierte Apparat. Wir treffen hier wiederum auf die beiden antagonistischen »Ebenen«, die Marx in der Hegelschen Staatsphilosophie aufdeckt: Bürokratie und bürgerliche Gesellschaft. Jetzt aber, in der bürokratisierten Partei, verläuft der Schnitt mitten durch dieselbe Organisation.

Und diesen Bruch empfindet nach Trotzki die »Mehrzahl der Mitglieder« der Partei auf folgende Weise: »Ob der Apparat nun gut oder schlecht denkt und entscheidet, jedenfalls denkt und entscheidet er zu häufig ohne uns und an unserer Stelle. Wenn es dazu kommt, daß wir Unverständnis oder einen Zweifel äußern, wenn wir einen Einwand, eine Kritik vorbringen, so ruft man uns zur Ordnung und zur Disziplin; meistens wirft man uns vor, wir würden opponieren oder sogar Fraktionen bilden wollen. Wir sind der Partei bis zum Äußersten ergeben und bereit, alles für sie zu opfern. Aber wir wollen aktiv und bewußt an der Erarbeitung ihrer Entscheidungen und an der Wahl ihrer Handlungsweisen teilhaben.«

Die Bürokratisierung ist ein Entartungsprozeß: »In ihrer allmählichen Entwicklung droht die Bürokratisierung, die Führer von der Masse zu isolieren und sie dazu zu bringen, daß sie ihre Aufmerksamkeit einzig noch auf die Fragen der Verwaltung und der Ernennung richten... Diese Prozesse entwickeln sich langsam und fast unmerklich, zeigen sich aber dann sehr plötzlich.«

Nach dieser noch sehr allgemein gehaltenen Beschreibung im ersten Kapitel geht Trotzki im zweiten Kapitel zu einer Untersuchung der Ursachen über: »es ist klar, daß die Entwicklung des Parteiapparates und die mit dieser Entwicklung zusammengehende Bürokratisierung nicht von den durch die Vermittlung des Apparates gebildeten Fabrikzellen, sondern durch alle anderen Funktionen hervorgebracht wird, die die Partei durch Vermittlung des Staatsapparates in Verwaltung, Wirtschaftsmanagement, militärischer Führung und Erziehung ausübt. Anders gesagt, die Quelle des Bürokratismus liegt in der zunehmenden Konzentration der Aufmerksamkeit und der Energien, die die Partei auf die Institutionen und den Apparat der Regierung richtet, wie in der Langsamkeit der industriellen Entwicklung«. Noch anders gesagt: Die Bürokratisierung der sowjetischen kommunistischen Partei im Jahre 1923 ist die direkte und unmittelbare Folge der Tatsache, daß diese Partei, einmal zur Macht gelangt, in ihrem Funktionieren eben die Bürokratisierung des Staates erneut hervorbringt, die Marx in seiner Hegelkritik beschrieben hatte. Die Bürokratisierung der Partei ist eine Folge der Tatsache, daß die »Diktatur des Proletariats« 1923 zur Diktatur der »Partei des Proletariats« geworden ist, — wie es sowohl Rosa Luxemburg als auch (minder deutlich) die Arbeiteropposition betont haben. Sicherlich sagt Trotzki das nicht; dies zu behaupten, hieße die Grundlagen des politischen Systems in Frage zu stellen, an dem er selber beteiligt ist, nämlich die Verknüpfung von Partei und Macht. Trotzki ist nicht Djilas; er bleibt auf dem Weg der Analyse stehen, indem er mit Deutlichkeit und Schärfe die Symptome beschreibt, dabei aber in einer politischen »Therapie«, nämlich in der Politik eines »Neuen Kurses«, die Lösung sucht.

Wir folgen ihm weiter in seiner Analyse: »Das einzige Mittel, um über den korporativen Staat, über den Kastengeist der Beamten zu siegen, besteht darin, die Demokratie zu verwirklichen.« Und dann wieder:

»Der Parteibürokratismus ist, um es noch einmal zu wiederholen, nicht ein im Verschwinden begriffenes Überbleibsel der früheren Periode; er ist im Gegenteil ein wesentlich neues Phänomen, das sich aus neuen Aufgaben, neuen Funktionen, neuen Schwierigkeiten und neuen Fehlern der Partei herleitet. Durch den sowjetischen Staat realisiert das Proletariat seine Diktatur. Die kommunistische Partei ist die führende Partei des Proletariats und folglich seines Staates. Das ganze Problem besteht darin, diese Macht im Handeln zu verwirklichen, ohne sie im bürokratischen Staatsapparat untergehen zu lassen, um sich damit nicht einer bürokratischen Entartung auszusetzen.« Man sieht, daß Trotzki die Möglichkeit gar nicht in Betracht zieht, den letzten Ursprung der Bürokratisierung auf der Seite der Grundprinzipien der »Diktatur des Proletariats« zu suchen. Hier liegt die Grenze, über die seine Analyse nicht hinauskommt.

Zwar kann er zweifellos die Anklage aussprechen: »Alle Angelegenheiten sind in den Händen einer kleinen Gruppe, manchmal nur eines Sekretärs vereinigt, der ernennt und absetzt, Befehle erteilt, Sanktionen auferlegt usw.« Aber die Lösung, die er unaufhörlich propagiert — und die er nie erreichen kann, besteht immer einfach darin, »innerhalb der Partei die lebendige und aktive Demokratie« einzuführen (S. 40). Dies ist eine Lösung, die letztlich derjenigen sehr nahekommt, die in derselben Situation ein orthodoxer Lewinianer vorschlagen könnte.

Weitere Verwandtschaften zwischen Trotzkis Analyse und den Analysen der Gruppendynamik wären im dritten Kapitel des »Neuen Kurses« zu finden, das von den *Gruppen und Fraktionsbildungen* handelt.

Die Bildung von Fraktionen und die Versuche, ihre symptomatische Bedeutung zu verstehen, sind ein vorzüglicher, obgleich indirekter Zugang zum Phänomen der Bürokratie. Die Bürokraten beklagen und verdammen die Fraktionen, ohne zu sehen, daß es in Wahrheit gerade die Bürokratie ist, welche die Fraktionen entstehen läßt: »Die Resolution des Zentralkomitees sagt ganz klar, daß die bürokratische Regierungsweise eine der Ursachen der Fraktionsbildung ist« (S. 48). Trotzki führt diese These weiter aus.

Zunächst faßt er den Prozeß zusammen: »Nuancen in den Meinungen und gelegentliche Unterschiede in den Auffassungen können Ausdruck einer Fernwirkung gesellschaftlich determinierter Interessen sein und unter bestimmten Umständen die Form stabiler Gruppierungen annehmen; diese können wiederum früher oder später zu organisierten Fraktionen werden . . .«

Trotzki zeigt nun, daß es nicht genügt, die Fraktionen zu verbieten, um ihr Entstehen zu verhindern. »Es wäre ein ›Organisationsfetischismus‹, zu glauben, daß es nur einer Entscheidung bedürfte, um uns vor

Gruppierungen und den Erschütterungen der Fraktionsbildung zu bewahren, unabhängig vom Entwicklungsstand der Partei, den Fehlern der Führung, dem Konservatismus des Apparates und den äußeren Einflüssen. Auch das würde noch von Bürokratismus zeugen.«

Als Trotzki an der Macht ist, behandelt er den Bürokratismus (im »Neuen Kurs« spricht er noch nicht von »Bürokratie«) als eine Entartungserscheinung, die die politischen Organisationen befällt, nämlich die Partei, die Gewerkschaften, den Staatsapparat. Anders gesagt: in der ersten Phase seines Werkes beschreibt der Theoretiker der permanenten Revolution (1930) die Bürokratie als ein pathologisches Phänomen.

In der zweiten Phase, also im Exil, stellt Trotzki sich dann einem neuen Problem, das nach und nach zum Hauptproblem einer ganzen Generation wird: Stellt die Bürokratie — die sowjetische wie jede andere — tatsächlich eine *neue Klasse* im marxistischen Sinne dieses Wortes dar? Diese These vertritt in der Tat B. Rizzi und später Djilas; Trotzki aber stimmt ihnen niemals zu. Wir wollen daher nun jene Thesen, die die Bürokratie als gesellschaftliche Klasse darstellen, untersuchen, um sodann Trotzkis Erwiderung einordnen zu können.

Bruno Rizzi

1939 veröffentlicht Bruno Rizzi sein Buch »La bureaucratisation du monde«. Hier wendet er den marxistischen Begriff der durch ihre Stellung in Produktion und Ökonomie definierten *gesellschaftlichen Klasse* auf die sowjetische Bürokratie an:

»In Wirklichkeit verteilt der bürokratische Staat den Mehrwert auf verschiedene Weisen an seine Funktionäre, die eine privilegierte, in den Staat eingefügte Klasse darstellen. In der sowjetischen Gesellschaft eignen sich die Ausbeuter den Mehrwert nicht direkt an, wie es der Kapitalist tut, wenn er die Dividenden seines Unternehmens einsteckt, sondern sie tun es indirekt, nämlich durch den Staat, der den ganzen nationalen Mehrwert einsteckt und ihn dann unter seine Funktionäre verteilt. Ein guter Teil der Bürokratie, d. h. die Techniker, die Manager, Spezialisten, Stachanow-Aktivisten und andere Profitmacher sind auf irgendeine Weise autorisiert, ihre sehr hohen Bezüge direkt in dem Unternehmen einzuziehen, das sie kontrollieren. Darüber hinaus sind auch sie — wie alle Bürokraten — Nutznießer der mit dem Mehrwert bezahlten staatlichen ›Dienstleistungen‹ ... Im Ganzen entzieht die Bürokratie den Mehrwert den direkten Produzenten durch eine kolossale Erhöhung der Gemeinkosten in den ›verstaatlichten‹ Unternehmen ... Wir sehen also, daß die

Ausbeutung von ihrer individuellen Form in eine kollektive Form übergeht — entsprechend der Umwandlung des Eigentums. Es handelt sich um eine Klasse als Ganzes, die — wie es dem Begriff des Klasseneigentums gemäß ist — eine andere ausbeutet und dann vermittels des ihr gehörenden Staates (man muß darauf gefaßt sein, daß die Amtspositionen irgendwann erblich werden) zur Verteilung unter ihre Mitglieder übergeht. Die neuen Privilegierten erlangen den Mehrwert auf dem Wege über die Staatsmaschine, die nicht nur ein Mittel politischer Unterdrükkung, sondern auch ein Apparat zur wirtschaftlichen Verwaltung der Nation ist ... Die Arbeitskraft wird nicht mehr von den Kapitalisten gekauft, sondern sie ist von einem einzigen Herrn monopolisiert, dem Staat. Die Arbeiter bieten ihre Arbeit nicht mehr verschiedenen Unternehmern an, um dann denjenigen auszuwählen, der ihnen am besten paßt. Das Gesetz von Angebot und Nachfrage gilt nicht mehr: Die Arbeiter sind dem Staat ausgeliefert« (S. 64 f.).

Für Rizzi ist die Bürokratie die letzte herrschende Klasse. Ihre Abschaffung kann allein jene klassenlose Gesellschaft entstehen lassen, die nach Marx und Engels schon dem Verschwinden der Bourgeoisie und der Phase der Diktatur des Proletariats folgen sollte. Darin liegt Bruno Rizzis »Revisionismus«. Er glaubt, in der UdSSR die Geburt einer neuen herrschenden Klasse konstatieren zu müssen. In die marxistische Konzeption von einer »Vorgeschichte der Menschheit« fügt er daher noch die Bürokratie als letztes Glied ein. Gleichzeitig bemüht er sich, zu beweisen, daß dieses Glied der Kette tatsächlich das letzte ist.

»Wir haben keinerlei Sympathie für diese bürokratische Gesellschaft, wir stellen aber ihre historische Notwendigkeit fest. *Der Preis für eine herrschende Klasse bleibt jedoch noch zu zahlen.* Über diesen Punkt geben wir uns keinen Illusionen hin, und es ist gut, wenn auch die Beherrschten, die Produzenten, sich hier keine Illusionen machen: Nur der politische Druck, der von ihnen ausgeht, wird den ökonomischen Druck, der auf ihnen lastet, verringern und der ganzen Gesellschaft zugute kommen, ebenso wie die proletarische Gewerkschaftsbewegung von Vorteil war und die kapitalistische Produktion zu einer immer größeren Vollkommenheit trieb. Wir glauben fest an die Zukunft einer klassenlosen Gesellschaft und sind sogar überzeugt, daß diese momentan im Werden begriffene neue Gesellschaft die letzte Klassengesellschaft ist. Die herrschende Klasse wird schließlich mit jener politischen, gewerkschaftlichen und technischen Bürokratie zusammenfallen, die in den vergangenen Gesellschaften im Auftrag und im Interesse des kapitalistischen, feudalistischen und patrizischen Herrn sowie in ihrem eigenen Interesse handelte. Die letzte herrschende Klasse der Gesellschaft kommt der klassenlosen Gesellschaft so nahe, daß sie ihren Charakter, Klasse und Eigentümer zu sein, verleugnet.«

Der Unterschied zwischen der neuen herrschenden Klasse und den herrschenden Klassen, die in der Vergangenheit aufeinander gefolgt sind, besteht darin, daß erstere nicht mehr das *private*, d. h. das rechtlich bestätigte Eigentum an den Produktionsmitteln besitzt. Doch ist diese rechtliche Anerkennung für ihre Herrschaft nicht notwendig:

»Das Klasseneigentum, das in Rußland eine Tatsache ist, resultiert zweifellos nicht aus einer Eintragung bei einem Notar oder in einem Grundbuch. *Die neue sowjetische Ausbeuterklasse* bedarf dieser Albernheiten nicht: sie hat die Staatsgewalt in den Händen, und das ist viel mehr wert als die alten Rechtstitel der Bourgeoisie.«

Ein anderes wichtiges und unterscheidendes Merkmal der neuen Klasse: bei ihren Mitgliedern gibt es keine private Akkumulation von Kapital. Indem er diesen Unterschied betont, erinnert Rizzi nur daran, daß es keiner absoluten Identität zwischen dem kapitalistischen Organisations- und Ausbeutungsmodell einerseits und dem neuen bürokratischen Modell andererseits bedarf, um die Bürokratie mit Recht als eine neue Klasse darstellen zu können. Das Wesentliche ist, daß »der Staat zum Herrn und wirtschaftlichen Führer wird, indem sich eine neue privilegierte Klasse einschaltet, der die Gesellschaft im Verlaufe eines neuen Kapitels der Geschichte die Kosten für ihre Führung wird entrichten müssen. Diese neue herrschende Klasse verfolgt allerdings nicht das Ziel unendlicher Anhäufung individuellen Reichtums; sie gibt sich zufrieden mit guten Gehältern und einem glücklichen Leben, und sie verfolgt das wirtschaftliche Programm eines ›Dienstes am Kunden‹, indem sie die Produktion nicht im Sinne der Spekulation, sondern mit einer Tendenz zur absoluten Steigerung der Produktion selbst und ohne kapitalistisches Kalkül organisiert. Ein Teil der staatlichen Produktion darf und muß sogar defizitär sein; worauf es ankommt, ist, daß die Produktion wächst und daß sie im Ganzen aktiv ist«.

Rizzi fügt noch hinzu: »Wir sind damit einverstanden, daß die neue herrschende Klasse sich ein großes Stück von dem Kuchen der autarken Produktion abschneiden wird; das ist die Regel, es liegt sogar im Charakter des sich herausbildenden Typs von Gesellschaft begründet. Wenn die Bürokratie nicht greifbar zeigen kann, daß sie in der Lage ist, das wirtschaftliche Niveau der unmittelbaren Produktion anzuheben, ist ihr Schicksal besiegelt. Wir wollen uns jedoch nicht allzusehr auf die menschlichen Ziele und die individuelle Vervollkommnung verlassen, wie die neue herrschende Klasse sie sich vorgenommen hat. Sie muß gleichwohl die wirtschaftlichen Lebensbedingungen der Bevölkerung verbessern, wenn sie die Oberhand behalten will. Ihre historische Funktion wird dann beendet sein, wenn sie ihre Unfähigkeit zur Erreichung dieses Zieles gezeigt hat.«

Bekanntlich wurde Rizzis These in Jugoslawien von Djilas (1964) und in den USA von Burnham (1951) aufgenommen; der letztere versteht die neue Klasse als aus dem Inneren des Kapitalismus selbst entstanden, und zwar durch die fortschreitende Machtergreifung der Organisatoren:

»Nicht durch Eigentumsrechte, die sie als einzelne besitzen, werden die Manager die Kontrolle über die Produktionsmittel ausüben und bei der Verteilung bevorzugt werden, sondern mittelbar durch die Kontrolle über den Staat, der seinerseits die Produktionsmittel zu Eigentum besitzt und kontrolliert. Der Staat oder vielmehr die Einrichtungen, die den Staat bilden, werden sozusagen das Eigentum der Manager sein, und das wird vollauf genügen, um ihnen die Stellung einer herrschenden Klasse zu sichern.«

Man sieht also, daß die These von der neuen Klasse, wenn sie universal sowohl für die USA wie für die UdSSR gültig wäre, eine Zukunft ankündigen würde, in der eine Bürokratie nach und nach die ganze Welt beherrschen würde, die Zukunft also einer fortschreitend bürokratisierten Welt.

Trotzki und das Problem der Bürokratie als gesellschaftliche Klasse

In seiner kritischen Analyse der UdSSR unter Stalin scheint es manchmal, als stehe Trotzki — noch vor Rizzi — kurz vor einer Definition der Bürokratie als herrschender Klasse. Doch weigert er sich, diese These bis zu Ende zu verfolgen, weil er strikt zwischen der *ökonomischen Wurzel*, die das Bestehen einer sozialen Klasse bestimmt, und den charakteristischen politischen *Techniken* ihrer Herrschaft unterscheidet. Die Charakteristika der bürokratischen Schicht in der Sowjetunion »beziehen sich im wesentlichen auf die politische Technik der Klassenherrschaft. Das Vorhandensein der Bürokratie, mit allen Unterschieden ihrer Formen und ihres spezifischen Gewichts, charakterisiert jedes Klassensystem. Ihre Kraft ist geliehen. Die unauflöslich mit der wirtschaftlich herrschenden Klasse verbündete Bürokratie wird von deren Wurzeln genährt, sie steht und fällt mit jener« (1938).

Dies ist die These. Im wesentlichen behält Trotzki diese Position bei. Von da her erklärt sich auch seine Antwort an Rizzi: Es besteht kein Zweifel, daß die Bürokratie »einen bedeutenden Teil des nationalen Vermögens verschlingt, vergeudet und verschwendet. Ihre Führung kommt das Proletariat ausgesprochen teuer zu stehen ... Gleichwohl verleihen auch die größten Wohnungen, die saftigsten Steaks und selbst ihre Rolls-Royce der Bürokratie noch nicht die Bedeutung einer herrschenden Klasse ... Wenn die *Bürokratie* — um es ganz einfach zu sagen — das Volk bestiehlt, so haben wir es *nicht mit einer Klassenausbeutung* im wissenschaftlichen Sinne dieses Wortes zu tun, *sondern mit einem sozialen Parasitentum,* wenn auch in ganz großem Maßstab. *Der mittelalterliche Priesterstand* war *eine Klasse,* oder ein ›sozialer Stand‹, und zwar in dem Maße, in dem sich seine Herrschaft *auf ein festgelegtes System des Grundbesitzes und der Leibeigenschaft stützte.* Die heutige Kirche ist keine ausbeutende Klasse, sondern eine parasitäre Körperschaft. Deshalb ist die sowjetische Bürokratie, auch wenn sie unproduktiv einen guten Teil des Volkseinkommens verbraucht, aufgrund ihrer Funktion gleichzeitig an einer wirtschaftlichen und kulturellen Entwicklung des Landes interessiert; je höher das Volkseinkommen ist, um so höher werden auch ihre Privilegien sein. Gleichwohl muß — auf der Grundlage des sowjetischen Staates — der wirtschaftliche und kulturelle Fortschritt die Fundamente der bürokratischen Herrschaft selbst untergraben«.

Wie wir gesehen haben, war eines von Rizzis Argumenten die Entdeckung gewisser Züge, die der stalinistischen und den faschistischen Bürokratien gemeinsam waren. Schon 1937 hatte Trotzki die Existenz solcher Grundzüge zugegeben. Gleichzeitig aber schränkte er die Tragweite dieser Analogie ein:

»Ich habe niemals behauptet, daß die sowjetische Bürokratie identisch wäre mit der Bürokratie der absoluten Monarchie oder mit der des liberalen Kapitalismus. Die verstaatlichte Wirtschaft schafft eine ganz neue Situation für die Bürokratie und eröffnet neue Möglichkeiten — Möglichkeiten des Fortschritts oder der Entartung. Es besteht eine viel größere Analogie zwischen der sowjetischen Bürokratie und der des faschistischen Staates. Auch die faschistische Bürokratie behandelt den Staat als ihr Eigentum. Sie erlegt dem Privatkapital strenge Restriktionen auf und reizt es häufig zum Murren. Als logisches Argument können wir vorbringen: Wenn es der faschistischen Bürokratie gelänge, den Kapitalisten mehr und mehr ihre Disziplin und ihre Restriktionen aufzuzwingen, ohne daß sie wirksam Widerstand leisten könnten, so könnte diese Bürokratie sich allmählich in eine neue herrschende ›Klasse‹, die der sowjetischen Bürokratie vollkommen entspräche, verwandeln. Gleichwohl *gehört der faschistische Staat der Bürokratie nur in gewisser Hinsicht.* Dies sind die drei kleinen Worte, die der Genosse R. so gerne vergißt. Aber sie haben ihre Bedeutung. Sie sind sogar entscheidend. Wenn Hitler versucht, den Staat — und durch seine Vermittlung das Privateigentum — sich ›absolut‹ und nicht nur ›in gewisser Hinsicht‹ anzueignen, so wird er auf den heftigen Widerstand der Kapitalisten stoßen . . .«

Aus dem Gesagten ergibt sich bereits, daß Trotzki B. Rizzis Argumenten schließlich noch andere Argumente entgegenstellen konnte:

Bruno Rizzi wirft die Planwirtschaft der UdSSR, den Faschismus, den Nationalsozialismus und Roosevelts »New Deal« in einen Topf. Zweifellos weisen alle diese Systeme gewisse Gemeinsamkeiten auf, die letzten Endes durch die kollektivistischen Tendenzen der modernen Wirtschaft bestimmt sind. Schon vor der Oktoberrevolution hatte Lenin die wesentlichen Eigentümlichkeiten des imperialistischen Kapitalismus wie folgt gekennzeichnet: riesige Konzentration der Produktivkräfte, beträchtliche Verschmelzung des Monopolkapitalismus mit dem Staat, natürliche Tendenz zur reinen Diktatur als Resultat jener Verschmelzung. Die Aspekte der Zentralisierung und der Kollektivierung bestimmen sowohl die Politik der Revolution wie auch die der Konterrevolution; das besagt aber keineswegs, daß es möglich wäre, Revolution, Thermidor, Faschismus und amerikanischen »Reformismus« zu identifizieren.

G. Lukács: Die Verdinglichung und das Problem der Bürokratie

Um 1920 ist das Problem des Marxismus im wesentlichen das Problem der ökonomischen Revolution und des Klassenkampfes. Was Marx zu diesem Thema sagt, beschäftigt seine Nachfolger — Lenin, Trotzki, Rosa Luxemburg. Unter ihnen nimmt sich der junge Lukács ein wenig wie ein Heckenschütze aus. Er geht Marx auf einer ganz anderen Ebene und vor einem anderen Horizont an: nicht mehr Marx als den *politischen* Denker — im gewöhnlichen Wortsinn verstanden (im Sinn von Staatstheorie, Klassenkampf, Machtübernahme) — sondern Marx als den Denker der *Entfremdung*, der allgemeinen *Verdinglichung* in der modernen kapitalistischen Welt. Dieser Wandel der Perspektive wird in einer Anmerkung sichtbar, die — wie aufgrund eines plötzlichen Bedenkens — dem Text über die Verdinglichung in »Geschichte und Klassenbewußtsein« (1923; 1970) beigefügt ist: »Daß in *diesem* Zusammenhang der Klassencharakter des Staates usw. nicht hervorgehoben wird, stammt aus der Absicht, die Verdinglichung als *allgemeines*, struktives Grundphänomen der *ganzen* bürgerlichen Gesellschaft zu begreifen. Der Klassenstandpunkt müßte ja sonst bereits bei der Betrachtung der Maschine einsetzen« (1970, S. 192). Tatsächlich eröffnet die Beschreibung der Lohnarbeit — auf den Seiten, die in derselben Untersuchung der industriellen Organisation gewidmet sind und auf die wir gleich zurückkommen werden — innerhalb des marxistischen Denkens einen völlig neuen Horizont.

Lukács' Grundbegriff ist in den Jahren 1920—22 der Begriff der Verdinglichung; d. h. die Verwandlung von Menschen und Sachen in Dinge, die ontologisch, menschlich und praktisch bar allen Wesens, allen belebenden Sinnes sind. Die Verdinglichung verwandelt das menschliche Tun, die durch menschliche Produktion erzeugte Totalität; alle Erscheinungen, mit denen wir es zu tun haben, werden feindlich und fremd. Was Hegel als Entstehen der Entfremdung begriffen und Marx sowohl als Phänomen der Entfremdung wie als Warenfetischismus analysiert hatte, wird bei Lukács zur Verdinglichung. Eine besonders einleuchtende Illustration hierzu stellt das gesamte Werk von Franz Kafka dar.

Das Werk Kafkas, des Romanciers der Verdinglichung (»Das Schloß« stellt die Bürokratie dar; doch ist sein ganzes Werk die Beschreibung einer verdinglichten und bürokratischen Welt), gehört der gleichen Zeit an wie die Schrift von Lukács. Andere zeitgenössische Versuche kultureller Entdinglichung sind der Surrealismus, dessen erstes Manifest aus dem Jahre 1929 stammt, oder das 1923 von Moreno erfundene Psychodrama. In Europa und vornehmlich im Mitteleuropa der Nachkriegszeit, in den zwanziger Jahren, wird das Problem der Verdinglichung in der Kultur (Roman, Philosophie, Dichtung, Theater, Jazz) zu einem Grundproblem des gesellschaftlichen Lebens. Jetzt wird ersichtlich, wie Lukács in diesem Zusammenhang eine originelle Form des Rückgangs auf Marx einleiten konnte, die übrigens sogleich verdammt wurde: Sein Buch von 1923 wird ein verbanntes Buch. Es ist gleichwohl ein ausnehmend modernes und aktuelles Buch, das es erlaubt, das Problem der Verdinglichung als ein allgemeines Problem der gegenwärtigen Gesellschaft anzugehen.

Unter der Bürokratie versteht Lukács den Beamtenapparat, nicht mehr nur, wie bei Marx, die Staatsbeamten, sondern die Büroangestellten, wo immer es sie gibt, in den Industrieunternehmen und, allgemeiner, überall dort, wo eine Organisation besteht (Organisation der Produktion, der Distribution, der Bildung usw.).

Das Problem der Bürokratie wird zum Problem der Organisationen: Es handelt sich hier um die von Max Weber eröffnete Perspektive, die aber in die Perspektive der von Marx im »Kapital« analysierten Verdinglichung hineingenommen und von ihr her verstanden wird. Lukács versteht sich, auch in dieser Untersuchung, als Marxisten. Wir brauchen nur die ersten Zeilen zu lesen: »Es ist keineswegs zufällig, daß beide großen und reifen Werke von Marx, die die Gesamtheit der kapitalistischen Gesellschaft darzustellen und ihren Grundcharakter aufzuzeigen unternehmen, mit der Analyse der Ware beginnen. Denn es gibt kein Problem dieser Entwicklungsstufe der Menschheit, das in letzter Analyse nicht auf diese Frage hinweisen würde, dessen Lösung nicht in der Lösung des Rätsels der Warenstruktur gesucht werden müßte. Freilich ist diese Allgemeinheit des Problems nur dann erreichbar, wenn die Problemstellung jene Weite und Tiefe erreicht, die sie in den Analysen von Marx selbst besitzt; wenn das Warenproblem nicht bloß als Einzelproblem, auch nicht bloß als Zentralproblem der einzelwissenschaftlich gefaßten Ökonomie, sondern als zentrales, strukturelles Problem der kapitalistischen Gesellschaft in allen ihren Lebensäußerungen erscheint« (S. 170). Als eine erste Illustration für diesen Prozeß wird uns — vor dem Beispiel der Bürokratie — die Lohnarbeit in der modernen Industriewelt (Taylorismus) dargestellt.

Darauf folgt die Analyse der Bürokratie: »Die Bürokratie bedeutet eine ähnliche Anpassung der Lebens- und Arbeitsweise und dementsprechend auch des Bewußtseins an die allgemeinen gesellschaftlich-ökonomischen Voraussetzungen der kapitalistischen Wirtschaft, wie wir dies für die Arbeiter im Einzelbetrieb festgestellt haben. Die formelle Rationalisierung von Recht, Staat, Verwaltung usw. bedeutet objektiv-sachlich eine ähnliche Zerlegung aller gesellschaftlichen Funktionen auf ihre Elemente, ein ähnliches Aufsuchen der rationellen und formellen Gesetze dieser genau voneinander abgetrennten Teilsysteme und dementsprechend subjektiv ähnliche bewußtseinsmäßige Folgen der Abtrennung der Arbeit von den individuellen Fähigkeiten und Bedürfnissen des sie Leistenden, eine ähnliche rationell-unmenschliche Arbeitsteilung, wie wir sie technisch-maschinell im Betrieb gefunden haben« (S. 192).

In seiner Analyse der Industriearbeit hatte bereits Marx die Reduktion der Qualität auf die Quantität gezeigt — z. B., wie Bergson sagen würde, der »gelebten Zeit« auf die Uhrzeit. »Die Quantität allein entscheidet alles: Stunde gegen Stunde, Tag gegen Tag ...« (MEW 4, S. 85; Lukács, S. 179), schrieb Marx im »Elend der Philosophie«. Lukács überträgt diese Analyse auf die Beschreibung der Bürokratie, wo »eine sich immer steigernde Abtrennung vom qualitativ-materiellen Wesen der ›Dinge‹, auf die sich die bürokratische Behandlung bezieht« (S. 192) statthat.

Lukács erinnert darüber hinaus an »die notwendige völlige Unterordnung unter das System der Sachbeziehungen, in der der einzelne Bürokrat steht, die Vorstellung, daß eben seine ›Ehre‹, sein ›Verantwortlichkeitsgefühl‹ eine solche völlige Unterordnung erfordern«; kurz gesagt: selbst die Ethik des Bürokraten ist nur eine Verdinglichungsmoral, eine Moral der völligen Unterordnung unter die verdinglichte Welt der Bürokratie. Auch hier wieder findet sich zweifellos die beste Illustration bei Kafka, nämlich in der »Strafkolonie«.

Mit der Verdinglichung gibt Lukács eine Theorie der Ursprünge der modernen Bürokratie, eine Theorie, die abgeleitet wurde von Marx' Analyse des Warenfetischismus. Für Lukács ist die Bürokratie die verdinglichte, eingefrorene Organisation oder Institution. Man könnte und müßte dieser bürokratischen Verdinglichung ihre Ergänzung an die Seite stellen, nämlich das, was die Marxisten das »falsche Bewußtsein« nennen. In dem Werk, das er dem Abbau der Mechanismen des falschen Bewußtseins — zunächst auf der Ebene der politischen Gesellschaften, dann auf der der individuellen Pathologie — gewidmet hat, zeigt Gabel (1962) sehr klar, daß eine totalitäre und bürokratische Macht mit verdinglichten Ideologien zusammengeht, die sich auf falschen, antidialektischen und gleichsam in der Zeit geronnenen Identifikationen (den Amalgamen) aufbauen. Das falsche Bewußtsein ist, so könnten wir sagen, die »Bürokratisierung« des Bewußtseins. In einem Artikel, der die psychosoziologischen Dimensionen des Problems unterstreicht, hat derselbe Autor die Beziehungen zwischen Marxismus und Gruppendynamik aufgezeigt und nachgewiesen, wie in einem bestimmten historischen Zusammenhang die Techniken der Gruppe zu Techniken der Entdinglichung geworden sind.

Paul Cardan

Die Analysen, die Paul Cardan in jüngster Zeit den gegenwärtigen Formen der Bürokratie gewidmet hat, gehören der marxistischen Strömung an. Ich werde sie daher hier untersuchen, ohne allerdings dabei zu vergessen, daß er sich auch auf Ergebnisse der Sozialwissenschaften beruft.

Cardan (1961) definiert die Bürokratisierung wie folgt: »Wir verstehen darunter eine Sozialstruktur, bei der die Leitung des kollektiven Handelns in der Hand eines unpersönlichen, hierarchisch organisierten Apparates liegt, von dem erwartet wird, daß er nach ›rationalen‹ Kriterien und Methoden handelt, der ökonomisch privilegiert ist und der sich nach Regeln rekrutiert, die er faktisch selbst aufstellt und anwendet.« Man fühlt sich durch diese Definition sowohl an Max Weber wie an Trotzki erinnert; daneben gibt es Hinweise auf ein Verständnis, das denjenigen Auffassungen nähersteht, die die Bürokratie als die neue herrschende Klasse definieren. Die Herkunft von Weber läßt sich in den Bestimmungen erkennen, die die hierarchische Organisation und die »Rationalität« der Methoden betreffen, aber diese letztere wird in Anführungszeichen gesetzt, was Weber nicht tat. Und Trotzkis Einfluß zeigt sich, wenn man sich an die Formulierung aus dem »Neuen Kurs« erinnert: »Der Bürokratismus ist eine gesellschaftliche Erscheinung, insofern er ein bestimmtes System der Verwaltung von Menschen und Sachen ist.«

Wir sahen jedoch, daß die Bürokratie für Trotzki nur eine »parasitäre Schicht« darstellt, ohne ein echtes ökonomisches Privileg zu besitzen. Trotzki nimmt im übrigen eine Formulierung von Marx und Lenin wieder auf, bei denen die Bürokratie als gesellschaftliches Parasitentum definiert wird. Das ökonomische Privileg ist dagegen bereits Ausbeutung, Aneignung von Mehrwert, d. h. das, was eine herrschende gesellschaftliche Klasse ausmacht. Dies ist der theoretische Begriff von Cardan.

Er bestimmt nun drei Quellen des Bürokratismus. Dieser entsteht zunächst in der Produktion: »Die Konzentration und ›Rationalisierung‹ der Produktion bringt es mit sich, daß innerhalb des kapitalistischen Unternehmens ein ökonomischer Apparat entsteht, dessen Funktion es ist, die Produktion und die Beziehungen des Unternehmens zu der übrigen Wirtschaft zu bestimmen. Im besonderen impliziert die Leitung des Arbeitsprozesses — die Festlegung der einzelnen Aufgaben, des Arbeitsrhythmus und der Arbeitsmethoden, die Kontrolle über die Produktionsquantität und -qualität, Überwachung und Planung des Produktionsprozesses, die Führung der Menschen und ihrer ›Integration‹ in den Betrieb — das Bestehen eines spezifischen und bedeutenden Apparates« (S. 100).

Die zweite Quelle liegt im Staat: »Die tiefe Wandlung der Rolle des Staates, der jetzt zum Kontrollinstrument und sogar zum Führungsinstrument in einer wachsenden Zahl von Bereichen des ökonomischen und sozialen Lebens geworden ist, geht einher mit einem außergewöhnlichen Anschwellen des Personals und den Funktionen des traditionellen bürokratischen Apparats im strengen Sinne.«

Die dritte Quelle schließlich findet sich in den politischen und gewerkschaftlichen Organisationen. Diesen Punkt haben wir bereits in dem Kapitel über die politischen Bürokratien behandelt.

Cardans wesentlicher Beitrag aber ist darin zu sehen, daß er zeigt, wie diese Bürokratisierung dahin tendiert, sich auf alle Bereiche des gesellschaftlichen Lebens zu erstrecken: »Von einem bestimmten Augenblick an wird die Bürokratisierung, die Führung der Aktivitäten durch hierarchisch gegliederte Apparate zur *eigenen Logik dieser Gesellschaft*, zu ihrer Antwort auf alles und jedes. In der gegenwärtigen Etappe ist die Bürokratisierung schon längst über die Bereiche von Produktion, Staatsökonomie und Politik hinausgegangen. Der Konsum ist zweifellos bürokratisiert in dem Sinne, daß weder sein Umfang noch seine Zusammensetzung mehr den spontanen Mechanismen von Wirtschaft und Psychologie überlassen bleiben . . ., daß diese vielmehr den Gegenstand einer immer weitergehenden Manipulierung durch entsprechende Spezialapparate darstellen (Vertrieb, Werbung, Marktforschung usw.). Selbst die Freizeit wird bürokratisiert. Die Bürokratisierung der Kultur wird zunehmend Wirklichkeit — was in der gegenwärtigen Situation unvermeidbar ist, da, wenn auch noch nicht die ›Produktion‹, so doch die Verbreitung dieser Kultur sich zu einer immensen gemeinschaftlichen und organisierten Aktivität entwickelt hat (Presse, Verlage, Rundfunk, Film, Fernsehen usw.). Selbst die wissenschaftliche Forschung bürokratisiert sich . . .« (S. 101).

Cardan entwickelt schließlich eine Art deskriptives »Modell« jenes »klimatisierten Alptraums« (S. 111)[4], der dann Wirklichkeit würde, wenn eine ganze Gesellschaft und nicht mehr bloß eine Organisation sich bürokratisierte. Dies ist vor allem eine Gesellschaft,

1. der es gelungen ist, die überwiegende Mehrheit der Bevölkerung zu Lohnempfängern zu machen;

2. wo die Bevölkerung in große unpersönliche Produktionseinheiten (die Eigentum eines Individuums, einer Aktiengesellschaft oder des Staates sein können) eingegliedert und nach einer pyramidenförmigen hierarchischen Struktur geordnet ist;

3. wo die Arbeit jede eigenständige Bedeutung verloren hat;

4. wo Vollbeschäftigung fast als Dauerzustand realisiert ist; die Lohnarbeiter — Hand- wie Kopfarbeiter — genießen, wenn sie sich systemkonform verhalten, eine fast völlige Arbeitsplatzsicherheit;

5. wo die »Bedürfnisse« — im ökonomischen oder besser im kommerziellen und werbetechnischen Sinne dieses Terminus — gleichmäßig mit der Kaufkraft zunehmen und wo im Hinblick auf sie eine wachsende Manipulation der Konsumenten zu verzeichnen ist;

6. wo die Entwicklung der städtischen Lebensbedingungen . . . auf eine Vernichtung des Wohnorts als Sozialisationsrahmen und materieller Halt eines organischen Kollektivs hinausläuft;

7. wo das gesellschaftliche Leben im Ganzen mit Parteien und Gewerkschaften usw. einen »demokratischen Anschein« wahrt, wo aber sowohl diese Organisationen wie auch der Staat, die Politik und das öffentliche Leben im allgemeinen von Grund auf bürokratisiert sind;

8. wo »infolgedessen die aktive Teilnahme der Individuen an der Politik« objektiv gesprochen keinerlei Sinn hat;

9. wo »infolgedessen *die gesellschaftliche Unverantwortlichkeit* ein wesentlicher Zug menschlichen Verhaltens wird«;

---

[4] Dieser romantisch klingende Ausdruck — ebenso wie andere Ausdrücke von Cardan — geben, was ihren Stil angeht, Michel Croziers Bemerkung recht, der von der »großen pessimistisch-revolutionären Richtung« spricht, »die einen so großen Einfluß auf das westliche soziale und politische Denken des XX. Jahrhunderts hatte, [und die] von Rosa Luxemburg und Leo Trotzki bis zu Bruno Rizzi, Simone Weil, C. Wright Mills und *Socialisme ou Barbarie«* reicht.

10. wo schließlich die Philosophie der Gesellschaft im Privatleben Konsumtion um der Konsumtion willen und im kollektiven Leben Organisation um der Organisation willen heißt.

Der verwaltungswissenschaftliche Ansatz

Formuliert man das Problem der Bürokratie politisch, so gelangt man zu einer Definition des für dieses Problem Wesentlichen: Die Bürokratie erscheint schließlich als eine Klasse, die das Privateigentum an der Organisation innehat. Der technische und wissenschaftliche Zugang zu demselben Problem führt jedoch, wie sich zeigen wird, zu einer inhaltlichen Bereicherung des Bürokratiebegriffs.

Der erste moderne Versuch einer Organisation der Produktion wurde zu Beginn unseres Jahrhunderts von F. W. Taylor (1913) unternommen. Taylor will die Probleme der industriellen Arbeit dadurch lösen, daß er den Arbeitsvollzug rationalisiert. Darum unterscheidet er zunächst innerhalb der Produktionsverhältnisse die *Leitungs-* von den *Ausführungsfunktionen.* Wie kann die Ausführung von Direktiven so rationell wie irgend möglich geschehen? Wie lassen sich auf dem Wege von der Anordnung zu ihrer Ausführung alle Störungen ausräumen und aller unnötige Verbrauch von Bewegung und Energie vermeiden? Wie könnte ein guter Ausführender eine »Vollkommenheit« anstreben, die der einer Maschine vergleichbar wäre, die nach äußerste Wirtschaftlichkeit der notwendigen Arbeitsgänge implizierenden Berechnungen konstruiert ist?

Für diesen Ingenieur der Arbeitsorganisation ist somit die Maschine das ideale Modell. Doch braucht die Fabrik auch Menschen, die an jenen Maschinen arbeiten, und diese Arbeiter dürfen nicht *anders* sein als die Maschine, die sie bedienen. Darüber hinaus kann auch das Funktionieren des ganzen Betriebs ebenso mit dem einer Maschine verglichen oder gar gleichgesetzt werden, und die zur Höchstleistung fähige Lohnarbeit gehört notwendig in dieses *mechanisierte Ganze.*

Auf der anderen Ebene, der Ebene der Leitung, kann die Mechanisierung nicht dieselbe Rolle spielen wie bei der Definition der Ausführungsfunktionen. Auch hier jedoch neigen wir dazu, die Störfaktoren auszuräumen, so etwa die Subjektivität oder die Unberechenbarkeit im menschlichen Verhalten. Der rationelle Führer ist vielmehr — im Idealfall — objektiv und damit unpersönlich, wenn anders er sich in jenem großen Uhrwerk, das die Fabrik darstellt, richtig behaupten will.

Schließlich gibt es zwischen Führenden (Leitern) und Ausführenden (Arbeitern) die Zwischenstationen, den Kontrollapparat, die Werkmeister: Ihre Stellung ist funktionell, und ihre Funktionen werden von *hierarchischen Führern,* deren Aufgabe die Zentralisierung ist, koordiniert.

March und Simon (1958) [5] weisen darauf hin, daß man die Theorie der Aufteilung in Ressorts oder Verwaltungsbereiche bis zu Aristoteles (Politik, IV, 15) zurückverfolgen kann. In ihrer modernen Form jedoch erscheint sie bei L. Gulick, Haldane (1923), Fayol (1930), Urwick u. a., die Verwaltungstheoretiker sind. Das jetzt auf der Ebene der Organisation auftauchende Problem hängt mit der Vergrößerung der Unternehmen und mit der zunehmenden Diversifizierung der Tätigkeiten zusammen. Man muß also die Arbeit der Führung neu organisieren, eine Führungstechnik nicht nur für die Spitze, sondern für alle Bereiche (»Abteilungen«) des Unternehmens entwickeln.

Vergleichbare Produktionsarten müssen somit zu spezialisierten Abteilungen zusammengefaßt werden. Das aber setzt eine Spezialisierung nach Produktionszielen voraus (die andere Möglichkeit wäre die Spezialisierung nach Aufgaben). Dies erfordert eine Entscheidung, der eine Rentabilitätsberechnung mit Aufschlüssen darüber zugrunde liegt, ob die Abteilungsgliederung nach Aufgaben oder nach Zielen (Produkten) den Vorzug verdient, womit zwei Spezialisierungskriterien genannt sind. Man kann also wie Fayol im modernen Unternehmen sechs Funktionen unterscheiden — angefangen von der Verwaltungs- und Leitungsfunktion an der Spitze bis zu den Ausführungsfunktionen an der Basis des Betriebs.

Diese Lehre von der Gliederung in Abteilungen wird von March und Simon wie folgt zusammengefaßt:

»In einer Organisation mit der üblichen pyramidenförmigen Struktur soll jede Aufgabe nur Tätigkeiten umfassen, für die eine einzige Abteilung zuständig ist, nämlich diejenige Abteilung, welcher der mit dieser Aufgabe Beschäftigte angehört.«

Gulick (1937) unterstreicht die Vorteile einer Organisierung nach Zie-

---

[5] March und Simon unterscheiden in den Organisations- und Bürokratietheorien drei Phasen:

a) Im Laufe der ersten Phase entwickelt sich die »klassische« Organisationstheorie, und zwar mit F. W. Taylor und seiner »physiologischen Theorie der Organisation« wie auch mit den Theorien der Abteilungsgliederung (Fayol, Gulick, Urwick usf.). Hier ist der arbeitende Mensch »eine Hand«.

b) Die Phase, die man die »psychosoziologische« nennen könnte und in der die affektiven Aspekte betont werden (Motivationen, zwischenmenschliche Beziehungen); die Autoren ordnen hier die Bürokratietheorien von Merton, Selznick und Gouldner ein. In dieser Periode berücksichtigt man, daß der Arbeiter auch »ein Herz« hat.

c) Die dritte Periode ist die des Neorationalismus, mit neuen Theorien über Innovation und unter Berücksichtigung des Umstandes, daß der Mensch auch »ein Gehirn« ist.

len: »Zunächst einmal sichert sie die Ausführung jedes einigermaßen weitgesteckten Zieles oder Programms, indem sie die ganze Operation unter die Gewalt eines einzigen Direktors stellt, der die direkte Kontrolle über alle Experten, Büros und Dienstleistungen, die in der Arbeitsausführung eine Rolle spielen müssen, besitzt. Keiner hat sich einzumischen. Der Direktor nimmt keine Rücksicht auf die anderen Direktoren, er braucht nicht um ihre Unterstützung oder Mitarbeit zu feilschen oder einen höheren Rang anzurufen, wenn ein Konflikt zu lösen ist. Er kann seine ganze Kraft der Verwirklichung seiner Aufgabe widmen ...« Und etwas später: »Die mit einem Ziel versehenen Abteilungen müssen in der Weise koordiniert werden, daß sie nicht in Konflikt miteinander geraten, sondern Hand in Hand arbeiten« (Gulick, 1937). Man kann behaupten, daß die dritte Phase in der Entwicklung der klassischen Organisationstheorie mit einem erneuten Anwachsen der Industriebetriebe in den USA anhebt; diese Betriebe werden riesige Organisationen. Damit stellt sich das Problem der Leitung der Arbeit im Betrieb noch deutlicher.

Wie A. Levy (1959) sehr richtig bemerkt, »hat sich das Zentrum des Interesses in den Organisationstheorien von der Organisation der Lohnarbeit auf die des Managements verlagert. Dabei handelt es sich um eine natürliche Konsequenz der Tatsache, daß man alle Probleme durch die bloße Existenz eines Leiters für gelöst ansah«. A. Lévy fügt noch hinzu, daß während dieser Periode »die am meisten untersuchten Probleme die der Ausbildung, der Motivation von Führungskadern, der Zieldefinition und der Kommunikation« sind.

Ein jüngerer Vertreter dieser Schule der »Organisatoren« und zugleich auch ein Praktiker ist Peter Drucker (1964). Für ihn ist »das Problem der Unternehmensentwicklung vor allem ein Problem der Einstellungen und Verhaltensweisen des Leiters«.

Drucker unterscheidet vertikale und horizontale Organisationen: In den vertikalen Organisationen erstreckt sich die Kontrolle auf höchstens sechs oder sieben Untergebene, während die horizontalen weniger streng hierarchisch gegliedert sind. Man kann z. B. feststellen, daß die Kommunikation in horizontalen Organisationen eher gelingt als in vertikalen.

Drucker untersucht auch den Grad der Autonomie von Produktionseinheiten, und zwar in seiner Abhängigkeit von dem Grad der Kontrolle über diese Einheiten, und den Grad ihrer Koordination mit anderen Einheiten innerhalb desselben Unternehmens. Damit wird die Strukturanalyse des Unternehmens komplexer. Was dagegen in jener dritten Phase der »Verwaltungswissenschaft« bestehen bleibt, ist eine kaum modifizierte Auffassung des Führers und des Autoritätsprinzips. Immer noch ist der Führer der Koordinierende und der Verantwortliche. Und vor allem bleibt eine Grundidee erhalten, die Fayol sehr deutlich zum Ausdruck gebracht hat: Es gibt Menschen, die »von Natur aus« Führer sind, während andere lediglich dazu geeignet sind, auszuführen. Die bürokratische Ordnung ist eine »natürliche« Ordnung.

Beschließen wir diesen Blick auf die klassischen Organisationstheorien mit einem Zitat von A. Levy: »Wenn diese Theorien Wandlungen durchgemacht haben, so liegt dies vor allem an der Dringlichkeit gewisser Probleme, die sich den Leitern der Unternehmen nach und nach gestellt haben: Spezialisierung und Rationalisierung der Arbeit, Verwaltungsorganisation und Aufgabenverteilung und schließlich die Organisation der Führungsfunktion« (Levy, 1959, S. 9).

Die erste Organisationstheorie ging aus Projekten zur Rationalisierung der Arbeit und ihrer Leitung hervor. Die erste moderne »bürokratische« Form der Produktionsverhältnisse findet sich im Taylorismus. Taylor betont die Differenzierung der Aufgaben im Verhalten des Menschen zu seiner Arbeit, und er systematisiert die Unterscheidung zwischen den »Führenden«, die die Aufgaben festlegen und die Normen aufstellen, und den »Ausführenden«, die den Anordnungen nachkommen und von denen man nicht erwartet, daß sie denken. Die moderne Form der Bürokratisierung beginnt so mit der neuen »wissenschaftlichen Arbeitsorganisation«.

Darauf kommt es zu einer doppelten Reaktion: der Reaktion der organisierten Arbeiter und der der neuen Betriebspsychologen und -soziologen, die den *menschlichen Faktor* in der durch die industrielle Maschinerie geschaffenen Entfremdung entdecken. Die psychologische Kritik an der vorangegangenen Phase ist eine doppelte: Sie gilt einerseits der Arbeit (mit ihrer Aufsplitterung, ihrer Monotonie, ihrem Sinnverlust) und andererseits der Organisation im Betrieb; hier liegt der Ansatzpunkt der Soziometrie und der Human-Relations-Schule. Die soziologische Kritik, wie sie im wesentlichen als *Antwort* auf Max Weber entwickelt wurde, geht in dieselbe Richtung, wobei aber nur allzu oft die politische Dimension aus dem Auge verloren wird. Bevor wir selbst eine neue Theorie vorschlagen, müssen wir nun eine kritische Untersuchung dieser Beiträge vornehmen.

Die psychosoziologische Kritik

a) Erste Stufe: Formelle und informelle Beziehungen (E. Mayo, J. L. Moreno)

Der erste Abschnitt der Kritik an den »klassischen« Organisationstheorien wird durch die berühmten Versuche von Elton Mayo bei der Western

Electric Company bezeichnet. Mayo bringt die Existenz eines »informellen« Systems von Beziehungen ans Licht, das faktisch eine — wenn auch nicht als solche erkannte — wesentliche Rolle in der Produktion spielt. Fast gleichzeitig entdeckt die Soziometrie in den organisierten Kollektiven ebenfalls Systeme menschlicher Beziehungen, die sich grundlegend von den im Organisationsplan einer Institution offiziell angegebenen unterscheiden. Ohne daß dieser Ausdruck gebraucht wurde, läßt sich doch sagen, daß hier eine neue Theorie der Bürokratie im Entstehen begriffen ist, oder genauer gesagt, eine Theorie der Opposition gegen die Bürokratie. Koexistenz und Konflikt zwischen diesen beiden *Systemen* — dem offiziellen und dem soziometrischen System — bedeuten Koexistenz und Konflikt zwischen der formellen, offiziellen und bürokratischen Ordnung einerseits und einer *informellen,* heimlichen und antibürokratischen Ordnung andererseits. In diesem informellen Netzwerk bilden die Arbeiter eine egalitäre und kooperierende Gesellschaft, und zwar auch dann, wenn — wie das in den soziometrischen Studien der Fall ist — aus diesem Netzwerk kein eigener, dem Produktionsapparat entgegengesetzter Apparat hervorgeht. Das *Spontane* widersetzt sich hier dem Verdinglichten, die Kooperation der Hierarchie, die Menschlichkeit der Beziehungen der Unmenschlichkeit der Verwaltungsmaschinerie. In diesen ersten Untersuchungen über die zwischenmenschlichen Beziehungen zeigt sich somit eine umgekehrte Theorie der Bürokratie, die von dem her verstanden wird, was sie nicht ist, von dem her, was ihr widerstreitet.

b) Zweite Stufe: Die Gruppendynamik

Es folgt die Schule der sogenannten Gruppendynamik. Auch hier wird der Begriff der Bürokratie noch nicht ausdrücklich benutzt; die Sozialpsychologen überlassen ihn den Soziologen. Gleichwohl widerstreiten das Bild, das sich aus den Kleingruppenforschungen ergibt, und das von Kurt Lewin und seinen Schülern vertretene *demokratische* Ideal unmittelbar dem bürokratisierten Betrieb. Für diese Schule liegt das Ideal einer Gruppe in der Selbstregulierung, in der Elastizität der Rollen, in demokratischem *leadership,* in der Beseitigung der sich der Kommunikation entgegenstellenden Hindernisse. Wir haben den psychosoziologischen Ansatz bereits im vorigen Kapitel behandelt. Dort haben wir gezeigt, daß die tatsächliche, wenn auch zweideutige Funktion der Sozialpsychologie darin bestand, die Bürokratie zu modernisieren. Es wird sich zeigen, daß die soziologische Kritik letztlich zu demselben Resultat führt.

Der soziologische Ansatz

Max Weber

Die erste Quelle von Max Webers theoretischem Denken liegt in der politischen Geschichte, in der von Marx inaugurierten Soziologie der Staatsbürokratie und in der marxistischen Analyse der Ökonomie. Max Weber steht somit im Schnittpunkt derjenigen Strömungen, die die Entwicklung der modernen Gesellschaft erforschen.

Der Gedanke einer Soziologie der Organisation oder auch der Organisationen nimmt hier seinen Anfang. Derselbe Weg ließe sich übrigens auch anhand des gleichzeitigen Standes der Wissenschaft von den Gruppen aufzeigen. Die menschlichen Gruppen waren zunächst Gegenstand praktischer Überlegungen, in industrieller (Elton Mayo), therapeutischer (Moreno) und politischer Hinsicht (Strömungen des utopischen Sozialismus). Auf diesen praktischen Erwägungen baut sich sodann allmählich eine Gruppendynamik auf, deren fundamentale, zur Konstituierung einer allgemeinen Wissenschaft notwendige Hypothese die ist, daß *jede Gruppe*, welches auch immer ihr Ziel sei (Produktion, Therapie, Bildung usw.), prinzipiell den gleichen Funktionsgesetzen unterliegt, die zu entdecken die Aufgabe der Wissenschaft ist.

Dasselbe gilt für die Organisationsdynamik: Es kommt ein Augenblick, da man erkennt, daß es gewisse Charakterzüge geben muß, die für das Ganze der gesellschaftlichen Organisationen, d. h. jener großen strukturierten Gruppen oder jener Gruppen von Gruppen, die je verschiedene Ziele verfolgen, die gleichen sind. Was wie ein »Formalismus« aussehen könnte, ist, so verstanden, ein Erfordernis wissenschaftlicher Forschung.

Max Weber versteht unter Bürokratie das Verwaltungs- oder Organisationssystem, das zu vollständiger Rationalität tendiert. Er definiert die bürokratische Organisation durch eine Anzahl charakteristischer Merkmale. Wir führen die wichtigsten hier an:

1. Das »Prinzip der festen, durch Regeln, Gesetze oder Verwaltungsreglements generell geordneten behördlichen Kompetenzen«, die die Zuordnung von Beamten und »amtlichen Pflichten« festlegen und Zwangsmittel vorsehen.

Max Weber betont hier die Allgemeinheit, die er seinem Bürokratiemodell zuspricht: »Diese drei Momente konstituieren in der öffentlich-rechtlichen Herrschaft den Bestand einer bürokratischen ›Behörde‹, in der privatwirtschaftlichen den eines bürokratischen ›Betriebes‹« (Wirtschaft und Gesellschaft II, S. 559). Anders gesagt: der erste Grundzug der Bürokratie wird sich in allen gesellschaftlichen Organisationsformen wiederfinden, in allen *organisierten* Bereichen unserer Gesellschaft, vom Staat bis hinunter zum Unternehmen. Wir werden darauf zurückkommen. Zunächst untersuchen wir die anderen Grundzüge.

2. Die Bürokratie ist hierarchisch gegliedert. Auch hier wieder handelt es sich um ein allgemeines Prinzip: »Das Prinzip des hierarchischen Instanzenzuges findet sich ganz ebenso wie bei staatlichen und kirchlichen, auch bei allen anderen bürokratischen Gebilden, etwa großen Parteiorganisationen und privaten Großbetrieben, gleichviel ob man deren private Instanzen auch ›Behörden‹ nennen will« (S. 559/60).

3. Der dritte Grundzug: die Bedeutung von Schriftstücken für den Verkehr in den Büros. »Die moderne Ausführung beruht auf Schriftstücken (Akten), welche in Urschrift oder Konzept aufbewahrt werden, und auf einem Stab von Subalternbeamten und Schreibern aller Art. Die Gesamtheit der bei einer Behörde tätigen Beamten mit dem entsprechenden Sachgüter- und Aktenapparat bildet ein *›Büro‹* « (S. 560). Damit wird die Bedeutung des für den inneren, aber auch den äußeren Verkehr bestimmten *Schriftstückes* unterstrichen. Zur weiteren Illustration genügt es, an den unsinnigen Überfluß an *Dienstanweisungen* und *Rundschreiben* aller Art zu erinnern, die ausreichen, um ganze Heere von Sachbearbeitern, Sekretärinnen und Schreibkräften zu beschäftigen.

4. Die bürokratische Amtstätigkeit »setzt normalerweise eine eingehende Fachschulung voraus«. Schon Marx hatte übrigens in der »Kritik der Hegelschen Rechtsphilosophie« die Bedeutung der Prüfungen in der Rekrutierung der Beamten und für deren Laufbahn betont.

5. Der Beamte ist in seiner amtlichen Tätigkeit »vollbeschäftigt«. Seine Arbeit bedeutet die Hauptbeschäftigung in seinem Leben.

6. Der Zugang zu dem Amt und die Amtsführung selbst setzen technische Kenntnisse voraus: Rechtskunde, Verwaltungslehre usw.

Max Weber unterstreicht auch die Grundzüge der bürokratischen Persönlichkeit: »Die moderne Behördenorganisation trennt grundsätzlich das Büro von der Privatbehausung. Denn sie scheidet überhaupt die Amtstätigkeit als gesonderten Bezirk von der privaten Lebenssphäre, die amtlichen Gelder und Mittel von dem Privatbesitz des Beamten ... (Dieser Zustand) erstreckt ... sich ... auch auf den leitenden Unternehmer selbst. Kontor und Haushalt, geschäftliche und Privatkorrespondenz, Geschäftsvermögen und Privatvermögen sind ... prinzipiell geschieden« (S. 560).

Diese bürokratische Herrschaft folgt auf die »Notablenherrschaft«. Hier wird der Unterschied zu anderen historischen Typen der Verwaltung deutlich, z. B. zu dem der Feudalgesellschaft, wo »der Herrscher ... durch persönliche Vertraute, Tischgenossen oder Hofbedienstete« »die wichtigsten Maßregeln vollzieht« (S. 559).

Max Weber hat das betont, was er im Zusammenhang der industriellen und kapitalistischen Gesellschaft »die technische Überlegenheit« der bürokratischen Organisation nennt: »Die Forderung einer nach Möglichkeit beschleunigten, dabei präzisen, eindeutigen, kontinuierlichen Erledigung von Amtsgeschäften wird heute an die Verwaltung in erster Linie von seiten des modernen kapitalistischen Wirtschaftsverkehrs gestellt« (S. 570). »Vor allem aber bietet die Bürokratisierung das Optimum an Möglichkeit für die Durchführung des Prinzips der Arbeitszerlegung in der Verwaltung nach rein sachlichen Gesichtspunkten, unter Verteilung der einzelnen Arbeiten auf spezialistisch abgerichtete und in fortwährender Übung immer weiter sich einschulende Funktionäre. ›Sachliche‹ Erledigung bedeutet in diesem Fall in erster Linie Erledigung ›ohne Ansehen der Person‹ nach *berechenbaren Regeln*« (S. 570).

Dies also ist das Modell der bürokratischen Organisation bei Max Weber: eine typologische Beschreibung, ein Idealschema, das die Struktur der Organisation aufzeigt. Doch finden wir bei demselben Autor noch eine zweite Dimension, die von der ersten nicht getrennt werden kann und die jene weiterführt. Max Weber hat daran erinnert, daß unter den Bedingungen höchster bürokratischer Macht die Masse der Gesamtbevölkerung auf die Stufe von »Beherrschten« zurückgesetzt wird, die vor sich das Entstehen einer »herrschenden, bürokratisch gegliederten Gruppe« wahrnehmen, die »eine ganz autokratische Stellung besitzen kann« (S. 576). Hierfür hat er vor allem den bürokratischen Reichen des alten China entlehnte Beispiele vorgelegt. Und indem er sich auf die historische Vergangenheit stützte, die Gegenwart beschrieb und seit 1917 die russischen Erfahrungen reflektierte, wollte er die Zukunft der Bürokratie bestimmen.

Bevor wir genauer zeigen, wie er diese Zukunft gesehen hat, sei hier noch einmal auf die offensichtliche Verwandtschaft seiner Überlegungen mit denen Hegels hingewiesen. Beiden Autoren erscheint es gewissermaßen, als erlebten wir »das Ende der Geschichte«, dies allerdings nicht im Sinne eines endgültigen Stehenbleibens, wie bei einem Zug auf dem Abstellgleis, sondern in dem Sinne, daß die abendländische Geschichte, mit ihrem einmaligen Verlauf, ihren historischen Kämpfen und ihren Veränderungen der Klassenstruktur, in der Ära der Organisatoren zu Ende gehen kann, an der Schwelle einer internationalen und bürokratischen Organisation in planetarischem Maßstab. Diese Organisation kann stets besser werden, sie kann ohne Schrecken und Gewalt funktionieren, sie kann den Zwang durch das Fernsehen ersetzen und — wie es uns bereits in einem Zukunfts- und Planungsbericht für das Jahr 1985 mitgeteilt wird — das Glück der Bevölkerung herbeiführen. Das Ende der

Geschichte (Hegel) und die Zukunft der Bürokratisierung (Max Weber) besteht eben hierin: in dem Zeitalter der Organisation und in dem durch die Organisation bestimmten Menschen.

Den Ausdruck »System von Nachrichtenmitteln« wendet Max Weber nicht auf die Bürokratie, sondern lediglich auf den *bürokratischen Herrschaftsapparat* an. Denn er sagt, daß sich stets die Frage stelle, wer den bestehenden bürokratischen Apparat *beherrscht*. Es wird deutlich, was für eine Entwicklung hier nahegelegt wird: Die Entscheidungsmacht fällt völlig *in* den bürokratischen Apparat, wenn die Bürokratie zur neuen Klasse geworden ist. Die Bürokratie ist *Schaltstation*, Nachrichtenübermittlung, solange es in der Gesellschaft eine herrschende Klasse gibt, die auch noch die Bürokratie »beherrscht«: so erscheint sie auch Marx, als er zu der Einsicht kommt, daß der Staat mit seiner Bürokratie ein Instrument ist, das der herrschenden Klasse zur Verfügung steht. Doch Max Weber hat einen historischen Übergang von der Bürokratie als *Apparat* zur Bürokratie als *neuer herrschender Klasse* innerhalb der Gesellschaft festgestellt und angekündigt: »Der Bürokratisierung gehört die Zukunft ...« (S. 842). Und: »Die staatliche Bürokratie herrschte, wenn der Privatkapitalismus ausgeschaltet wäre« (S. 843).

Max Weber schreibt dies 1917, in demselben Jahr, als Lenin die »Umwandlung des monopolistischen Kapitalismus in staatsmonopolistischen Kapitalismus« konstatiert (Lenin II, S. 158). Somit findet sich bei Max Weber die doppelte Theorie von der Bürokratie, auf die wir bei dieser Untersuchung immer wieder stoßen: Die Bürokratie als Typ der Organisation sozialer Gruppen in der Gesellschaft, und die Bürokratie als Zentralgewalt der Gesellschaft — als herrschende Klasse. In einem späteren Kapitel werden wir auf diesen Punkt zurückkommen.

J. G. March und H. A. Simon (1958) haben mit Recht darauf hingewiesen, daß die Analysen, die Max Weber der Bürokratie widmet, mit den »mechanistischen« Organisationstheorien (den Theorien von Urwick und Gulick) mehr gemeinsam haben als mit denen, die ihnen im Verlauf der sozialpsychologisch bestimmten Periode folgten. Tatsächlich wollte Max Weber zeigen, »bis zu welchem Grad die bürokratische Organisation eine rationale Lösung für die Vielfalt moderner Probleme darstellt«. Dennoch, »Weber geht auf bedeutsame Weise über die ›mechanistische‹ Vorstellung hinaus. Im besonderen hat er die Beziehung zwischen dem Beamten und seinem Amt analysiert. Ganz allgemein aber versteht er die Bürokratie als eine angemessene Einrichtung zur Nutzung spezialisierter Fähigkeiten ...« (March und Simon, 1958). Wir wollen vor allem betonen, daß Weber in dem Maße der ersten Entwicklungsperiode der Organisationswissenschaften angehört, als er, wie auch Taylor oder Fayol, auf der Möglichkeit und Notwendigkeit einer Rationalisierung der Arbeit insistiert. Der wichtige Unterschied besteht darin, daß es jetzt nicht mehr ein Praktiker — ein Ingenieur oder Verwaltungsbeamter — ist, der sich um die Organisation bemüht, sondern ein Soziologe, was ein gewisses Zurücktreten der Produktionsziele bedeutet. Es bleibt aber bestehen, daß dieser Soziologe der Theoretiker einer bürokratischen Industrialisierung ist, die er für historisch notwendig, wenn nicht gar für völlig akzeptabel hält. Die Leistungen der Bürokratie sind, so schreibt er, im Hinblick auf die Ziele der formellen Hierarchie »ganz unvergleichlich viel besser als jegliche andere Struktur der Herrschaft« (Wirtschaft und Gesellschaft II, S. 843).

Dagegen insistieren die Industriesoziologen, auch wenn sie sich im Ausgang ihrer Analysen auf das Webersche Modell stützen, auf der bürokratischen »Irrationalität«, oder, wie Merton sagt, auf den Dysfunktionen der Bürokratien[6].

March und Simon haben einen den Theorien von Merton (1940), Selznick (1949) und Gouldner (1954) gemeinsamen Zug herausgestellt. Diese drei Autoren »behandeln als unabhängige Grundvariable eine bestimmte Form oder bestimmte Verfahrensweisen der Organisation, die dazu bestimmt sind, die Handlungen der Mitglieder zu kontrollieren«. Ein Schema faßt dieses gemeinsame Moment ihrer Theorien zusammen.

Das Schema unterstreicht die Tatsache, daß die Theorien, die wir nun jede für sich untersuchen wollen, »einer einzigen Kategorie von Theorien« angehören.

Merton

Mertons Theorie unterstreicht die Dysfunktionen im Hinblick auf die Lernvorgänge bei den Mitgliedern bürokratischer Organisationen. Beim Ausgangspunkt des *Modells* (also bei Punkt A in der *Abb. 8*) gibt es auf seiten der Führungshierarchie eine »Forderung nach Kontrolle«, das »die Gestalt eines wachsenden Beharrens auf Verläßlichkeit des Verhaltens annimmt«. Das bedeutet, daß die Hierarchie in der Lage sein möchte, das aufgrund eines bestimmten Programms erwartete Verhalten vorherzusehen. Es handelt sich hier um das *mechanistische* Schema der Organisation: ein theoretisches Schema, das in der Wirklichkeit nicht allein die

[6] Es ist daran zu erinnern, daß der Ausdruck *»Bürokratie«* im Wortschatz der amerikanischen Soziologie eine wahre Inflation erfahren hat, so daß er fast gleichbedeutend mit dem Begriff »Organisation« geworden ist. Man kann sich davon überzeugen, wenn man auch nur einen kurzen Blick auf die (fast 1000 Arbeiten umfassende) Bibliographie wirft, die S. N. Eisenstadt in seinem Bericht »Bureaucracy and bureaucratisation« (1958) zusammengestellt hat.

erwarteten und *vorhersehbaren* Folgen (B) haben wird, sondern darüber hinaus auch — und hierin liegt das neue Element der Theorie Mertons — unvorhersehbare und unerwartete Folgen (C). So wird das Bestehen auf Verläßlichkeit eine — unerwartete — Rigidität des Verhaltens und damit eine Reihe von ebenfalls »unerwünschten« Folgen hervorrufen. Ein von March und Simon vereinfachtes Schema gibt das Wesentliche der Abläufe wieder:

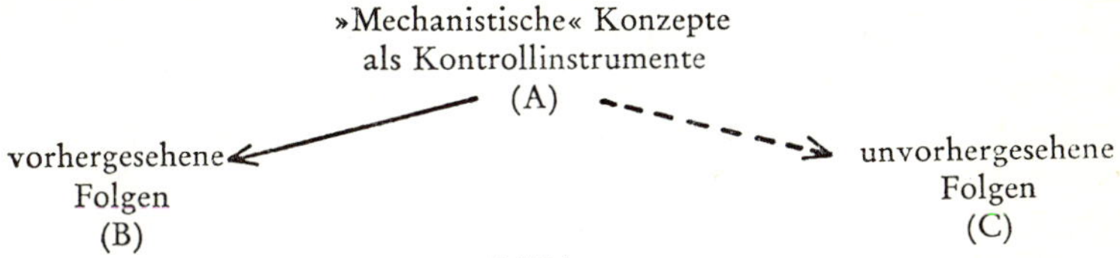

Abbildung 8

Die Rigidität des Verhaltens führt nach Merton zu drei wesentlichen Konsequenzen. Erstens befriedigt sie die Forderung nach Verläßlichkeit und entspricht dem Bedürfnis der Systemerhaltung. Zweitens verstärkt sie die defensiven Reaktionen in der individuellen Aktivität und schließlich auch die *Summe der Schwierigkeiten mit den Klienten.* Die zunehmend rigide und ritualistische Haltung des Funktionsträgers erschwert die Anpassung an seine Aufgaben; gleichzeitig läßt sie einen Kastengeist entstehen, der einen Graben zwischen der Bürokratie und der Öffentlichkeit aufreißt. Dennoch verstärken diese Konflikte mit den Klienten wiederum das Bedürfnis nach Kontrolle, trotz seiner unerwünschten Folgen (*Abb. 9*).

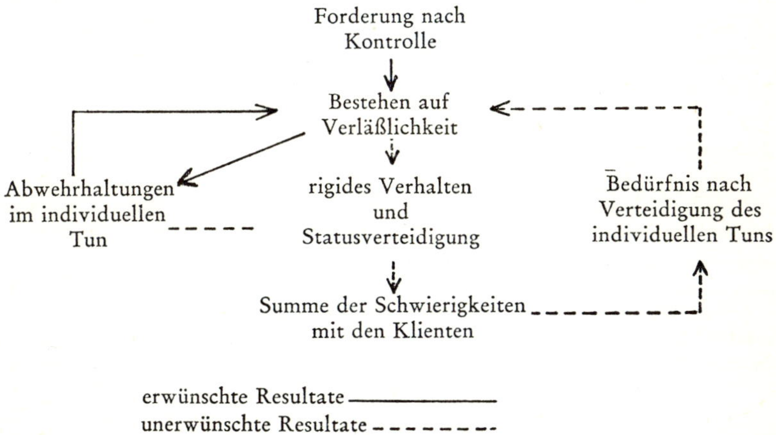

Abbildung 9

Mit M. Crozier (1964) kann man der Ansicht sein, daß bei Merton »die Dysfunktion als der Widerstand des menschlichen Faktors gegen ein Verhalten, das man mechanisch zu erzielen sucht, erscheint«. Dies ist eine Übersetzung seiner Analyse in die Sprache der »zwischenmenschlichen Beziehungen«, d. h. einer Strömung der Sozialwissenschaften, die charakterisiert ist durch die Betonung, die sie auf den mechanischen, nichtmenschlichen Charakter der »klassischen« Organisationstheorien legt[7]. Die Untersuchung von R. K. Merton ist psychologisch — und psychosoziologisch — noch unter einem anderen Aspekt: Sie beschreibt individuelle Verhaltensweisen im bürokratischen System; sie zeigt die Entwicklung der rigiden Persönlichkeit in einem institutionellen Rahmen, der Kreativität und Innovationen zurückweist. Wenn bereits Max Weber eine Typologie des bürokratischen Funktionärs in bezug auf Status und Rollen ausgearbeitet hatte, so geht Merton auf diesem Wege ein Stück weiter, wenn er die psychologischen Konsequenzen dieser *»Verdinglichung«* unterstreicht[8].

Merton läßt eine bestimmte Zahl von Problemen offen, auf die er, wie Crozier betont, keine Antwort gegeben hat: »Warum bleiben die Organisationen weiterhin dem mechanistischen Modell verhaftet, wenn doch dieses Modell ihnen nicht die gewünschten Resultate bringt? Und wenn sie an ihm festhalten, warum erleben wir dann nicht den Verfall der Organisation? Schließlich müßte man, wenn die Folgen des Gebrauchs des mechanistischen Modells tatsächlich zu immer mehr Kontrolle und Reglementierung zwingen würden, auch immer mehr Dysfunktionen feststellen. Merton hat diese Probleme nicht gestellt, denn er hat die Analyse von Weber nicht in Zweifel ziehen wollen. Sein Ziel war es lediglich, zu zeigen, daß der »Idealtypus« ein beträchtliches Maß an Ineffektivität mit sich bringt, und zu verstehen, worin die Gründe für diesen Abstand zwischen Webers Modell und der Realität liegen (Crozier, 1964).

Selznick

Selznick stellt an den Anfang seines Modells (bei A, um auf das die drei Modelle umfassende Schema zurückzugreifen) die *Delegierung von Autorität,* eine Technik der Kontrolle, die unerwartete Folgen zeitigt. Die

---

[7] Ein ausgezeichnetes Beispiel für diese Kritik an den »klassischen« Organisationstheorien im Ausgang von den Auffassungen der Psychosoziologie der Gruppen und der zwischenmenschlichen Beziehungen findet sich in der bereits zitierten Untersuchung von A. Levy (1959).

[8] Die Verdinglichung des Systems — um in der Sprache von G. Lukács zu reden — bringt eine Verdinglichung der Gruppen und Individuen mit sich, die dann ihrerseits die Verdinglichung des Systems verstärkt (vgl. G. Lukács, 1923).

von der Führungshierarchie erwartete Folge dieser Aufgliederung in Abteilungen ist »eine Gesamtheit von Einübungen in spezialisierte Sachkenntnisse«: Man vermehrt die Erfahrung des Angestellten in begrenzten Bereichen und verbessert seine Fähigkeiten, mit ihnen umzugehen, indem man seine Aufmerksamkeit auf eine begrenzte Zahl von Problemen einschränkt.

Die unerwartete, ungewollte dysfunktionale Folge besteht darin, daß in der Organisation die Divergenzen zwischen den Interessen der Subgruppen verstärkt werden. Diese Subgruppen verfolgen dann im Verhältnis zum Gesamtziel der Organisation »subalterne« Ziele: Es treten also Zieldivergenzen auf. Die Konflikte zwischen den Gruppen nehmen daher zu, was sich im Inhalt der Entscheidungen widerspiegelt: »Jede Subgruppe sucht sich selbst zu bestätigen, indem sie ihre Politik in die offizielle Lehre der großen Organisation einfügt, um ihre eigenen Forderungen zu legitimieren« (Selznick, in March und Simon, 1958). Gleichzeitig aber wird die Organisation zu einem taktischen Operationsfeld für die Subgruppen, deren Mitglieder die sogenannten »subalternen« Ziele verinnerlichen, zum Nachteil der Organisationsziele, die zugleich verwirklicht und verfälscht werden. Kurz, die Folgen der Delegierung von Autorität bzw. der Aufgliederung in Abteilungen sind nicht so rationell, wie man zunächst hätte glauben können. Die Führungshierarchie muß mit der Divergenz der Ziele und der »Kirchturm- oder Gruppengesinnung« bei den Ausführenden rechnen, wie es das nächste Schema zeigt (*Abb. 10*).

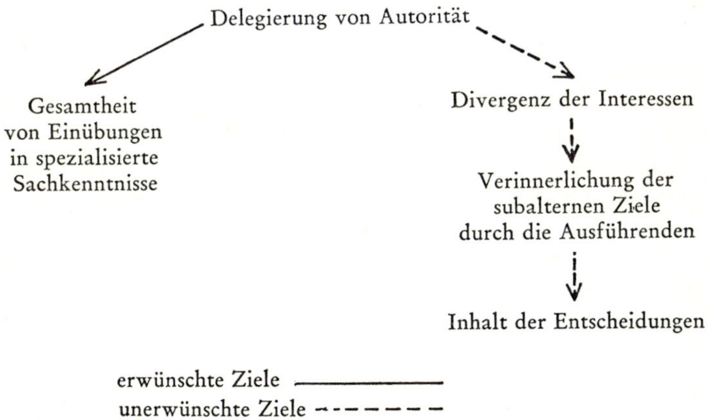

Abbildung 10

Croziers Kommentar stellt die wesentlichen Implikationen dieser Analyse von Selznick heraus:

1. »Für ihn ist der bürokratische Druck selbstverständlich, und das Problem, das er behandeln will, besteht darin, welchen Wert die Bemühungen, sich ihm zu entziehen, haben können;

2. Die bürokratische Organisation spezialisiert und unterteilt die Rollen, damit der Experte neutraler und unabhängiger ist, aber sie erzeugt so leicht einen Kastengeist und eine Versuchung, sich mit den Interessen zu verbünden, die sich um diese Rollen herum kristallisieren; die sich entwickelnde Dysfunktion wird natürlich durch eine weitere Verstärkung der Spezialisierung bekämpft.«

3. Selznick »wirft ein neues Problem auf, nämlich das der Beteiligung und der Macht, dies allerdings nur, um eine Lösung für die aufgetretenen Schwierigkeiten zu finden, und nicht als die Quelle jener Schwierigkeiten selbst, wodurch der Webersche Bezugsrahmen, dem er offiziell weiter anhängt, in Frage gestellt würde«.

Gouldner

Wie Merton und wie Selznick versucht Gouldner »zu zeigen, wie eine Technik der Kontrolle, die das Gleichgewicht eines subalternen Systems sichern sollte, das übergeordnete System stört, und zwar mit Rückwirkung auf das subalterne System« (March und Simon, 1958). Nachdem er eine *Sachverständigenbürokratie* von einer *punitiven Bürokratie* unterschieden hat, beschäftigt er sich vornehmlich mit einer Untersuchung der letzteren, um den hier auftretenden circulus vitiosus aufzuzeigen.

Die funktionalistischen Untersuchungen der Organisation, wie sie von der amerikanischen Schule vorgenommen wurden, stellen einen wichtigen theoretischen Beitrag dar. Sie zeigen die Schwierigkeiten, in die die ersten Organisationstheorien aufgrund ihres implizit mechanistischen Konzepts geraten. Auch das Lebewesen läßt sich nicht auf Mechanismen zurückführen, denn das Leben hat seine eigenen Gesetze. Besagt das nun, daß man das »mechanische« Modell der klassischen Theorien durch ein Modell organischen oder vitalistischen Typs ersetzen sollte, wie es z. B. Cannon (1932) nahelegt, wenn er von der Weisheit des Körpers auf eine mögliche Weisheit des Sozialkörpers, auf eine gesellschaftliche Homöostase schließt? So verstanden wäre die Organisation ein *Organismus.* Sind aber die Störungen des Organismus und die Konflikte des Sozialkörpers von derselben Art? Können die kämpfenden gesellschaftlichen Klassen in einer solchen Gruppe miteinander kooperieren, wie es die endokrinen Drüsen in der »Organisation« des menschlichen Körpers tun?

Hier offenbart der Mertonsche und nach-Mertonsche Begriff der *Dysfunktion,* ein Begriff biologischer Herkunft, seine ganze Zweideutigkeit. Es ist ein organischer Begriff insofern, als er dazu führt, eine gesellschaftliche Organisation, einen Betrieb oder eine Behörde als eine abgeschlossene Totalität zu betrachten, mit interner Zielsetzung und in ein *soziales Milieu* schlechthin hineingehörend (Merton würde sagen, daß die Klientel der Organisation dieses Milieu ist), so wie der lebende Organismus in seinem Lebensmilieu steht und auf Reize reagiert, angreift, sich verteidigt, sich ernährt. Funktional wäre eine Bürokratie dann, wenn sie aus einem inneren Gleichgewicht heraus imstande wäre, der Nachfrage der sie umgebenden Klienten zu entsprechen.

Ist aber dieses Modell, das eine abgeschlossene Totalität impliziert und das stabilisiert werden *könnte* (denn es ist nicht stabilisiert, und eben darin besteht die Dysfunktionalität der Bürokratie), wirklich zureichend? Man kann im Gegenteil annehmen, daß die Einheit einer Gruppe oder einer gesellschaftlichen Organisation immer anderswo liegt, in weiteren gesellschaftlichen »Totalitäten« und in der Geschichte. So steht der Betrieb ökonomisch gesehen in Zusammenhang mit dem nationalen und dem übernationalen Markt, ja selbst mit dem Weltmarkt. Sozial gesehen ist er ein Schauplatz sozialer Kämpfe und Konflikte, die nicht auf den Betrieb selbst eingeschränkt sind. Kurz, die Organisation kann nicht sein, was vielleicht ein lebender Organismus ist, nämlich *eine abgeschlossene Totalität.* Sie ist stets erst eine Bewegung zur Totalität hin und in einen größeren Kontext einbegriffen.

Läßt sich schließlich das Bürokratisierungsproblem durch eine Untersuchung und Diagnose der internen Dysfunktionen ausreichend klären? Dieser Typ der Diagnose kann Gültigkeit besitzen für die Dysfunktionen eines Organismus, eines Lebewesens, das gewiß auch einen feindlichen oder freundlichen *Milieu* angehört, das aber in diesem heterogenen Milieu eine Totalität bildet. Dagegen ist das »Milieu« der Organisation ein Ort von Modellen bürokratischer Strukturen in einem größeren Maßstab als dem des Betriebs, und man kann eine dem Funktionalismus entgegengesetzte Hypothese aufstellen: Äußere Bürokratisierungsmodelle durchdringen den Betrieb, der also teilweise *von außen her* bürokratisiert wird.

Kurz, die funktionalistische Analyse ist eine *Beschreibung,* die die Grundlage für eine therapeutische Intervention abgeben kann, sie ist keine Erklärung und zeigt keinen Sinnzusammenhang auf. Man kann, wie Crozier sagt, für den Zeitabschnitt der Untersuchung die funktionalistische Soziologie übernehmen. Die Suche nach dem Sinn müssen wir dann aber in anderen Richtungen fortführen. Hier liegt der Beitrag von Michel Crozier.

Die Untersuchungen, Ausbildungs- und Interventionsprogramme in Betrieben haben die Frustrationen des Arbeiters, seine Widerstände gegen die völlige »Rationalisierung« seiner Arbeit hervorgehoben. Ebenso betonen diese Arbeiten die Schwierigkeiten, die die traditionellen bürokratischen Organisationen haben, wenn sie auf den Druck des Milieus antworten oder in Anpassung an die fortwährende Veränderung der modernen Industriegesellschaft funktionieren sollen.

Der Beitrag dieser Forschungen und Techniken ist wesentlich. Gleichwohl hat man kürzlich feststellen können, daß die derart auf die Analyse und Handhabung der menschlichen und affektiven Dimension der Organisationen verwandte Energie dazu führen konnte, daß man die Machtprobleme in den gesellschaftlichen Beziehungen unterschätzte. Der Kampf der Menschen ist ein Kampf um die Macht, und solange er dauert, läßt er Strategien und Taktiken entstehen, die auf die Eroberung der Macht aus sind, oder, wenn sie einmal erlangt ist, auf ihre Verteidigung. Selbst der »Gleichgewichtszustand« einer Bürokratie bleibt immer noch von *Kämpfen* und *Verhandlungen* erschüttert.

Michel Crozier hat seine Analysen des bürokratischen Organisationssystems auf diese Dimension der Macht gegründet (1963). Man kann, so sagt er, das Funktionieren einer Organisation nicht verstehen, »ohne den Regierungsproblemen Rechnung zu tragen«, wobei er den Ausdruck »Regierung« »in Analogie zum Sprachgebrauch der politischen Wissenschaft« gebraucht [9]. Jede politische Theorie impliziert eine allgemeine Definition der gesellschaftlichen Organisation, und somit auch ein anfängliches Axiom (oder mehrere). Für Crozier besteht dieses Axiom darin, daß »jede koordinierte kooperative Tätigkeit erfordert, daß jeder Teilnehmer mit einem ausreichenden Grad an Regelmäßigkeit seitens der anderen Teilnehmer rechnen kann. Das bedeutet, anders gesagt, daß jede Organisation, welches auch immer ihre Struktur, ihre Ziele und ihre Bedeutung sein mögen, von ihren Mitgliedern ein variables, aber immer beträchtliches Maß an Konformität verlangt«.

Bis zum Beginn dieses Jahrhunderts wird die Konformität gewöhnlich durch Gewalt und Schrecken erreicht. Das Beispiel ist die militärische Ordnung. Im 19. Jahrhundert übernehmen die Industrieunternehmen das militärische Organisationsmodell. Die Analytiker dieser Gesellschaft

[9] M. Croziers theoretische Erörterung findet sich insbesondere im 3. Teil seines Werkes (Le phénomène bureaucratique du point de vue de la théorie des organisations); und noch genauer in dessen 7. Kapitel, dem wir im wesentlichen die Elemente für die Analyse und den Aufbau des »Modells« der bürokratischen Organisation entnehmen.

— Comte ebenso wie Marx — unterstreichen die Analogie beider Organisationsformen. Die Fabrik funktioniert wie eine Kaserne. Zu Beginn des 20. Jahrhunderts wird die Anwendung des militärischen Modells auf Industrieorganisationen von Taylor angegriffen; für die revolutionäre Organisation wird es jedoch beibehalten: Lenin läßt sich zu Beginn dieses Jahrhunderts von den Strukturen der Armee inspirieren, um eine Struktur der Partei zu bestimmen, in der die strengste Disziplin gleichermaßen unerläßlich ist. Schließlich haben auch die religiösen Orden ihre Ziele und die Einschüchterung verinnerlicht, um den Zusammenhalt der Gruppe zu erreichen: Der Jesuitenorden ist dafür das beste Beispiel [10].

Die modernen Organisationen üben auch weiterhin ständig Zwang aus, dessen äußere Formen sich aber zunehmend gemildert haben. Außerdem haben es die Organisationen jetzt mit einem im Hinblick auf die Konformität bereits vorgeformten Personal zu tun: »Der Staatsbürger und der Produzent haben im Laufe eines sehr viel längeren gesellschaftlichen Lernprozesses eine allgemeine Fähigkeit erlangt, sich den Regeln, die ihnen die Zugehörigkeit zu »Organisationen« auferlegt, anzupassen und sich »konform zu verhalten« (Crozier, 1963). Whyte (1956) hat diese Heranbildung des *Organisationsmenschen* ausführlich beschrieben. Riesmann (1958) hat gezeigt, wie das Außengeleitetsein der Menschen zu einem wesentlichen Bestandteil der modernen Welt geworden ist. Außerdem haben diese Autoren die Rolle der Trainingsmethoden für die Vorbereitung der »bürokratischen Persönlichkeit« [11] auf ihren Eintritt in

---

[10] Vgl. Michel Crozier: Man sollte in der historischen Soziologie nicht die Dokumente vernachlässigen, »die wir hinsichtlich des Funktionierens der ersten großen Wirtschaftssysteme, der ersten stehenden Heere und der religiösen Orden besitzen. Die Organisationstheorie könnte durch eine in einem soziologischeren Geiste unternommene Erneuerung näher beleuchtet werden. Insbesondere wäre es der Mühe wert, vom Gesichtspunkt der Organisationsformen aus die Analogien zwischen den religiösen Orden ... und den ersten großen Wirtschaftsorganisationen, etwa der hanseatischen Kaufleute zu untersuchen.«

[11] Übrigens ist das eine einseitige Interpretation. Wenn es stimmt, daß die Gruppentechniken ein Instrument für das Lehren und Verbreiten konformistischer Verhaltensweisen sind, so ist es doch ebenso wahr, daß sie auch ein Instrument der Bewußtwerdung, ja selbst des Widerspruchs sind. Und das ist kein Zufall und auch kein bloß nebensächlicher Vorteil. Diese Methoden sind aus dem Bedürfnis der Industriemanager entstanden, zumindest die Leitungskader zu einer den Organisationszielen *angemessenen Initiative* anzuregen. Es handelt sich also nicht — wie einige Kritiker behaupten — um eine absolute Konditionierung, um eine subtilere Mechanisierung des Menschen und um eine einfache Manipulation. Den Trainingsseminaren geht es darum, zu einer mit den gegenwärtigen Strukturen der Betriebe *vereinbaren* Kreativität anzuregen. Und wie man bald sehen wird, liegen hier ohnehin die Doppeldeutigkeit und die wahren Grenzen des Human Relations-Trainings. Denn die Organisation besteht nicht nur aus Bezie-

das neue Disziplinarverhältnis unterstrichen. Schließlich sind prognostische Techniken entstanden, so daß die modernen Organisationen viel leichter Abweichungen und geteiltes Engagement tolerieren können« (Crozier, 1963).

Die Folge ist nicht ein Verfall der Bürokratie, der durch einen Rückgang der autokratischen Führungsstile verursacht wäre. Die gegenwärtige Bürokratie ist ein komplexes Gewebe aus Mechanismen und Beziehungen, um deren Analyse, Klassifizierung und schließliche Rückbindung in die Systematik eines Modells sich jeder Organisationssoziologe bemüht. Crozier unterscheidet darin zunächst vier Grundzüge: Die »Reichweite unpersönlicher Regeln, die Zentralisierung der Entscheidungen, die Isolierung jeder hierarchischen Schicht oder Kategorie und die gleichzeitige Verstärkung des Gruppendrucks auf das Individuum, das Entstehen von parallelen Machtverhältnissen im Umkreis weiterhin bestehender Unsicherheitszonen«. Wir betrachten diese vier Merkmale der Bürokratie etwas näher:

1. *Die Ausbildung von unpersönlichen Regeln* in der bürokratischen Organisation war auch einer der von Max Weber herausgestellten Grundzüge. Diese bürokratischen Regeln zeigen sich besonders deutlich im öffentlichen Dienst und in den staatlichen Betrieben, die übrigens auch das Feld für Croziers Untersuchungen waren. Diese Welt von Regeln besteht zunächst in dem Prüfungssystem, d. h. in den Übergangs- und Aufstiegsriten in den hierarchischen Kategorien (oder »Schichten«). Vor Max Weber hatte bereits Marx auf die »rituelle« Bedeutung der Prüfung in der Staatsbürokratie hingewiesen.

Eine andere Regelung zur Entpersönlichung der Beamtenlaufbahn ist das Anciennitätsprinzip: Es regelt die Verteilung der Stellen, den Stellenwechsel und die Änderung in der Besoldung [12]. Diese Regeln schüt-

---

hungen, sie ist nicht auf psychologische Formeln zurückzuführen. Heute wird die spezifisch *psychologische* Dimension der Produktion nicht mehr übersehen. Es bleibt daneben ihre organisationelle, *institutionelle* oder, wie M. Crozier sagt, ihre *politische* Dimension. Diese politische Dimension wurde im Training bisher verkannt, und erst in jüngster Zeit hat die Gruppendynamik — mit D. Cartwright — ihre Untersuchungen auf das Problem der *sozialen Macht* und der Machtverhältnisse ausgerichtet.

[12] So werden etwa im französischen staatlichen Erziehungswesen sogar die Zensuren der Schulaufsichtsbehörde nach dem Dienstalter der Lehrer berechnet. Beförderungen erfolgen sehr viel häufiger nach dem Anciennitäts- als nach dem Auswahlprinzip. Und in den paritätischen Kommissionen wachen die Gewerkschaften über die Befolgung dieser Regeln, wobei sie den Verhandlungsspielraum gegenüber der Verwaltung im Auge behalten. Man könnte zeigen, daß in diesem Beispiel das Ausloten der Spielräume selbst mit zum bürokratischen Funktionieren gehört. Und schließlich kann die Abweichung, selbst die pädagogische, durch

zen vor Willkür und Günstlingswirtschaft; gleichzeitig aber wirken sie als Bremse gegen die Entfaltung der Persönlichkeit und der Kreativität. Die Sicherheit hat Vorrang, und der Chef ist nur noch dazu da, darüber zu wachen, daß die Regeln eingehalten werden [13]. Die Regel schützt: Innerhalb des Systems ist sie eine Verteidigung sowohl gegen die Vorgesetzten als auch gegen die Untergebenen [14]. Gleichzeitig aber isoliert die Regel: Sie eliminiert weitgehend das persönliche Moment aus den beruflichen Beziehungen.

In Wirklichkeit wird dieses Ziel der Regel nie voll erreicht. Es bleibt ein Spielraum, innerhalb dessen die Führer aneinandergeraten und miteinander verhandeln können. Die Machtkonflikte bleiben in dieser geregelten Welt bestehen, und sie können sich selbst durch die Regeln hindurch manifestieren und ausbreiten, indem sie diese der Entfaltung der Konflikte dienstbar machen.

2. *Die Zentralisierung der Entscheidungen* ist der zweite Grundzug des bürokratischen Organisationssystems. Trotz der Vielfalt der Regeln, die in jedem einzelnen Fall eine Entscheidung möglich macht, wird es manchmal notwendig, selbst zu entscheiden oder sogar andere Regeln zu

---

eine stillschweigende Übereinstimmung der Parteien kontrolliert werden: Wenn man in der Pädagogik Neuerungen einführen will, so ist es günstiger, kurz vor der Pensionierung zu stehen, als gerade erst anzufangen. Die rationalisierte Erklärung (im Freudschen Sinne des Wortes) dieses Grundzugs beruft sich auf die Erfahrung, die der Lehrer in seinem Unterricht gemacht hat — eine Erfahrung, die an das Alter und die Berufspraxis gebunden ist. Die Erlaubnis zu Neuerungen wird in einem Alter erteilt, wo man die Lust dazu verloren hat. Im übrigen ist dieser Widerstand gegen das Neue in der Pädagogik ein gutes Beispiel für den Widerstand gegen Veränderungen in der bürokratischen Welt insgesamt.

[13] Um noch einmal ein pädagogisches Beispiel zu wählen: der Schulrat wacht vor allem anderen darüber, daß die Lehrpläne eingehalten werden, daß die Stundenpläne beachtet werden, daß die Zeit den ministeriellen Erlassen entsprechend verwandt wird. Ebenso kontrolliert er die Konformität in den Methoden und in der Ideologie. Ich habe von einem Oberschulrat gehört — der übrigens als »liberal« bekannt war —, der einen jungen Lehrer zu seiner Autorität beglückwünschte und dabei die für die Schüler unverständliche Strenge seines Unterrichts der abenteuerlichen Haltung eines anderen jungen Lehrers gegenüberstellte, der in seiner Klasse Interviews organisierte und damit ein lebhaftes Interesse für Methoden bekundete, die den Unterricht ex cathedra in Frage stellen. In einem anderen Fall, diesmal im Volksschulunterricht, beklagt sich ein Schulrat, daß er einen Lehrer, der aktive Methoden anwendet, nicht *benoten* könne, weil sein Unterricht und das Klima der Klasse nicht unter die von der Inspektion vorgesehenen Normen falle. Hier bilden die Regeln der Tradition den unerläßlichen Rahmen für jede »Beurteilung«.

[14] Sie ist ein Abwehrmechanismus: Vergessen wir nicht, daß die bürokratische Welt eine Welt des Mißtrauens, der Überwachung und oft auch der Denunziation ist.

schaffen. Diese legislative Gewalt darf nur an der Spitze bestehen, wo persönlicher Druck am wenigsten Aussicht hat, sich auszuwirken, unvorhersehbare Resultate zu erzielen oder Willkürakte zu bewirken. Doch zwingt diese Funktion der Legislative oder der Schlichtung bei der Auslegung der Regeln dazu, dem Funktionieren der Organisation mehr Sorgfalt angedeihen zu lassen als ihrer Expansion nach außen. Auf diese Weise werden die Risiken der persönlichen Initiative vermieden, welches auch immer ihre Auswirkungen sein mögen. Die Folge ist eine zunehmende Rigidität der Organisation: Diejenigen, die die Entscheidung treffen, sind weit entfernt von den konkreten und alltäglichen Problemen der Organisation, und umgekehrt können diejenigen, die den Problemen nahe sind, nur die Regeln anwenden, selbst wenn diese das Anpassungsverhalten lähmen. Auch hier wieder ist es offenbar die Machtverteilung, die der Schaffung und Anwendung der Regeln zugrunde liegt. Die Beschreibung dieses bekannten Grundzugs der Organisation: die den Regeln zuerkannte Wichtigkeit, der fetischistische Respekt vor ihnen und ihre beständige Anrufung — all das setzt ein verborgenes oder sichtbares Einwirken der *Macht* in der Organisation voraus, einer Macht, die sowohl am Ursprung der Regel steht, wie sie auch ihre Anwendung leitet.

3. *Die Isolierung jeder hierarchischen Kategorie* ist der dritte Grundzug der bürokratisierten Funktionsweise. Zwischen jenen Kategorien oder Schichten entstehen Schutzschranken, die die Entfaltung informeller oder soziometrischer Beziehungsnetze verhindern, die in der Lage wären, die Trennung der Schichten zu durchkreuzen: Der Kastengeist wirkt dem Gruppengeist entgegen.

Innerhalb der Kaste, die »eine Gruppe von Gleichrangigen« ist, richtet sich der Gruppendruck auf das Individuum, um es der Gruppenmoral konform zu machen und seine Zustimmung zu den Zielen der Gruppe zu erlangen [15]. In diesen Gruppen sind Normen wirksam, die eine Berufskategorie definieren und beschützen, und das Individuum, das Mitglied der Kaste ist, muß diesen Normen zustimmen und sie, wenn nötig, ver-

---

[15] Dieser Mechanismus findet sich sogar in den gewerkschaftlichen und politischen Organisationen, die ein *Recht zur Fraktionsbildung*, d. h. das Recht zu einer Abweichung gegenüber der Mehrheit anerkannt und instituiert haben. In diesem System muß jedoch die Abweichung zumindest von einer gewissen Anzahl von Mitgliedern geteilt werden, damit sie als Fraktion anerkannt und offiziell geduldet wird. In der Folge wirken in der *sich organisierenden* Fraktion die Tendenzen zur Konformität genauso stark wie in der Gesamtorganisation. Im Inneren der Fraktionen, wo das Problem erneut auftritt, gibt es kein Recht zur Abweichung mehr, weshalb es schließlich zum Auseinanderbrechen der Fraktionen kommt; hierin liegt eine Konsequenz des Bürokratismus, und zwar in eben dem Maße, wie »die Bürokratie eine der Grundursachen der Fraktionen ist«.

teidigen. Crozier führt hier eine interessante Hypothese ein, wenn er zeigt, daß diese »Schichten« eine wesentliche Rolle in der Entstehung jenes bürokratischen Mechanismus spielen, den man als »Verschiebung der Ziele« bezeichnet. Es handelt sich dabei bekanntlich um einen wesentlichen Aspekt der bürokratischen Funktionsweise: Das ursprüngliche Ziel der Organisation ist nicht die Organisation selbst und ihr Überleben, sondern die Aufgabe, für die sie geschaffen wurde. Dieses Ziel wird ersetzt, wenn das Mittel, die Organisation, zum Zweck an sich wird. Nun verfolgen die hierarchischen Subgruppen aber die Verteidigung ihrer eigenen Vorteile innerhalb der Organisation, und dieses neue Ziel wird oft über die Ziele der Organisation insgesamt gestellt, obwohl jede Gruppe versichert, daß ihre Gruppenziele mit denen der Organisation zusammenfielen.

4. *Der letzte der von Crozier beschriebenen Grundzüge der bürokratischen Funktionsweise* ist das Entstehen von parallelen Machtbeziehungen. Trotz der Rigidität des bürokratischen Systems, trotz seines Konservatismus und seines Bemühens, jede Veränderung vorhersehbar und kalkulierbar zu machen, bleiben immer Unsicherheitszonen bestehen, in denen »parallele Machtbeziehungen« oder, anders gesagt, *informelle* Machtbeziehungen herrschen. Dieser letztere Ausdruck besagt, daß Crozier für die Machtbeziehungen dasselbe feststellt, was Elton Mayo hinsichtlich der zwischenmenschlichen Beziehungen im Betrieb ans Licht gebracht hatte: Die Existenz eines doppelten Systems sozialer Beziehungen, von denen, in der Sprache des Psychosoziologen gesprochen, das eine offiziell und das andere informell ist. Darüber hinaus ist dieses System nur dann von Bedeutung und Interesse, wenn es sich in eine dynamische Beziehung einfügt: Das Gewicht der offiziellen Ordnung läßt die informelle Ordnung als Oppositions- und Abwehrordnung entstehen [16]. Die eine determiniert

[16] »Informell« ist nicht der von Crozier gebrauchte Terminus. Seine ganze Beschreibung der Machtverhältnisse zielt aber dahin, diese Verhältnisse und ihr komplexes System als ein gegenüber der offiziellen Organisationsstruktur fast geheimes Ganzes darzustellen. Es ist ein immerwährender Krieg, der sich innerhalb der Bürokratie abspielt, aber dieser Krieg hat seine eigenen, nicht kodifizierten Gesetze. Diese charakteristische Strategie der Machtverhältnisse läßt sich übrigens nicht allein im Funktionieren der Organisationen beobachten; man findet sie als ständige Dimension der *zwischenmenschlichen Beziehungen*, der Arbeitsbeziehungen, der therapeutischen Beziehungen und der Liebesbeziehungen mit ihren jeweiligen Strategien. Ein literarisches Beispiel: die *Liaisons dangereuses* sind der Roman der im Hinblick auf die Machtverhältnisse analysierten Liebe, und jeder Liebesroman trägt diesem Aspekt des Liebeslebens Rechnung. In anderen Bereichen, wie etwa der psychoanalytischen Behandlung oder der Leitung von T-Gruppen, könnte man ebenfalls diese Art von Beziehungen berücksichtigen.

die andere: »In einem sehr ›bürokratischen‹ System, wo die Hierarchie deutlich und die Definition der Aufgaben präzise ist, erlangen die parallelen Machtbeziehungen die größte Bedeutung.«

Insgesamt konvergieren die vier so bestimmten Merkmale in einer gemeinsamen Grundcharakteristik: Diese vier Grundzüge führen letztlich zur Erzeugung neuen Drucks, der das unpersönliche Klima und die Zentralisierung, die ihn haben entstehen lassen, wiederum verstärkt. Anders gesagt, ein bürokratisches Organisationssystem ist ein Organisationssystem, dessen Gleichgewicht auf der Existenz einer Reihe von verhältnismäßig beständigen Teufelskreisen beruht, die sich aus dem unpersönlichen Klima und der Zentralisierung heraus entwickeln. Auch andere Soziologen der Bürokratie, vor allem Merton, haben diese Teufelskreise aufgezeigt; Crozier aber hat sich die Aufgabe gestellt, sie durch ein Interpretationsschema aufzuklären, das »sich nicht mehr auf die passiven Reaktionen des ›menschlichen Faktors‹ gründet, sondern auf die Erkenntnis der aktiven Natur des handelnden Menschen, die auf jede Weise und unter allen Umständen das Bestmögliche aus allen zur Verfügung stehenden Mitteln zu machen versucht«. Damit stellen wir noch einmal das Wesentliche jenes Umdenkens heraus, das im Übergang von einer Erklärung aus den affektiven »zwischenmenschlichen Beziehungen« zu einer Erklärung durch Machtbeziehungen besteht, wie sie im Sinne der Auf-

---

Es bleibt ein von Crozier nicht gestelltes Problem, das unmittelbar in die Augen fällt: warum überhaupt gibt es diese Machtkämpfe? Und um welche Macht? Um die, den anderen zu unterwerfen, zu herrschen um des Herrschens willen? Oder muß man umgekehrt versuchen, diese Art von Beziehung als den Charakter einer bestimmten Art von Kultur und gesellschaftlicher Organisation zu verstehen, nämlich als den Charakter der bürokratischen Gesellschaft? Geht man so vor, so ist das Machtverhältnis nicht mehr — wie M. Crozier glauben machen möchte — die Ursache, sondern das Symptom einer Form der entfremdeten menschlichen Beziehungen, wie sie in einer Welt der Not und des Mangels entstehen.

Überall ist es dasselbe Gesetz, das »informelle« und geheime Netze des Widerstandes gegen die offizielle Autorität in eben dem Maße entstehen läßt, wie diese nicht den allgemeinen Willen der Teilnehmer zum Ausdruck bringt. So sind in der autoritären Schule die *Banden* Ausdruck des Kleinkriegs gegen die ungern geduldete Autorität. Und ebenso sind die im Sinne Croziers verstandenen Machtverhältnisse eine Antwort, sie sind die Entgegnung auf die offizielle und durch die hierarchischen Autoritäts- und Machtbeziehungen aufgezwungene Ordnung. Offen bleibt die Frage, ob der Kampf ein Kampf um die Macht oder um die Abschaffung von Macht ist. Für Crozier ist die hierarchische Organisation eine unausweichliche Gegebenheit, die man eben bewältigen muß. Diese für ihn fundamentale Annahme bestimmt in der Tat seine ganze Analyse. Aber er spricht sie nur andeutungsweise aus, und er verdeutlicht sie nur durch einige Bemerkungen über politische »Utopien«, die er anführt, ohne sie zu diskutieren, da eine solche Diskussion seinem funktionalistischen Vorhaben gegenüber äußerlich bliebe.

fassungen des für die neuen Organisationstheorien charakteristischen Neorationalismus verstanden werden.

Michel Croziers Analysen bedeuten einen Fortschritt im Verständnis der Bürokratie traditionellen Typs. Doch fehlt es auch hier, wie in allen voraufgegangenen Theorien, an einer historischen Perspektive. Die Bürokratie wird in ihrem Wesen »naturalisiert«. Bevor wir jedoch dieses *allen* Lehren gemeinsame Postulat näher untersuchen, müssen wir noch weitere Beschreibungen zusammenfassen.

Eine Synthese

In einer kürzlich veröffentlichten Analyse untersucht E. Enriquez (1962) den Übergang von der Spontaneität zur Ordnung und, im Grenzfall, zur Bürokratie. Schon Bergson stellte die geschlossene und die offene Gesellschaft einander gegenüber: Die geschlossene Gesellschaft ist mechanisch, und es handelt sich hier um ein Modell, das man sowohl bei den Primitiven wie in zeitgenössischen Gesellschaften antrifft. Die offene Gesellschaft ist für Bergson die unabgeschlossene Gesellschaft mit ihren schöpferischen Möglichkeiten und ihrem Erfindungsgeist. E. Enriquez, der sich ausdrücklich auf Bergson beruft, schlägt ein analoges Schema vor: Den »Ordnungsmodellen« stehen »Gleichgewichtsmodelle« gegenüber.

Im *Ordnungsmodell* haben die verschiedenen Mitglieder der Gesellschaft festgesetzte Aufgaben und Stellungen; diese Stellungen werden ihnen nach expliziten Kriterien zugewiesen, die zugleich für die Veränderungen in der Zuweisung gültig sind. Sie sind, wie E. Enriquez hinzufügt, »rational und infolgedessen praktisch unangreifbar«; darüber hinaus »sind die Aufgaben und Rollen fest umrissen: jeder weiß, was er zu tun hat und wie er es zu tun hat, die Kommunikationen innerhalb der Gruppe sind ebenso geregelt wie das Verhalten«; schließlich »bestehen praktisch keine affektiven Bindungen, Konflikte werden nicht geduldet, oder wenn doch, so gibt es Regeln, die erlauben, sie in jedem auftretenden Falle zu lösen«.

Enriquez behauptet — im Anschluß an Bergson — daß dieses Ordnungsmodell in jeder Gesellschaft besteht und daß es dem Traum *einer Welt ohne Probleme* entspricht. Er gibt zwei Beispiele: die archaische Gesellschaft und die bürokratische Gesellschaft.

Die archaische Gesellschaft ritualisiert wesentliche Momente des gesellschaftlichen Lebens. So bezeichnen und feiern die »Initiations«- und »Übergangsriten« jene Veränderungen, die sowohl den Gang der Jahreszeiten wie auch den des menschlichen Lebens markieren. Enriquez erinnert an die Pubertätsriten, in denen der Heranwachsende den Übergang vom Kind zum Erwachsenen vollzieht. Ebenso beruft er sich auf die Verwandtschaftsstrukturen, die durch die apriorische Festlegung von erlaubten und verbotenen Verbindungen die Eheschließungen und die ökonomischen Austausch-Regeln determinieren.

Die moderne Gesellschaft kennt Regelungen, die ebenfalls dem Ordnungsmodell vergleichbar sind. Dies gilt für das bürokratische System, wobei die Definition der Bürokratie hier in einem dem Weberschen Modell sehr nahekommenden Sinne gefaßt wird. Enriquez gibt das Beispiel der Stellung in einem Industriebetrieb. Die Stellung ist eindeutig festgelegt nach genauen Regeln, die die Aufgaben bestimmen, die Tätigkeiten planen und den Spielraum für Initiativen umschreiben. Um diese Stellung zu erreichen, muß man bestimmte Selektionsprüfungen bestehen (»Übergangsriten«), die es erlauben, eine Wahl vorzunehmen, die nicht aufgrund der Persönlichkeit, d. h. der Bedürfnisse und Wünsche erfolgt, sondern nach Eignungskriterien, so daß die Inhaber der Position »austauschbar« sind. Die Eignung wird häufig durch ein Diplom sanktioniert, das vor allem die Willkür und das Spiel der »Beziehungen« ausschalten soll. Das Weiterkommen in der Karriere, die Beförderung, erfolgt ebenfalls nach unpersönlichen Kriterien und Regeln, ebenso die Bezahlung.

Dieses bürokratische Ordnungsmodell impliziert einen bestimmten Stil der zwischenmenschlichen Beziehungen. Diese Beziehungen sind formalisiert und hierarchisch gegliedert. Man vermeidet die Opposition und selbst das bloße Äußern von Widerspruch, Konflikten und Gegensätzen. Es ist eine Welt des Konformismus. Das Einzigartige, selbst wenn es kreativ ist, ist zu vermeiden: »Seien Sie nicht übereifrig.« Kurz, wir haben hier das Bild des »Organisationsmenschen« vor uns.

Schließlich bürokratisiert sich auch das gesellschaftliche Leben außerhalb des Betriebes. Das zeigt sich in der Freizeitgestaltung, in der Schaffung von Pensions- und Sozialversicherungskassen, in dem Erfolg der Versicherungen, die dem Verlangen nach Sicherheit Ausdruck verleihen.

Diesem Ordnungsmodell stellt Enriquez das *Gleichgewichtsmodell* gegenüber, das »die Geschichte, die Konflikte und Auseinandersetzungen anerkennt und, mehr noch, das sich durch Widersprüche erhält«. Darüber hinaus anerkennt das Gleichgewichtsmodell *»den Gedanken einer aus der Unordnung hervorgehenden Ordnung*, einer relativen Ordnung, die selbst in Frage gestellt wird und eine neue Ordnung entstehen läßt, und so immer weiter«. Schließlich »verhindert ein solches Modell die Behauptung eines Endes der Geschichte, eines Nachlassens der zwischenmenschlichen Spannungen, eines kontinuierlichen Fortschritts« (S. 73). Es impliziert Unabgeschlossenheit.

Die wesentlichen Merkmale dieses Modells sind die folgenden: das Handeln der Menschen bei der gemeinsamen Verfolgung von Zielen ist interdependent; die Kriterien für die Zuweisung von Stellen und Aufgaben legen wirkliche Kompetenzen fest, vor allem die Fähigkeit, in Gruppen zu arbeiten; man appelliert an die Kreativität, und »ein jeder kann Innovationsbereitschaft unter Beweis stellen«; sogar abwegige Ideen werden diskutiert. Diese entscheidende Hochschätzung von Spontaneität und Flexibilität zeigt sich in den Verhaltensregeln, in den gegenseitigen Kommunikationen, in der erlaubten Äußerung von Gefühlen und Konflikten, in der Schaffung neuer Normen durch die Gruppe, die neue, aber immer als relativ und entwicklungsfähig angesehene Zustände betreffen. Man geht hier — so schließt Enriquez — von der Voraussetzung aus, daß »jede Gruppe der Selbstregulierung fähig ist«, während die nach dem Ordnungsmodell funktionierenden Gruppen einer Fremdregulierung gehorchen.

Dieses von Enriquez vorgeschlagene sozialpsychologische Modell zieht die äußerste Konsequenz aus dem allen gegenwärtigen Analysen der Bürokratie gemeinsamen Postulat, nämlich, daß diese letztere nichts anderes bezeichnen kann als strengste Beständigkeit, Aufstieg durch die Stufen einer Hierarchie (und dadurch Gerontokratie) und Furcht vor Veränderung. Wir sind dagegen umgekehrt der Meinung, daß sich der »geschlossenen« Bürokratie das Auftreten einer »offenen« Bürokratie entgegenstellen läßt und — heute — tatsächlich entgegenstellt, einer »offenen« Bürokratie, die geschmeidiger ist, die von der Jugend und nicht mehr von den Alten getragen wird und die imstande ist, Veränderungsprozesse durchzuführen.

Organisation und Bürokratie in der Industrie

Die Industriesoziologie nimmt gewöhnlich das Webersche Modell zum *Ausgangspunkt* ihrer Analysen, und dies auch dann, wenn, wie es sehr häufig der Fall ist, diese Analysen dazu dienen sollen, das tatsächliche Nicht-Funktionieren der Bürokratie aufzuzeigen. So faßt A. Touraine (1959) sehr klar die eben vorgebrachten Merkmale zusammen, wenn er seinerseits die Bürokratie bestimmt als »ein Organisationssystem, in dem Statuspositionen und Rollen, Rechte und Pflichten, die Voraussetzungen für den Zutritt zu bestimmten Positionen, die Kontrollen und Sanktionen auf eine starre und unpersönliche Weise festgelegt sind und in dem die verschiedenen Tätigkeiten durch ihren Ort in einer hierarchischen Stufenfolge, also aufgrund einer bestimmten Delegierung von Autorität, definiert sind. Diese beiden Merkmale setzen ein drittes voraus, nämlich daß die grundsätzlichen Entscheidungen nicht innerhalb der bürokratischen Organisation getroffen werden, die lediglich ein Übermittlungs- und Ausführungssystem ist«.

Wenn jemand ein »Modell« der bürokratischen Funktionsweise oder, wie Max Weber sagt, einen »Idealtypus« ausarbeitet, so geht seine Absicht dahin, daß dieses Modell, wenn auch mit Abweichungen, überall anwendbar ist und erhellend wirkt, wo immer es im gesellschaftlichen Leben erprobt wird. Somit müßte die Gültigkeit eines Bürokratiemodells zunehmen, wenn die Bürokratisierung der Welt zunimmt, wenn jede gesellschaftliche Institution dahin tendiert, in der Weise einer bürokratischen Organisation zu funktionieren. Die Bürokratie würde dann das *Wesen* der Kultur sein, ähnlich wie man, nach Ruth Benedict (1956), dionysische und apollinische Kulturen unterscheidet, wobei diese beiden Typen zwei »patterns« oder Konstellationen von Kulturtypen darstellen.

Ausgehend von dieser Typologie, die wohlgemerkt noch nichts über die Funktionsweise aussagt, sondern lediglich ein gesellschaftliches Sein bestimmt, lassen sich, wie etwa bei Touraine, die Abweichungen der Realität in bezug auf die Norm aufweisen. So erklärt Touraine: »Ein Ministerium ist eine bürokratische Organisation. Ein Industriebetrieb ist es nur zum Teil. Nur ein einziges der drei Elemente, nämlich das erste, läßt sich hier aufzeigen.« Bevor wir uns an den Beweis dieser Behauptung machen, sei darauf hingewiesen, daß sie folgende Implikation hat: das Webersche (und nach-Webersche) Modell der Bürokratie, das zunächst von der politischen Soziologie (der Ministerien) her entwickelt wurde, wäre auch nur in dem soziologischen Bereich, dem es entstammt, voll anwendbar; und dies zweifellos trotz des Nachdrucks, den Max Weber, wie wir gesehen haben, auf die prinzipielle Gleichartigkeit des Phänomens im privaten und im öffentlichen Bereich legt.

Kehren wir jedoch zu A. Touraines Analyse zurück, die den Vorteil hat, daß sie uns gerade zum Industriebetrieb zurückführt, bei dem unsere Analyse angesetzt hatte. Warum entspricht der Betrieb nur teilweise Webers Definition der Bürokratie? Weil »die große Mehrheit der Arbeiter nicht an der Delegierung von Autorität teilhat: ihre Tätigkeit ist eine herstellende und keine kommunikative Tätigkeit. Dagegen ist die Betriebsleitung ein Entscheidungsorganismus. Wenn es auch feststeht, daß in einer Abteilung oder einer Werkstatt die Teilnahme der Angestellten oder der Vorarbeiter an den die Arbeit betreffenden Entscheidungen minimal ist, so wäre es doch gefährlich zu glauben, daß die Organisation eines Betriebs unter Abstraktion von den an der Spitze getroffenen Entscheidungen verstanden werden könnte«.

Touraine behauptet dann, daß es eine Autonomie der Bürokratie und der bürokratischen Macht gibt, derart, daß das alte auf dem Privateigentum an den Produktionsmitteln basierende sozioökonomische System dadurch betroffen wird: »In einer bürokratischen Organisation ist die Autonomie der *Organisationsprobleme* im Verhältnis zu den *Eigentumsproblemen* so groß, daß dem Begriff des Klassenbewußtseins nur mehr ein sehr beschränkter Wert zukommt.«

Vor der Behandlung dieser *Bürokratisierung der Arbeit* hatte Touraine an die Entwicklung der Arbeitsorganisation erinnert, angefangen von der beruflichen Autonomie bis hin zur heutigen Fließbandarbeit.

In bezug auf die Probleme der Bürokratie geht Touraine vielleicht dort am weitesten, wo er die Arbeitssituation und den Verlust der handwerklichen Autonomie definiert. Die Bürokratisierung der Arbeit tritt ein, wenn die Leitung dieser Arbeit in das Zentrum des produktiven Verhaltens eindringt (z. B. mit den Arbeitszeitstudien und der »Rationalisierung« der Normen). Diese Bürokratisierung bedeutet also nicht nur, daß es einen Kontroll- und Überwachungsapparat gibt: In den Anfängen des industriellen Zeitalters wird die Arbeit von oben eingeteilt, ohne daß damit notwendig eine Entscheidung über die Wahl des Arbeitsverfahrens und der Instrumente getroffen würde. Eine gewisse handwerkliche Autonomie bleibt also solange bestehen, als die Arbeit noch nicht mechanisiert, zeitlich gemessen und standardisiert wird, als noch nicht jeder Handgriff fast völlig von der Kontrolle erfaßt ist. Dieser Übergang von der Phase handwerklicher Autonomie (der Phase A) zu der Phase der Mechanisierung und »Rationalisierung« (der Phase B) ist nach Serge Mallet bestimmend für eine entsprechende Entwicklung der Gewerkschaftsorganisationen.

- In der Phase A (oder Autonomiephase) sind die Gewerkschaften noch ständische Berufsverbände, in denen hochqualifizierte Arbeiter sich zusammenschließen, um gemeinsam zu kämpfen, — eine ihres Werts und ihrer Würde bewußte Minderheit: die Arbeiterbewegung des 19. Jahrhunderts.

- In der Phase B (vom 1. Weltkrieg an) entstehen die großen Betriebe mit Fließbandarbeit und ungelernten Arbeitern, die in einem tieferen Sinne entfremdet sind, insofern ihrem Arbeitsverhalten jede eigene Initiative genommen ist und sie sich zu ihrer Verteidigung auf die gewerkschaftliche (und politische) Bürokratie verlassen. Es ist bemerkenswert, daß zu diesem Zeitpunkt die Arbeit von R. Michels (1911) erscheint, die erste eingehende Untersuchung der Bürokratie in politischen Organisationen.

Wenn im Hinblick auf die Genese der Bürokratisierung die Phasen der Arbeitstechnik und der Arbeitsorganisation bestimmend sind, so muß die Interpretation einen anderen Weg einschlagen, als ihn Touraine gegangen ist; gewisse Elemente seiner Analysen können indes beibehalten werden. Wir meinen, daß er einer Erklärung des Bürokratiephänomens dort am nächsten kommt, wo er den Übergang von der Phase A zur Phase B der Arbeitsorganisation beschreibt.

Wenn er dagegen behauptet, daß *die Fabrik nur teilweise bürokratisch ist,* so liegt das daran, daß er an einer Definition der Bürokratie festhält, die *auf dem Gebiet der öffentlichen Verwaltung* entwickelt wurde.

Wir stoßen hier auf ein wesentliches theoretisches Problem. Entweder wird die Bürokratie tatsächlich als Verwaltungs-, Transmissions- und »Büro«-System verstanden. In diesem Falle ist in der Tat die Gesamtheit der Staatsbeamten, die Staatsbürokratie per definitionem *die* Bürokratie, und die anderen Teile der bürgerlichen Gesellschaft sind nur indirekt mitbetroffen. Oder aber man ist der Auffassung, daß der Begriff sich weiterentwickelt hat und sich noch weiterentwickeln muß, um ausreichend bestimmen zu können, was eine organisierte Gesellschaft ist und, vor allem, was sie sein wird. In diesem Falle besteht die Bürokratisierung der Arbeit nicht in dem Apparat innerbetrieblicher Verwaltungsinstanzen mit seinem inneren Aufbau und seinen eigentümlichen Schwierigkeiten. Die Bürokratisierung der Arbeit beginnt vielmehr mit den der Zeitstudien, in dem Augenblick, wo die Arbeitsteilung soweit fortgeschritten ist, daß alle Bewegungen des Arbeiters von außen angeordnet und kontrolliert werden.

Was die Organisation der Arbeit im Sinne des Taylorismus hervorbringt, wäre so zugleich eine der wesentlichen Quellen der Bürokratisierung der modernen Welt, die man so ausgehend von der Organisation der Produktion verstehen könnte. Das hat wichtige Konsequenzen, sogar für ein Verständnis der zeitgenössischen Geschichte: So kann man der Meinung sein, daß die Bürokratisierung der UdSSR in dem Augenblick einsetzte, als Lenin sich entschloß, in den Betrieben des neuen Sowjetstaates Kontroll- und Organisationsmethoden einzuführen, die in der kapitalistischen Gesellschaft entwickelt worden waren [17].

---

[17] Vgl. *Socialisme ou Barbarie,* 35, »A. Kollontai et l'opposition ouvrière«: »Natürlich würde das Problem eine Entwicklung fordern. Offensichtlich will man nicht zugeben, daß es eine bürgerliche Wissenschaft und eine proletarische Wissenschaft gibt.« Sind aber die Techniken der Arbeitsorganisation Wissenschaften? Lenin weist Einstein und die Relativitätstheorie zurück, akzeptiert dagegen Taylor wegen der Organisationsmethoden in der Produktion. Gegen die Opposition der Arbeiterschaft richtet er die Führung der Unternehmen nicht auf die Macht der Arbeiterräte hin aus, sondern auf die autoritäre Form hin, mit vom

Man hat auch andere kritische Einwände gegenüber Touraines Beschreibung erhoben[18]. Der schärfste Angriff ist zweifellos der von Jean Delvaux in der Nr. 27 von *Socialisme ou Barbarie*. Zum einen sei Touraine außerstande zu sehen, daß die bürokratische Organisation der Arbeit in den Betrieben des modernen Kapitalismus die Situation des Arbeiters und den Konflikt, der ihn in einen Gegensatz zum Gesellschaftssystem bringt, im Grunde genommen unberührt läßt. Diese These wird breit ausgeführt. Touraine schien von der abnehmenden Bedeutung des Eigentumsbegriffes im formalen und juristischen Sinne auf einen Rückgang des Klassenbewußtseins zu schließen. J. Delvaux verwirft diesen Schluß: »Was zählt, ist, daß die tatsächliche Macht über die Produktionsmittel, über die menschliche Arbeit und ihre Produkte einer besonderen Kategorie der Gesellschaft zugehört.« Diese *Macht* kann sehr wohl aus den Händen der »Privateigentümer« in die der Bürokraten übergehen, ohne daß sich die Situation des Arbeiters dadurch ändern würde.

Anschließend wirft Delvaux Touraine vor, daß er im Grunde gar nicht die »Bürokratisierung der Arbeit« behandle — ein Ausdruck, den er, wie wir gesehen haben, nur zur Bezeichnung der Vorgänge auf der Ebene des Verwaltungssystems des Betriebs und seiner Leitung gebraucht: »Touraines Auffassungen hätten nur dann einen Sinn, wenn er zeigen könnte, daß das, was er zu Unrecht ›Bürokratisierung der Arbeit‹ nennt, nämlich die Bürokratisierung des kapitalistischen Betriebes, tatsächlich zu dem Ergebnis führt, daß sich die grundsätzliche Situation des Lohnarbeiters änderte, und wenn sie das zum Verschwinden bringen könnte, was man seit Marx als ihre Grundbestimmung ansieht, nämlich die Entfremdung im Produktionsprozeß, in der Arbeit selbst ...« Übrigens betrifft dieselbe Entfremdung *in der Arbeit* ebenso die Arbeiter in den Büros, »die einer immer weiter fortschreitenden Arbeitsteilung unterworfen, zu repetitiven,

---

neuen Staat ernannten Direktoren. Die Staatsbürokratie wird damit allmächtig und erstreckt ihre Wurzeln bis in die Tiefen des Produktionsprozesses, bis in jede Bewegung des produzierenden Arbeiters.

[18] Alain Touraines Untersuchung »Situation du mouvement ouvrier« (1959) war ein Teil einer Gesamtdiskussion, die von den *Arguments* unter dem allgemeinen Titel: »La classe ouvrière: mythes et réalités« veröffentlicht wurde. Was den Teil der Diskussion anbelangt, der die in der französischen Arbeiterklasse eingetretenen Veränderungen betrifft, so hat diese Veröffentlichung um 1959/60 ein beträchtliches Echo hervorgerufen. Im Gegensatz dazu haben die (in derselben Nummer und in denselben, von der Arbeiterbewegung handelnden Artikeln enthaltenen) Thesen über die *Bürokratie* bezeichnenderweise praktisch keinerlei Resonanz gefunden. Es läßt sich sagen — um hier nur eine Vermutung auszusprechen —, daß der Einfluß dieser Nummer gerade auf dem Wege über die *Organisationen* wirkte und daß hier somit ein Phänomen ideologischer Selektion vorliegt.

kontrollierten und standardisierten monotonen Arbeiten gezwungen und in die Mechanisierung hineingezogen werden«.

In den großen Verwaltungsapparaten wird der Angestellte wie der Arbeiter ein partikularisierte Teilarbeiten ausführender Lohnempfänger. Diese Büroarbeiter sind, wie wir bereits betont haben, nicht die »Bürokraten«. Sie haben vielmehr im Gegenteil, wie die Fabrikarbeiter, »ihre« Bürokraten [19], und ihre Arbeiten sind ebenso »bürokratisiert«.

Wir wenden uns jetzt dem theoretisch wichtigsten Moment zu: Touraines Definition der Bürokratie. Diese Definition verstand, wie gezeigt, die Bürokratie als »ein Transmissions- und Ausführungssystem«, was offensichtlich voraussetzt, daß die grundsätzlichen Entscheidungen nicht innerhalb der bürokratischen Organisation getroffen werden; während für Delvaux die Bürokratie tendenziell mehr und mehr eine *Machtsphäre* wird, in der sich bereits das abzeichnet, was bei Bruno Rizzi, Burnham und Djilas als die neue Klasse erscheint. Delvaux erinnert bei dieser Gelegenheit übrigens daran, daß sich diese Analyse bereits bei M. Weber findet, dessen »Modell« in einer soziologischen und historischen Totalität zu verstehen ist.

Zusammengefaßt: Delvaux' Kritik an Touraines Analysen besteht in dem Aufweis, daß der Arbeitssoziologe den Teil für das Ganze nimmt, Webers Theorie des *bürokratischen Apparates* für das *Ganze* von Webers Analyse der Bürokratie. Abgetrennt von seinen historischen Wurzeln bleibt das »Modell« des bürokratischen Apparates formal und abstrakt, und es erlaubt nicht, die Erfahrung und Kenntnis der modernen Bürokratie zu *totalisieren.* Das Gesagte gilt für die Spitze des »Apparates« wie für die Führungsebenen der Gesellschaft. An der Basis findet sich dieselbe Einschränkung des bürokratischen Bereichs, der in Wahrheit mit seinen Wurzeln bis in die elementaren und mechanisierten Bewegungsabläufe des modernen Arbeiters hinabreicht, sei dieser nun Arbeiter im eigentlichen Sinne oder Angestellter. Kurz, die Definition der bürokratischen Welt muß die ererbten Schranken einer Situation und einer Definition überschreiten, die vielleicht schon überholt sind, jedenfalls aber dabei sind, überholt zu werden, wenn anders wir in das bürokratische Zeitalter eingetreten sind — und wenn die Bürokratisierung der Welt zweierlei bedeutet: zum einen, daß die Macht heute bei der Bürokratie liegt, und zum andern, daß sie in alle Poren der gesellschaftlichen Existenz eindringt, in die Arbeit, aber auch, wie wir sehen werden, in die Freizeit, in die berufliche wie in die private Existenz.

[19] Weshalb wir den Terminus neu definieren müssen, dessen Bedeutung sich *verschoben* oder *verändert* hat.

Wir haben diese spätere Stufe unserer Analyse hier nur vorweggenommen, um einen der Einwände zu verdeutlichen, die gegen Touraines Bürokratiemodell erhoben wurden.

Claude Lefort (1960) hat eine andere Kritik an denselben Thesen vorgebracht, indem er sie mit seinem eigenen Bild der Industriebürokratie verglich. Er knüpft ebenso wie Delvaux an Touraines Definition an und fragt zunächst, »ob die Bürokratie lediglich ein Transmissions- und Ausführungsorgan ist ... einmal zugegeben, *daß ein Industriebetrieb niemals autonom* ist, daß sein Vorgehen den Interessen des Finanzkapitals, von dem er abhängt, oder, bei einem verstaatlichten Betrieb, den Direktiven eines Ministeriums Rechnung tragen muß, so bleibt doch bestehen, daß die Leitung im eigentlichen Sinne eine beträchtliche Entscheidungsmacht besitzt«. Doch kann diese *Leitung* heute nicht allein auf den *Leiter* des Betriebs beschränkt werden: Auf verschiedenen Ebenen des Apparates werden Entscheidungen gefällt: »Die Entscheidungsmacht ist notwendigerweise unter verschiedene Instanzen aufgeteilt.« A. Touraines Definition wird also zurückgewiesen; oder wenigstens »bedeutet es, ein falsches Problem aufzuwerfen, wenn man sich fragt, ob die Leitung von der Bürokratie zu unterscheiden ist oder nicht«.

Claude Lefort schlägt sodann eine Definition der Betriebsbürokratie vor: »Die Bürokratie ist also ein Kader, der über den aktiven Kern der Bürokraten hinausreicht. Er wird von mittleren und höheren leitenden Angestellten gebildet, denen Verwaltungsaufgaben und technische Aufgaben übertragen sind, — einer Hierarchie, deren Wurzeln sich bis in den Produktionsbereich erstrecken, wo Werkmeister und Vorarbeiter die Arbeiter und ihre Arbeit überwachen und kontrollieren. Diese Angestellten üben eine wirkliche Autorität aus; ihre Funktion läßt sie an der Leitung teilhaben und bringt sie dazu, sich mit dem Betrieb als solchem zu identifizieren ... ihre Funktion wird von ihnen selbst anders denn als bloße Verdienstquelle oder bestimmte Berufstätigkeit verstanden, nämlich als Instrument eines *Systems,* das für sein Bestehen und seine Ausweitung auf ihre Mithilfe angewiesen ist.«[20]

Wer gehört also im Betrieb zur Bürokratie? Die Techniker? Aber zunächst einmal darf man, sagt Lefort, nicht die *technischen* Aufgaben

[20] Hier liegen wesentliche Elemente für eine *Psychologie* und Psychosoziologie der bürokratischen Kader. Die *Identifizierung* des Beamten mit dem Unternehmen oder dem Staat, dem er dient, ist eine bekannte Tatsache: Der Bürovorsteher sagt »das Ministerium« oder »die Akademie«, er sagt nicht »ich«. Ebenso sagt der Richter »das Gericht«. Hierin liegt ein zweiter Grundzug, nämlich der Grundzug der *Unpersönlichkeit der bürokratischen Rollen;* dieser zweite ist verwandt mit dem ersten.

einerseits mit den *Verwaltungsaufgaben* andererseits verwechseln[21]: »Die einen wie die anderen gehorchen zweifellos gewissen *gemeinsamen Organisationsnormen*[22], aber deshalb gilt nicht weniger, daß die sozialen Beziehungen hier und dort aufgrund der auszuführenden Arbeiten verschieden sind ... Bei den technischen Aufgaben haben die Ingenieure, Techniker und selbst die Zeichner aufgrund ihrer Fachkenntnisse eine gewisse Autonomie. Die Kontrolle über die Arbeit kann nur dann wirksam sein, wenn der Vorgesetzte mindestens die gleiche technische Kompetenz besitzt wie seine Untergebenen, d. h. wenn seine Kontrolle ein höherer technischer Arbeitsvorgang ist. Die soziale Kontrolle kann praktisch inexistent sein, die Arbeitserfordernisse können innerhalb einer festgesetzten Zeitspanne ausreichen, um einen normalen Leistungsrhythmus zu ermöglichen.« Nicht nur die *Kontrolle* gehört zu den Kennzeichen der Bürokratie: Im Betrieb muß man eine *soziale Kontrolle* von einer *technischen Kontrolle* unterscheiden, wie man die technische Arbeitsteilung von der sozialen Arbeitsteilung trennen kann.

Nach dem technischen jetzt der Verwaltungsbereich: »Der Ablauf von Verwaltungsaufgaben zeigt dagegen ein anderes Bild. Hier finden wir am Fuße der Stufenleiter Angestellte ohne eigentliche Qualifikation, deren Berufsausbildung, sofern überhaupt vorhanden, rudimentär ist. Die zwischen ihnen und der allgemeinen Betriebsleitung bestehende Hierarchie von Angestellten ist eine Machthierarchie. Die Abhängigkeitsverhältnisse werden bestimmend, und eine Funktion innezuhaben, heißt dann, sich auf jeder Stufe in bezug auf eine übergeordnete Instanz einzuordnen, sei es nun die eines Abteilungsleiters, eines Betriebsinspektors oder eines Direktors. In diesem Rahmen wiederholt sich somit der Doppelcharakter des Anstellungsverhältnisses: Die Tätigkeit ist eine berufliche Tätigkeit und erweist sich zugleich als Ausdruck einer etablierten sozialen Ordnung ... Von der Spitze bis zur Basis der Stufenleiter sind die Beziehungen so geartet, daß sie immer zu einer Bestätigung der autoritären Struktur der Verwaltung beitragen.«

[21] In der Folge wird sich zeigen, daß Michel Crozier sowohl die technische Kontrolle wie die Verwaltungskontrolle dem Strukturganzen zurechnet, das das »bürokratische Phänomen« ausmacht. Bei der an der Spitze des Unternehmens gespielten »Partie« (die er mit einem Kartenspiel für vier Personen vergleicht) *nimmt* der leitende Ingenieur. Das ist nur eine Bestätigung dessen, was wir schon wußten: daß es schwierig ist, eine Definition der Bürokratie zu geben und dabei all die *divergierenden Inhalte,* die diesem Begriff seit über einem Jahrhundert verliehen wurden, im Blick zu behalten.

[22] Wie man sieht, genügen für Lefort die Organisationsnormen nicht zur Bestimmung des bürokratischen Phänomens: Industrielle Organisation und Bürokratie sind nicht dasselbe. Zur Existenz einer Bürokratie bedarf es noch anderer Elemente.

Es gibt jedoch in dieser »Stufenleiter« der Verwaltung auf der untersten Ebene der Hierarchie Angestellte, Sekretärinnen, bloß Ausführende. Wie sollen wir sie einordnen? In die Bürokratie? Aber welches wäre ihre Machtposition? Claude Lefort schreibt ihnen einen von dem der Techniker und Arbeiter verschiedenen Status zu: »Sie stehen nicht außerhalb der Bürokratie: sie sind die *Abhängigen.* Meistens kommen sie in den Betrieb nur mit Zeugnissen versehen, die ihnen ihre ›Gutwilligkeit‹ bescheinigen; sie können nur dann einen Anspruch auf Beförderung erheben, wenn sie ihre Fähigkeit, zu gehorchen und zu befehlen, unter Beweis stellen ... Die Stellung des Angestellten ist somit zweideutig. Er ist nicht eigentlich in das bürokratische System eingegliedert, er unterliegt ihm, aber alles wirkt darauf hin, ihn zu einem Anhänger des Systems zu machen.«

Das »bürokratische« Ideal des Angestellten ist seine Beförderung, sein allmählicher Aufstieg innerhalb des Systems, als Belohnung für seine Einfügung in die bestehende Ordnung. Und diese Ordnung, der er anhängt, ist wiederum keine »technische Ordnung«; es ist eine soziale Ordnung, die *soziale Organisation des Betriebs.* Man kann indessen annehmen, daß sich die Stellung des Angestellten mit der Modernisierung der Verwaltungen und mit ihrer Rationalisierung wandelt: Der Angestellte wird, z. B. in den Banken oder den Postämtern und anderswo, immer mehr ein mechanisch Ausführender, dessen Stellung im System sich immer weniger von der eines Arbeiters unterscheidet.

Die Einwände, die man gegen Touraines erste Definition der Bürokratie vorgebracht hat, werden — wenigstens teilweise — hinfällig, seitdem derselbe Autor einen Aufsatz über die *bürokratische Entfremdung* (1960) veröffentlicht hat. In diesem Aufsatz weist Touraine zunächst auf die Pluralität der Bedeutungen hin: »Die Sprache bezeichnet mit demselben Wort *Bürokratie* drei verschiedene Realitäten: 1. Einen Organisationstyp, der als genaues und hierarchisch gegliedertes System von Funktionen und nicht von Menschen zu definieren ist ... 2. Eine Funktionsweise von Organisationen, die gekennzeichnet ist durch ein übertriebenes Festhalten am Buchstaben der Vorschriften und durch eine Routine, die sich der Veränderung dieser Vorschriften widersetzt. 3. Die von den Führern der großen Organisationen, und vor allem der freiwilligen Organisationen, ausgeübte Macht.« Wie kann man dieser Schwierigkeit entgehen? Könnte man z. B. nicht »drei Worte statt eines einzigen gebrauchen und z. B. von *Rationalisierung, Bürokratismus* und *Herrschaft des Apparates* sprechen«? Diese Lösung wäre eher ein Ausweichen vor der Schwierigkeit als ihre echte Überwindung. Zunächst müssen die verschiedenen Bedeutungen desselben Terminus untersucht werden.

Der erste Begriff ist, wie wir gesehen haben, der von Max Weber. Er ist, so sagt Touraine, »weit genug, um unmittelbar die verschiedenen Formen der Rationalisierung und Formalisierung von Funktionen einzuschließen, die sich in den verschiedensten institutionellen Zusammenhängen entwickelt haben: im wirtschaftlichen, politischen, militärischen, universitären Bereich usw.«. Aber das Wesentliche an Webers Modell liegt in seiner Grundannahme: »Die in dem in diesem Sinne verstandenen Begriff von Bürokratie liegende Aussage geht dahin, daß es Regeln gibt, die es erlauben, einen Betrieb auf zugleich rationale und wirksame Weise zu organisieren.« Aber Wirksamkeit und Rationalität verschwimmen nicht ineinander: Die erstere betrifft die Zielsetzungen des Unternehmens, die letztere die angewandten Mittel. Und diese Mittel sind, oder waren zunächst, technischer Art: Die »Arbeitsorganisation war zunächst tatsächlich eine rein technische«.

Diese technizistische Auffassung wurde dann von den Humanwissenschaften und vom ökonomischen Denken angegriffen. Aus diesem Grunde wurde »die Arbeitsorganisation durch die Unternehmensorganisation ersetzt«. Touraine interpretiert die Verbesserung der zwischenmenschlichen Beziehungen wie folgt: Es handelt sich hier um »eine Formalisierung des Informellen, um eine Einführung der Probleme der sozialen Arbeitsorganisation in den Prozeß der Bürokratisierung, der in einer ersten Phase nur ein technischer Prozeß war«.

Hier wird der Begriff der *Organisation* präziser. Nachdem er zuerst eine *Tätigkeit* des Ordnens und der Rationalisierung des gesellschaftlichen Systems bezeichnet hatte, bezeichnet er jetzt eine gesellschaftliche Wirklichkeit. Die Organisationen sind — wie March und Simon betonen — *gesellschaftliche Institutionen.* An diesem Punkt der Analyse könnte Touraine auf die Rolle verweisen, die die Gruppendynamik in dieser Entwicklung gespielt hat. Seine Untersuchung gilt nicht nur den Kleingruppen, sondern ebensosehr den Unternehmen, den »Gruppen von Gruppen«, wie Max Pagès schreibt. Die Gruppendynamik ist auch eine Organisationsdynamik, die dazu führt, »das Unternehmen als ein System sozialer Beziehungen anzusehen, als ein Ganzes, dessen Funktionieren Prinzipien gehorcht, die ebenso fest umrissen sind, wie die von der Biologie beschriebenen«. Diese Ausrichtung der Untersuchung und der Intervention kann dazu führen — und hat dazu geführt —, daß die Organisation einem Organismus gleichgesetzt wird.

Touraine lehnt diese Ideologie der Organisation ab, die für ihn »nur die eine Seite einer *Institution* ist. Sie ist nur die Struktur des Systems derjenigen Mittel, durch die eine gesellschaftliche Absicht ihre Zwecke zu erreichen sucht. Im Falle der Industrie ist sie lediglich das Ganze der

Mittel, durch die eine ökonomische Absicht sich in technische Operationen übersetzt«. Die »Rationalität« und »Rationalisierung« der Organisation betreffen hier stets eher die Mittel als die Ziele.

Darüber hinaus können bereits auf der Ebene der Mittel Widersprüche auftreten. D. Mothe hat am Beispiel einer Werkzeugfabrik gezeigt, daß die Produktion und das Leben in einem Betrieb anderen Gesetzen gehorchen können als denen der Arbeitsorganisationen. Mothe zeigt dabei, daß der Arbeiter Lösungen für die Herstellung erfinden kann, die wirksamer sind als die von den Spezialisten der Rationalisierung vorgesehenen. Auf der Ebene der Produktion stimmen die Berechnungen des Organisators und die Erfahrungen der Arbeiter nicht notwendig überein.

Kehren wir jedoch zu jenem Bild der Industrieorganisation zurück, das sie als eine geschlossene Totalität vorstellt. Der Unternehmer »kann mit Recht — so sagt Touraine — das nur allzu verbreitete Bild des Unternehmensleiters kritisieren, wonach er als Mittelpunkt eines verzweigten Kommunikationsnetzes vorgestellt wird, als jemand, der empfängt und sendet, übermittelt und organisiert, so als bestünde seine Rolle allein darin, eine reibungslose Bewegung der Dinge, der Menschen und der Informationen innerhalb des Betriebs zu gewährleisten, als gäbe es weder Lieferanten noch Kunden, keine Börse, keine Konkurrenz, keine Gewerkschaften und keinen Staat, denen er sich in seinen Entscheidungen anpassen muß«. Diese Bemerkung zielt wieder auf die Betriebspsychologie. Ein Sozialpsychologe würde darauf erwidern, daß er in Wirklichkeit das Funktionieren und die Ziele keineswegs trennt, daß eine Gruppe zu analysieren heißt, zu untersuchen, wie sie sich gerade im Hinblick auf ihre Ziele organisiert; daß dieser Begriff der *Ziele* zwar wesentlich ist, daß sich der Sozialpsychologe aber darum noch nicht an die Stelle der Ökonomen setzen muß, die an diesen Zielen arbeiten. Gleichwohl bleibt gültig, daß es in der Sozialpsychologie eine *funktionalistische* Richtung gibt und daß der wahre Streit auf dieser Ebene ausgetragen wird.

Touraine zitiert in diesem Zusammenhang Mertons Arbeiten über die als Dysfunktion der Organisation verstandene *Bürokratie*. Er sieht hier wiederum einen Rückzug der Organisation auf sich selbst und den Wunsch, sie als eine *geschlossene* Totalität zu verstehen, die zwar zweifellos *Probleme* kennt, aber nur solche, deren Lösung auf der Ebene des betrieblichen Funktionierens möglich scheint. Für die Funktionalisten ist die Bürokratisierung eine Verwaltungs- und Führungskrankheit; sie müßte von Sozialtherapeuten geheilt werden können.

Für Touraine liegt der Ursprung jener Krankheiten wohl umgekehrt im Ganzen des Sozialgebildes, in der ökonomischen und politischen Gesellschaft, in die der Betrieb eingebettet ist [23]. Man darf in dieser Diskussion eine Seite nicht länger ignorieren: Wir müssen heute zum einen die Bedeutung und relative Autonomie der Gruppen, Organisationen, Betriebe und gesellschaftlichen Institutionen einsehen und zu gleicher Zeit auch einsehen, daß diese Ganzheiten immer *unabgeschlossen* sind und daß ihre jeweilige Zielsetzung sich auch anderswoher bestimmt, aus der Gesamtgesellschaft und der Geschichte.

Organisation und Bürokratisierung des politischen Lebens

Eine der größten Schwierigkeiten für die Organisationssoziologie und die Analyse der Bürokratien besteht in der häufig betonten Heterogenität zwischen Organisationen mit »ernannter« und solchen mit »gewählter« Bürokratie. Trotz der festen Absicht, ein polyvalentes Modell auszuarbeiten, das es erlauben würde, ein Industrieunternehmen auf die gleiche Weise zu behandeln wie eine Gewerkschaft — und diese Absicht war seit Max Weber leitend —, bleiben die Unterschiede bestehen. Aber warum?

In einem Industrieunternehmen bedeutet die Tatsache, daß die Bürokratie »ernannt« ist, daß irgendwo eine Ernennungsinstanz besteht und daß die Macht genau bei denjenigen liegt, die das Unternehmen besitzen, oder, marxistisch gesprochen, bei einer Klasse, die durch ihr Eigentum an den Produktionsmitteln definiert ist. Handelt es sich um ein staatliches Unternehmen, so ist es der Staat als Arbeitgeber, der die Beamten ernennt; in diesem Fall bleibt die Trennung zwischen politischer *Macht* und *Verwaltungsapparat* bestehen. Im Falle einer freiwilligen Vereinigung dagegen, bei einer Partei, einer Gewerkschaft oder bei einem Berufsverband, gehen Apparat und Macht ineinander über. Mindestens theoretisch liegt die Kontrolle bei der Basis, nicht bei der Spitze. Die Bürokratie wird hier zu dem führenden Teil der Organisation. Sie ist die Macht. Genauer: die Gewählten teilen diese Macht mehr und mehr mit den hauptamtlichen »Managern« innerhalb der Organisation.

Es ist somit ersichtlich, daß eine vollständige Herrschaft der Bürokratie nur dann zustande kommen kann, wenn die Klasse, die sich der Bürokratie bediente, zerstört worden ist. Die Zerstörung der herrschenden Klasse macht den Platz frei für eine Führungsgruppe. Insofern ist die bürokra-

---

[23] Vgl. hierzu die vom Centre d'études socialistes veröffentlichte Diskussion »Les ouvriers peuvent-ils gérer l'économie?« Diese Diskussion zeigt zwei Richtungen innerhalb des Sozialismus: Die einen (S. Mallet, Cl. Lefort) legen den Nachdruck auf das Unternehmen, die anderen (P. Naville) bemühen sich im Gegenteil darum, das Problem auf der absoluten Ebene des Staates und der Wirtschaft zu stellen.

tische Partei in ihrer Funktionsweise eine Vorform der Bürokratie als Führungsklasse. Die politische Bürokratie muß nur noch zu einer im Namen des Proletariats regierenden Bürokratie werden, um zur »neuen Klasse« zu werden.

Das bedeutet nicht, daß geschichtlich gesehen das Unternehmen das kleinere Übel wäre und daß die Bürokratisierung der Parteien und Gewerkschaften für das freie Unternehmertum spräche. Die Geschichte des Kapitalismus geht vielmehr nicht nur in die Richtung der Monopolbildung, sondern auch in die einer Stärkung der Verwaltungsbürokratien. Der klassische Marxismus kann hier keine Antwort geben auf eine Frage, die sich Marx noch nicht stellte, als er die industrielle und kapitalistische Gesellschaft und das Funktionieren des Staates und seiner Bürokratie innerhalb dieser Gesellschaft untersuchte. Selbst das Problem der Bürokratisierung der Arbeiterbewegung konnte erst mit dem Entstehen wahrhafter »Massenorganisationen« in der Phase B auftauchen.

Auch heute noch ist die Bürokratie keine homogene gesellschaftliche Struktur; daraus ergibt sich die Schwierigkeit, die verschiedenen Inhalte dieses Begriffs zusammenzubringen. Man kann einfach eine Tendenz zur Homogenität feststellen, die mit der Tendenz zur Bildung einer neuen bürokratischen Klasse zusammentrifft. Die gegenwärtigen Analysen der Bürokratie stellen in diesem Sinne nicht allein eine Bemühung um ein Verständnis der Gegenwart dar, sondern auch einen Hinweis darauf, wie die Zukunft aussehen könnte.

Die erste soziologische und systematische Analyse der Bürokratisierung in den Parteien und Gewerkschaften ist die 1911 von Robert Michels veröffentlichte Arbeit »Zur Soziologie des Parteiwesens in der modernen Demokratie«. Dieses zu einem Klassiker der politischen Soziologie gewordene Buch versucht, *»das eherne Gesetz der Oligarchie«* freizulegen; wobei wir hier den dort gebrauchten Terminus »Oligarchie« durch »Bürokratie« ersetzen, d. h. durch einen Ausdruck, der allgemein benutzt wird, seit marxistische Autoren ihn in den politischen Wortschatz eingeführt haben.

Für Michels ist die Organisation »die Mutter der Herrschaft der Gewählten über die Wähler, der Beauftragten über die Auftraggeber, der Delegierten über die Delegierenden» (S. 384). Oder kürzer: »Wer Organisation sagt, sagt ohnehin Tendenz zur Oligarchie« (S. 32). Die Organisation sondert also durch einen inneren Prozeß eine Bürokratie ab. Einer der Faktoren dieser Bürokratisierung muß in der Psychologie der Führenden gesucht werden, eine Psychologie, die sich übrigens mit der Ausübung der Macht verändert.

Ein wesentlicher Beitrag von Michels ist das sogenannte Gesetz der

»Vertauschung der Zwecke«. Er schreibt: »Den Einrichtungen, die ursprünglich nur dazu bestimmt waren, den Gang der Parteimaschine zu sichern, Unterordnung, einmütige Zusammenarbeit der einzelnen Glieder, Rangverhältnisse, Diskretion, Korrektheit, wird eine größere Bedeutung beigelegt als dem Grade der Produktivität der Maschine selbst« (S. 359). So wird durch eine Art Gruppennarzißmus die Organisation, die zunächst als ein Mittel im Hinblick auf ein äußeres Ziel (in dem von Michels untersuchten Fall der sozialdemokratischen Partei ist das die sozialistische Demokratie) geschaffen wurde, zu einem »Zweck« der »Organisatoren«. Sie vergessen in gewisser Hinsicht die ursprüngliche Absicht, um an der Entwicklung der Partei selbst zu arbeiten[24]. Alles für die Partei, das ist jetzt die Losung. Um jeden Preis werden Mitglieder geworben, werden Bündnisse eingegangen, wird die Organisation gestärkt.

Wie Marx, aber im Gegensatz zu Weber und zu Hegel, entfaltet Michels somit ein pessimistisches Bild der Organisation. Man findet bei Lenin und bei Trotzki hinsichtlich der Bürokratisierung wieder einen späten Pessimismus, der jedoch weniger ausgeprägt ist, weil die Partei für sie das Grundelement für die Eroberung der Macht darstellt.

Die Monographien und kritischen Untersuchungen, die heute zum Bürokratieproblem veröffentlicht werden, betreffen nicht lediglich die ökonomischen und die politischen Organisationen. Im Jahrhundert der *Massenmedien* und der allgemeinen Freizeit versuchen Soziologen und Essayisten, in diesen neuen *organisierten* Bereichen des gesellschaftlichen Lebens die wesentlichen Züge der Bürokratisierung freizulegen. Hier seien im folgenden einfach einige entscheidende Punkte der vorliegenden Untersuchungen berichtet.

Bürokratisierung der Freizeit und der sozialwissenschaftlichen Forschung

Nach Henri Raymond (1960) beginnt die Bürokratisierung der Freizeit dann, »wenn man beim Verkauf von integrierter Freizeit auf die dem Bürgertum verkauften individuellen Dienstleistungen verzichtet, um den unteren Klassen der Gesellschaft stärker standardisierte Vergnügungen zu bieten«. *Integrierte Freizeit* heißt hier: »eine Freizeit, in deren Preis *alles inbegriffen* ist, sei es ein Ferienaufenthalt, eine Reise oder auch nur

[24] Für Gramsci sollte die Partei dagegen ihr eigenes Absterben und ihren Tod in der sozialistischen Gesellschaft vorbereiten. Ebenso für Lenin: Die Partei ist ein vorübergehendes Mittel, kein Zweck an sich.

ein Essen, ein Theaterbesuch ...« Die Freizeit ist ein Produkt des Massenkonsums geworden (vgl. auch Mothe, 1960; Lapassade, 1963).

Die Freizeitbürokratien (Organisation von Ferienreisen, Kulturtourismus etc.) bauen auf dieser Grundlage auf: denn »allein diese Bürokratie kann das Problem lösen, die Millionen amerikanischer Touristen, die uns für die kommenden Jahre versprochen wurden, über den Atlantik zu bringen«.

Welches sind die Grundzüge der bürokratisierten Freizeit? Zunächst einmal handelt es sich um ein Produkt, »das den Lebensbedingungen der Angestellten angepaßt ist, es fügt sich in die Lebensrhythmen des Angestellten ein und soll Probleme lösen, die zu Anfang spezifische Probleme der Angestelltenklasse waren: nämlich ein Maximum an Erholung und Vergnügen in einem Minimum von Zeit unterzubringen«. Sodann schalten sich die Massenmedien ein, um mit den Themen der Flucht, der Rückkehr zur Natur oder der Entspannung zum Freizeitkonsum zu ermutigen (Morin, 1963) [25]. Schließlich »verstärkt die Bürokratisierung der Freizeit die Tendenz, die Freizeit selbst zu kollektivieren. Das Reisebüro, das Gesellschaftsreisen verkauft, schafft ganz harmlos zugleich wandernde Kollektive ...«. Diese Kollektive werden in der Folge durch ihre Nachfrage die Weiterentwicklung der bürokratischen Organisierung integrierter Freizeit beeinflussen.

Sind hieraus nicht radikal pessimistische Folgerungen zu ziehen? Einige Soziologen sind dieser Ansicht. Henri Raymond scheint dagegen anzunehmen, daß die Bürokratie sich eher ihr eigenes Grab schaufelt, als daß sie die Ideologie der Freizeit »auf dem Friedhof der Stereotypen erstarren lassen kann. Die Bewegung, durch die verschiedene Kulturen oder gesellschaftliche Gruppen miteinander in Berührung kommen, wird Bewegungen, Bedürfnisse, Bestrebungen hervorrufen, die das bürokratische Gebäude selbst untergraben«.

*

Die Bürokratisierung der Forschung wurde glänzend beschrieben von der neuen soziologischen Schule in Amerika, und insbesondere von C. Wright Mills (1959). Mills beschreibt die bürokratisierte Forschung in der Soziologie. Dabei unterscheidet er zwei Typen von Forschern: den Professor und den akademischen Nachwuchs. Der erstere ist vor allem an seinem Prestige und an seinen gesellschaftlichen Beziehungen interessiert; der letztere ist um seine Karriere besorgt und muß, um sie sicherzustellen, blindlings bestimmte Methoden anwenden. Diese Situation ist unter den Wissenschaftlern wohlbekannt. Um diesen unumgänglichen Konformis-

[25] »Die Bürokratie ... führt das Staatliche in die Alltäglichkeit ein« (Lefèbvre).

mus zu illustrieren, wird manchmal daran erinnert, daß vor einigen Jahrzehnten noch ein junger Historiker, der an der Universität Karriere machen wollte, in Frankreich ohne Vorbehalte Bloch zitieren mußte, Pirenne gegenüber jedoch gewisse Bedenken haben durfte, während es in Belgien gerade umgekehrt war. Ein anderes Beispiel: junge Forschungsassistenten in der Industrie- oder der Arbeitssoziologie liefern ihren Chefs gelehrte statistische Untersuchungsergebnisse ab, die jedoch nicht auf ihre eigene Initiative zurückgehen, und gleichzeitig veröffentlichen sie unter einem Pseudonym in »engagierten« Zeitschriften die Gedanken, an denen ihnen wirklich etwas liegt, oder Forschungsergebnisse, die sie für entscheidend halten, die sie aber nicht »offiziell« mitteilen könnten, ohne dadurch ihre Karriere aufs Spiel zu setzen. In diesem letzten Beispiel finden wir auf individueller Ebene — manchmal auch in kleinen »Gruppen von Gleichrangigen«, die aus jungen Forschern bestehen — wieder den von der Sozialpsychologie der Betriebe aufgewiesenen Unterschied zwischen dem Offiziellen und dem Informellen[26].

Es bedürfte einer besonderen Untersuchung, einer Forschung über die Forschung, um zu zeigen, welch integrierte Rolle hier die gewerkschaftliche Vertretung der Wissenschaftler spielt, die manchmal — und zwar aus vielschichtigen Gründen — sich dazu veranlaßt sieht, die offizielle Forschungsideologie, die Orthodoxie in den Methoden, kurz: die etablierte wissenschaftliche Autorität zu stützen und somit ihre »Kampfbereitschaft« für die Probleme der Bezahlung und der materiellen Ausrüstung aufzusparen. Unter diesen Umständen wird man sich nicht wundern können, wenn man sieht, wie vor allem in Frankreich die Quellen der kollektiven schöpferischen Phantasie allmählich versiegen. Es gibt immer mehr Forscher, aber sie finden sehr viel weniger heraus als vorher. Das ist eine wahrhaft alarmierende Situation, die sich nicht allein durch den Mangel an Geldern und Ausrüstungen erklärt. Dasselbe Problem stellt sich im Bereich der Universität.

Kehren wir jedoch zu C. Wright Mills zurück. Im Anschluß an seine Typologie des arrivierten und des debutierenden Soziologen geht er das Problem der »akademischen Cliquen« an: ihre Funktion beruht auf »Hilfe und Rat für die Jüngeren, Angebot von Positionen und Beförderung, ... Versendung der Bücher an freundlich gesinnte Rezensenten, ... Ver-

---

[26] Im Hinblick auf Elton Mayo sagt B. Mottez mit vollem Recht, daß man »das Entstehen der Industriesoziologie als eine Art antibürokratisches Manifest auffassen« kann. Ebenso sind jene anonymen Veröffentlichungen der jungen Forscher ein offensichtliches Zeichen für die Bürokratisierung der Forschung. Das Wahre zu sagen, bevor man alt ist, bedeutet, Risiken einzugehen. Wenn dann das Alter gekommen ist, hat sich die Lust an der Wahrheit verloren ...

teilung von Forschungsgeldern, Bereitstellung von oder Tauziehen um Ehrenposten innerhalb der verschiedenen Gesellschaften und Gremien sowie Abmachungen über die Herausgeberschaft von Fachzeitschriften«.

Mills zeigt schließlich, wie die Bürokratisierung nicht allein die Leitung und Kontrolle der Forschung beherrscht, sondern auch den Arbeitsprozeß: »Durch die Normung und Rationalisierung jeder Phase der Sozialforschung wird der geistige Prozeß selber bürokratisiert« (1959, 1963, S. 149).

Um die Tragweite dieser letzten Bemerkung zu verstehen, muß man sich daran erinnern, daß nach Mills der *abstrakte Empirismus* in der Soziologie die auf Statistik, standardisierten Interviews und Lochkarten basierende Methode ist. Es ist dies eine Methode, die Autorität schafft, die das Umgehen mit Zahlen fetischisiert und die sich selbst als das einzige streng objektive Verfahren ansieht. Es ist interessant, zu sehen, wie Mills, ein anerkannter Soziologe, in diesem militanten Szientismus die Symptome eines intellektuellen Bürokratismus aufdeckt.[27]

Er geht jedoch noch weiter und erklärt: »Die Folge davon sind kollektive und systematische Analysen: in den Forschungsinstituten des abstrakten Empirismus werden, um der höheren Leistung willen, routinemäßige Verfahren entwickelt, die ebenso rationalisiert sind wie die der Rechnungsführung in Großbetrieben. Diese beiden Entwicklungstendenzen ihrerseits beeinflussen die Auswahl und Schulung der Institutsangehörigen hinsichtlich ihrer geistigen und politischen Qualifikation« (S. 149).[28]

Die Schlußfolgerung unterstreicht noch einmal den bürokratischen Charakter der die Schule des abstrakten Empirismus kennzeichnenden Ideologie: »Als Bürokrat betrachtet man die Welt als eine Welt von Fakten, mit denen nach festen Regeln zu verfahren ist: für den »Theoretiker« ist die Welt eine Welt der Konzeptionen, die vielfach ohne erkennbare Regeln manipuliert werden können. Die »Theorie« dient auf verschiedene Weise einer ideologischen Rechtfertigung der Macht. Die Forschung für Verwaltungszwecke schließlich dient durch ihre nützlichen Informationen der Erhöhung der Macht« (S. 166).

Wir wollen mit einem Wort von Paul Nizan schließen: Für C. Wright

---

[27] In gewisser Weise stellen die sogenannten »klinischen« Methoden in der Psychologie und in den Sozialwissenschaften den Versuch einer Entbürokratisierung des Forschungsprozesses dar, dies schon in dem Sinne, daß sie gegen die den systematisch quantifizierenden und standardisierenden Forschungen inhärente Verdinglichung ankämpfen.

[28] Wir konnten feststellen, daß die den »abstrakten Empirismus« praktizierenden Forschungslaboratorien junge Forscher nach impliziten Berufskriterien anstellen, die die Qualitäten von Funktionären und von in der Bedienung von Rechenmaschinen erfahrenen Buchhaltern am höchsten bewerten.

Mills sind *in* der Forschung und *durch* die Forschung die »abstrakten Empiristen« die »Wachhunde« der Bürokratie geworden.

Technischer Fortschritt, Bürokratie und Selbstbestimmung

In der Phase A, die, wie wir bereits sahen, durch die (dem Handwerk noch nahestehende) berufliche Kompetenz und durch hochqualifizierte Arbeiter gekennzeichnet ist, sind die Arbeitergewerkschaften Berufsgewerkschaften, die im wesentlichen von einer Berufsaristokratie geführt werden. Dieser Phase entspricht die Ideologie des Anarchosyndikalismus. Die nach Berufen gegliederten Gewerkschaften sind wenig bürokratisiert, und die Zahl ihrer aktiven Mitglieder ist beschränkt.

Die Phase B ist gekennzeichnet durch die großen Unternehmen und die Fließbandarbeit mit ihren Heeren von ungelernten Arbeitern. Hier erreicht die Entfremdung in der Arbeit ihren Gipfel. Die Arbeiter dieser Phase, die heute noch in der Industrie vorherrschend ist, sind durch ihre technischen Arbeitsbedingungen zutiefst *passiv* geworden. Daher delegieren sie die Macht zum Kampf um ihre Befreiung an gewerkschaftliche und politische Bürokratien, die dann für ihre innere Funktionsweise die traditionellen Modelle bürokratisierter Organisationen übernehmen.

Mit der Phase C, der Phase der modernen Industrien und der Automation, tritt eine »neue Arbeiterklasse« in Erscheinung, die die Führungsverantwortung für sich beansprucht und damit zeigt, daß die Selbstbestimmung der Arbeiter möglich ist. Arbeiter, die in einer automatisierten Fabrik, und d. h. mit all den technischen und administrativen Problemen, die dadurch aufgeworfen werden, imstande sind, einen Streik vorzubereiten und durchzuführen, entdecken auch, daß sie imstande sind, in demselben Unternehmen die Macht zu übernehmen.

Einige von A. Meister (1963) mitgeteilte Beobachtungen über die jugoslawische Selbstverwaltung scheinen in dieselbe Richtung zu weisen. Meister stellt fest, daß die Selbstverwaltung der Arbeiter da, wo die Arbeiterklasse technisch am weitesten fortgeschritten und fortgebildet ist, und in den Spitzenindustrien (der Petrochemie, der Elektro-Industrie usw.) wirksam zu werden beginnt. Dagegen ist diese Selbstverwaltung für die Arbeiter, die gerade erst aus landwirtschaftlichen Gebieten gekommen sind und den Arbeitsprozeß nicht voll überschauen, nur erst ein Zukunftsplan.

Meister zeigt jedoch auch, daß die *Bürokratisierung der Selbstverwaltung* ihren Ursprung in der politischen Organisation der jugoslawischen Gesellschaft hat, in ihren Strukturen und ihrer »Kultur«. Ein *sozialisti-*

scher Entwurf »totalitärer« Prägung — und Meister beschreibt ihn als einen solchen, weil er ihn in der offiziellen Ideologie und in den Entscheidungen so vorfindet — kann nur eine Entpolitisierung bewirken und eine »Selbstbestimmung«, die nur noch *technisch* ist, von einer Fremdbestimmung auf der Ebene der Entscheidungen, der Leitung und der Planung abtrennen.

Diese Untersuchung stellt das Problem in seinen Gesamtzusammenhang. Der technische Fortschritt ist zweifellos eine wesentliche und unerläßliche Bedingung einer wirksamen Selbstverwaltung und einer Entbürokratisierung — ebenso wie er zunächst der Ursprung der Bürokratisierung sein konnte. Gleichwohl ist er keine zureichende Bedingung: Die Möglichkeit eines Rückgangs bürokratischer Macht bleibt zweifellos den Organisationsformen von Arbeit, Wirtschaft und Gesellschaft, und d. h. der gesellschaftlichen Arbeitsteilung untergeordnet. Anscheinend bleibt das Problem der Bürokratie gebunden an das Problem der sozialen Klassen, oder besser, es erscheint als eine aktuelle Form, in der sich die Frage nach der klassenlosen Gesellschaft neu stellt. Wenn nun der Staat der absolute Ort der bürokratisierten Macht geworden ist — selbst unter Berücksichtigung der kleinen Abweichungen, die sich hier durch die Entscheidungen für ökonomische und politische Dezentralisierung ergeben — und wenn die Zentralisierung z. B. im verwaltungsmäßigen und politischen Apparat der Einheitspartei bestehen bleibt, so ist nicht deutlich, wie die technische und kulturelle Herrschaft einer neuen Arbeiterklasse den Bürokratisierungsprozeß an der Wurzel ersticken könnte.

Die Bürokratisierung ist — wie wir schon in dem Abschnitt über Taylor gesagt haben — zweifellos in den technischen Bedingungen der Arbeit angelegt. Sie ist aber auch im Organisationsprozeß lokalisiert, und darin lag der zweite Punkt unserer Analyse. Die gesellschaftliche Organisation müßte vollständig verändert werden, damit das »Absterben des Staates«, das im Grunde das Absterben der Bürokratie bedeutet, erkennbar würde. Der technische Fortschritt ist eine dafür notwendige Bedingung; er ist jedoch keine für sich allein zureichende Bedingung.

Jedenfalls »organisiert« man heute überall — im Unternehmen, in den Parteien und Gewerkschaften, in der Freizeit, der Forschung und wo auch immer. Organisation ist die »Losung«, und dies nicht allein für die jungen Unternehmer. Der technokratische Entwurf von Saint-Simon wird Wirklichkeit; dagegen bleibt der sozialistische Entwurf von Marx in seiner wahren Bedeutung problematisch.[29]

---

[29] Der Doppelaspekt der Bürokratie besteht darin, daß sie zugleich Wirklich-

Bürokratisierung — Bürokratismus — Bürokratie — Die Grundzüge der traditionellen Bürokratie

Wir wollen nun zum Schluß dieses Kapitels versuchen, den Ertrag des bisher Gesagten von neuem zu sichten, und zwar vermittels einer Überprüfung der verschiedenen, auf den vorhergegangenen Seiten dargelegten und diskutierten Theorien. Wir wollen, soweit das möglich ist, das Wesentliche jener Analysen unter drei einander ergänzenden Aspekten zusammenfassen.

- Der erste Aspekt betrifft die (»äußeren« und »inneren«) Ursprünge der Bürokratie.
- Der zweite betrifft die Beschreibung des Bürokratismus: die »Modelle«, die »Typologie«, die Funktionsweise.
- Das dritte und letzte Problem ist das der Richtung des geschichtlichen Verlaufs, soweit man ihn vorhersehen kann: Gehört die Zukunft den »Bürokraten«? Und, wenn dies wirklich unser Schicksal ist, welcher Art werden die Bürokraten der Zukunft, der Phase C, sein?

A. Die Bürokratisierung

Wie bildet und entwickelt sich eine Bürokratie? Von den Faktoren der Bürokratisierung wurden die folgenden hervorgehoben:

a) Die Unterentwicklung der technologischen, ökonomischen etc. Produktivkräfte. Es bedarf eines ausgebildeten Proletariats und eines fortgeschrittenen Bauernstandes, wenn die antibürokratischen Bedingungen der sozialen Selbstbestimmung erfüllt sein sollen (dies ist, wie wir sahen, eine Möglichkeit der Phase C).

b) Die soziale Zusammensetzung der Organisationen: diese Art von Analyse hat man zuweilen auf die Bürokratisierung der Arbeiterparteien anzuwenden versucht (z. B. Trotzki).

c) Das System der Machtverteilung, z. B. die Zentralisierung oder auch die vertikale Hierarchisierung. Allgemein erkennt man in den bürokratisch werdenden Organisationen Zentralisierungs-Tendenzen an der

---

keit ist (die sich entwickelt, ausbreitet und verändert) und Problem. »Die Bürokratien sind Institutionen«, schreibt A. Sauvy, und er denkt dabei an die Verwaltungsapparate; die Soziologen zeigen, daß die Institutionen bürokratisch werden. In diesem Gebiet gibt es eine ständige Überschneidung von Vorstellungen oder Begriffen, Gewohnheiten, die sich decken oder umgekehrt einander entgegengesetzt sind. Man muß sich hier mit einer Vielzahl sich entwickelnder Bedeutungen abfinden, aber man muß diese Bedeutungen festlegen.

»Spitze« und umgekehrt Dezentralisierungs-Tendenzen an der »Basis« (Tendenzen zur Autonomie): z. B. in einer Fabrik innerhalb des umfassenderen Rahmens eines Unternehmens oder in einer der Kontrolle eines zentralen Organismus unterstellten örtlichen Institution. Hieraus ergeben sich die Machtkonflikte, die ebensowohl einen Entbürokratisierungsprozeß einleiten wie umgekehrt zugunsten der Spitze entschieden werden können.

d) Die *Größe* oder der Umfang der Organisationen.

e) Die Spezialisierung der Aufgaben. Z. B. impliziert die Übernahme von gewerkschaftlicher Verantwortung Fachkenntnisse (juristische, ökonomische), wobei der Besitz und die Handhabung solcher Kenntnisse dazu führen, die Trennung zwischen der Basis und den Mitgliedern des Apparats zu verschärfen.

f) Der Zugang zu den Leitungsfunktionen. Eine Entwicklung der Bürokratisierung läßt sich in den Gewerkschaften, die Mitbestimmung oder Selbstbestimmung praktizieren, oder in zur Macht gelangenden Parteien feststellen.

Wir haben diese Ursachen nur als Beispiele angeführt. Tatsache bleibt, daß die Bedingungen, unter denen sich eine Bürokratie bildet und weiterentwickelt, noch wenig bekannt sind. Es läßt sich jedoch vermuten, daß die allgemeine Bürokratisierung unserer Gesellschaft die Bürokratisierung der sie konstituierenden sozialen Organisationen mit sich bringt. Dies sind für die sozialen Organisationen äußere Bedingungen. Sie gehen zusammen mit inneren Bürokratisierungsprozessen.

B. Der Bürokratismus

Welches sind die wesentlichen Merkmale der bürokratisierten Funktionsweise? Im ganzen gesehen kommen die diesem Problem gewidmeten Untersuchungen in folgenden Feststellungen überein:

1. Der Bürokratismus ist ein Machtproblem. Die bürokratische Funktionsweise ist dysfunktional: Der Begriff einer *Krankheit der Organisation,* wie er in der Sozialpsychologie des Betriebes verwandt wird, weist in dieselbe Richtung. Diese medizinische Sichtweise stellt die *Strukturen* nicht wirklich in Frage, und, angenommen, eine funktionale Therapie sei möglich, so ließe sie doch diese Strukturen unverändert. Der Konflikt erscheint nur noch als eine Störung der Selbstregulierung des Sozialkörpers. Dieser Auffassung stellt sich jene andere entgegen, die zunächst einmal in der Bürokratie nicht mehr nur eine *Krankheit,* sondern auch und vor allem ihre Funktion als *Eigentümer der Organisation* sieht. Das setzt voraus, daß das Kriterium, von dem aus man den Bürokratismus definiert, nicht mehr am Modell der *biologischen* Norm der Gesundheit aufgestellt wird, sondern nach den *politischen* Gesetzen der Macht gebildet wird.

2. *Er ist ein Phänomen der Verdinglichung.* Die usurpierte Macht genügt noch nicht, um an der Bürokratie das Moment der Entpersönlichung zu definieren: Ein auf einer ähnlich unrechtmäßigen Machtaneignung begründetes *autokratisches* Regime ist noch nicht notwendig *bürokratisch*. Die Autokratie setzt in der Tat die Persönlichkeit des Führers voraus; dagegen ist die bürokratische Welt unpersönlich. Max Weber hat diesen Entpersönlichungsprozeß besonders unterstrichen, der durch die »Rationalisierung« der Verwaltung herbeigeführt wird und durch die strenge Abgrenzung der Rollen — wobei diese Rollen auf festgelegte und unpersönliche Weise definiert und zugeteilt werden und ihre Bedeutung nur in bezug auf die Organisation, für die sie vorgesehen wurden, erhalten. Anders gesagt: *Der Bürokratismus impliziert eine Entfremdung der Personen in den Rollen und eine Entfremdung der Rollen im Apparat.*

3. *Die bürokratische Entscheidung bleibt dunkel.* Der Ausdruck Apparat entspricht sehr gut der hier beschriebenen Situation: Die »Macht der Ämter« ist die Macht eines mechanisierten Systems. Daher die *Anonymität der Entscheidungen:* In einem bürokratischen System ist es schwer zu wissen, wo, wann und wie Entscheidungen gefällt werden. Dies ist bekanntlich einer der wesentlichen Züge der von Kafka beschriebenen bürokratischen Welt.

4. *Die Kommunikation funktioniert nicht mehr.* Aus der Sicht einer dynamischen Sozialpsychologie läßt sich sagen, daß in einem bürokratischen System die Kommunikationen nur in einer Richtung verlaufen, nämlich von der Spitze der hierarchisierten Organisation zu ihrer Basis. Die Spitze wird nicht über die Auswirkungen und die Aufnahme der von ihr gesendeten »Botschaften« (Befehle, Anordnungen) informiert. Dieses Fehlen von Feedback ist ein wesentliches Merkmal des Bürokratismus. Kafka hat diesen Prozeß beschrieben: Die Telefonleitungen verlaufen vom Schloß hinunter ins Dorf, aber in der umgekehrten Richtung sind die Verbindungen »gestört«. Es gibt »Sprecher«, aber die Stimme der Gesellschaft, der Gesamtgruppe wird nicht mehr gehört.

5. *Der Bürokratismus stützt sich auf eine Pädagogik.* Die *bürokratische Direktivität* ist eine andere Form eines solchen Kommunikationssystems.

a) Die politischen Bürokratien erstellen und verbreiten eine ideologische Orthodoxie, deren dogmatische Starrheit eine Widerspiegelung ihres Machtsystems ist. Dieser Aspekt des Bürokratismus ist wohlbekannt, doch kennzeichnet man die pädagogische Form, in der die Verbreitung der Dogmen geschieht, nicht immer mit genügender Deutlichkeit. In der bürokratisierten Partei werden die Mitglieder zu *Erziehungsobjekten* — um einen Ausdruck von Trotzki zu gebrauchen: Man will ihr Niveau dadurch heben, daß man ihre »politische Erziehung« sicherstellt. Dies ist der erste Grund für die Erhaltung einer Zweistufen-Struktur: An der Spitze regieren die Wissenden; an der Basis steckt man noch in Unwissenheit, und daß man noch nicht an den Entscheidungen teilhat, liegt daran, daß es noch an der *politischen Reife* fehlt, die nur durch die bürokratische Initiation erlangt werden kann. Die Initiatoren sind offenbar das, was Rosa Luxemburg die *Schulmeister des Sozialismus* nennt.

b) In anderen Bereichen des sozialen Lebens, z. B. in der Schule, finden sich analoge Schemata, so auch in vielen Ausbildungskonzeptionen in der Industrie. Die Entwicklung von nicht-direktiven Ausbildungsmethoden hat diesen Aspekt deutlich hervortreten lassen: Die direktiven Techniken geben nicht zu, daß das Wissen oder Können womöglich »von unten« kommt: Das widerspräche den Normen einer vertikalen Hierarchisierung der Macht und also auch des Wissens. Der traditionelle Unterricht an der Schule oder an der Universität ist im allgemeinen autoritär, direktiv und auf die bürokratische Ordnung gegründet. Die Kritik der traditionellen Erziehung ist somit eine Kritik der Bürokratie.

c) In einer bürokratisierten Gewerkschaft wird zuweilen die Möglichkeit zugegeben, daß auch Vertrauensleute und einfache Mitglieder intuitiv und in der Aktion selbst die richtige Antwort auf eine gegebene Situation finden; zur gleichen Zeit aber ist man weiterhin der Überzeugung, daß die Gesamtstrategie des Kampfes auf einem umfassenderen Wissen aufbauen muß, das an der Spitze erworben und von ihr aus weitergegeben wird. Daher rührt die Kritik an der Idee der Spontaneität und zugleich die schulische Atmosphäre bei den Lehrgängen der Kaderausbildung: Man kehrt in die Schule zurück, um die Linie der Organisation zu erlernen.

d) Heute wollen allerdings einige Bürokratien, daß nichtdirektive Sozialpsychologen ihre Kader trainieren. Doch bleibt diese Forderung solange bürokratisch, als man nicht sieht, daß das wahre Problem in der Isoliertheit dieser Kader liegt und daß die wahre Methode nicht das Training sondern die Intervention ist.

e) So bildet sich das außengeleitete Individuum, das nach Riesmann mit einem Radarinstrument ausgestattet ist, um sich der bürokratisierten Gesellschaft anzupassen und sich im sozialen Feld zurechtzufinden. In dieser Gesellschaft muß das Kind als erstes lernen, sich als ein gutes Mitglied der Gruppe zu verhalten. Es wird »in der Schule darauf vorbereitet, seine Stellung in einer Gesellschaft einzunehmen, in der das Interesse der Gruppe weniger auf die Leistung als auf harmonische zwischenmenschliche Beziehungen, auf ›Gruppendisziplin‹ und ›Gesinnung‹ gerichtet ist« (Riesmann u. a., 1958, S. 79). Ebenso stellt man in der Kaderschulung die *Wissenden* den *Nicht-Wissenden* gegenüber.

6. Die bürokratischen Ausbildungstechniken tragen zu einer Verstärkung des Konformismus bei. Eine der entscheidensten Folgen ist der Mangel an Initiative und infolgedessen die zunehmende Trennung in zwei Ebenen, wie sie für die bürokratisierte Organisation charakteristisch ist. Die folgsame Unterwerfung unter die Führer und Ideologen sowie ihre eventuellen Motivationen (Rechtgläubigkeit? Karrieredenken?) gehören zu den bezeichnendsten Merkmalen eines bürokratisierten »Klimas«. Diese Folgsamkeit ist ein Grundzug des von Riesmann beschriebenen außengeleiteten Individuums, des »freundlichen Mitglieds« einer sozialen Gruppe.

7. Die Bürokratie ist der wahre Ursprung der »Abweichungen«, Fraktionierungen oder »informellen Gruppen«:

a) In den politischen Organisationen: Um die Opposition zu unterdrücken — dasselbe dialektische Modell gilt für Freuds Beschreibung der Unterdrückung der Triebe und für Trotzkis Beschreibung der Zurückdrängung der Kritik —, geben die Bürokraten sich als Gewissen der Gruppe aus und behaupten, daß die Oppositionellen sich selbst ausgeschlossen haben, so wie sich nach Kant der Verbrecher selbst aus der Gemeinschaft ausschließt. Am Ende dieses Prozesses ist die Fraktion nicht einmal mehr eine Fraktion der Gruppe: Sie ist eine außenstehende Gruppe geworden, oder zumindest eine Geheimgruppe in der Organisation.

b) In den Betrieben: In anderen Bereichen des sozialen Lebens treten analoge Phänomene in Escheinung: So hat Moreno den Gegensatz zwischen der durch den Organisationsplan und der durch das Soziogramm dargestellten Ordnung beschrieben. Der Organisationsplan gibt den hierarchisierten institutionellen Apparat wieder, die offizielle Verteilung der Aufgaben und den vorgeschriebenen Umlauf der Kommunikationen, die die verschiedenen Regionen eines sozialen Feldes miteinander verbinden — kurz, eine Gesamtheit von Merkmalen, die auch zur Beschreibung eines bürokratischen Apparates geeignet sind. Das Soziogramm deckt andere Rollenverteilungen auf, andere Querverbindungen, andere — informelle, nicht anerkannte — Gruppen, die sich innerhalb derselben sozialen Organisation gebildet haben, z. B. in einer Fabrik. Sie sind Gewebe aus wirklicheren, »spontaneren« Verhältnissen und sind in der Lage, den Boden für eine Abweichung, für eine gegen die aufgezwungene Ordnung gerichtete Opposition, vorzubereiten. Auch hier wieder kann das, was auf dem Felde des politischen Lebens vor sich geht, als Sonderfall verstanden werden, der einer allgemeineren Analyse unterworfen werden muß, die die Verwertung von in anderen Bereichen ausgearbeiteten Modellen und Begriffen einschließt.

c) Schließlich kann man denselben Prozeß noch in einer anderen Sprache formulieren: Einige Soziologen haben in der Tat die Bildung von *Untereinheiten* innerhalb der Organisation beschrieben, d. h. von Untergruppen, die schließlich *eigene Ziele* (»subgoals«) verfolgen.

8. Die Organisation ist kein Mittel mehr, sondern ein Zweck. Ein anderer charakteristischer Mechanismus ist das, was Michels *die Vertauschung der Zwecke* genannt hat. Nehmen wir das Beispiel der politischen und der Gewerkschaftsorganisationen. Zu Anfang erschien der Apparat als ein Mittel zur Realisierung bestimmter Ziele, etwa des Sozialismus, wenn das Ziel der Organisation revolutionär war. An die Stelle dieses ersten Zieles ist allmählich das eines politischen Siegs der Partei getreten, und dieses Ziel ist am Ende die treibende Kraft in aller Arbeit der Organisation. Anfangs hat man zugegeben, daß eine Verwirklichung des Sozialismus zunächst eine Machtübernahme voraussetze, und dieses *Zwischenziel* bestimmt nun schließlich — zur Hauptsache und sogar zum einzigen Ziel geworden — die Ideologie und alle Aktivitäten der Partei.

Andererseits wird im Bewußtsein der Bürokraten die Anhänglichkeit an die Organisation — an ihre Strukturen, ihr inneres Leben, ihre Riten — schließlich nicht nur eine absolute Pflicht, sondern auch eine Quelle von Werten und Befriedigungen. Vor allem stellt das bürokratische System eine neue Welt der Entfremdung her: Für den auf nationaler Ebene Verantwortlichen — hier liegt ein noch kaum untersuchter Grundzug der bürokratischen Ordnung — bilden die regionalen und örtlichen Organismen den Horizont und die Grenze seiner alltäglichen Welt; die Wahrnehmungsfähigkeit des Bürokraten endet auf der letzten Stufe der bürokratischen Hierarchie. Die Basis wird ihm am Ende in dem Maße fremd, daß er während der Zeit zwischen den Wahlperioden ihre Existenz vergißt. So entwickelt sich innerhalb der Bürokratie ein

Ganzes von Traditionen, von Verhaltensmodellen, eine spezifische Sprache, ein ganzes »Wissen«, dessen gemeinsamer Besitz zu gleicher Zeit die Bindung zwischen den Initiierten verstärkt und die Kluft zur zweiten Stufe, der Basis, vertieft.

9. Die Bürokratie leugnet Veränderung und Geschichte. Der *Widerstand gegen Veränderung* ist eine der Folgen, die sich aus der Vertauschung der Ziele ergeben. Wie Max Weber sagt, tendiert die Bürokratie dahin, in ihrem *Sein* zu verharren, d. h. zur Bewahrung ihrer Strukturen, selbst dann, wenn sie neuen Situationen nicht mehr angemessen sind, ihrer Ideologie, selbst, wenn sie sich auf einen überholten Zustand bezieht, und ihrer Kader, selbst wenn sie sich der neuen Form der Gesellschaft nicht mehr anzupassen vermögen. Anders gesagt: das *Assimilationsverhalten,* d. h. die Anwendung von Schemata, die für frühere Situationen entworfen wurden, setzt sich durch gegen das *Anpassungsverhalten,* das den Entwurf von neuen Aktionsschemata erfordert, die geeigneter sind, auf neue Situationen eine Antwort zu geben.

Dieser Konservatismus — diese Verleugnung der Zeit — führt zu *Abwehrmechanismen,* z. B. zu ideologischer Verhärtung, zu systematischer Ablehnung alles Neuen und zur Feindseligkeit gegenüber jeder Kritik, die man als ein Zeichen von organisationsschädigender Opposition ansieht. Und auf der Seite der Basis entwickelt sich eine zunehmende Indifferenz.

Doch weder im kollektiven Leben noch in der Dynamik der Persönlichkeit ist die *Verdrängung* (répression) jemals eine endgültige Ausschaltung (suppression). Die bürokratische Ordnung setzt die Stärkung des Apparats und der Überwachung voraus, was im Grunde die Isolierung dieses Apparats nur noch unterstreicht. Dies ist eine äußerste Konsequenz. In jedem Falle braucht aber die Bürokratie Vorrichtungen, die Kontrolle, Überwachung und Beaufsichtigung garantieren und deren Aufgabe vor allem darin besteht, die Einhaltung der bürokratischen Normen zu gewährleisten, die Initiative und das Auftreten des Neuen zu überwachen.

10. Die Bürokratie stärkt das Karrierestreben. Karriere zu machen, ist die bürokratische Vorstellung vom Beruf.

a) Politisch und umgangssprachlich dient der Ausdruck zur Bezeichnung — und Verdammung — des »Arrivismus« des Berufspolitikers, des Mitglieds des Apparats, dessen Hauptsorge es ist, um jeden Preis »aufzusteigen«, wobei er alle notwendigen Zugeständnisse macht und einem bestimmten Führer solange Gefolgschaft leistet, wie dieser eine einflußreiche Position innehat. Dies ist bekannt. Auch hier handelt es sich nicht mehr darum, den Zwecken zu dienen, welche die Organisation verfolgt, sondern der Organisation zu dienen und sich ihrer zu bedienen. Ausgehend von der Funktion, die man ausübt, gelangt man zur Karriere wie man von der Organisation zur Bürokratie gelangt: Derselbe Mechanismus der Vertauschung der Zwecke ist gemeinsames Kennzeichen dieser beiden Übergänge.

b) Dies wiederum ist kein den politischen Organisationen eigentümliches Kennzeichen. Der Begriff der *Karriere* gewinnt, wie R. Treanton betont hat, zunehmende Bedeutung in unserer bürokratisierten Gesellschaft, in den Unternehmen und im Ganzen der modernen gesellschaftlichen Organisationen.

Zu einer neuen Definition

Am Ende dieser Analyse lassen sich einige Hauptlinien herausstellen, die in einer neuen Definition der Bürokratie zusammenlaufen.

1. Die Zweideutigkeit der Definitionen der Bürokratie, wonach sie einmal als Schalt- oder Übermittlungssystem betrachtet und das andere Mal als *Macht* begriffen wird, bleibt bestehen. Als für den Bürokratismus wesentlich müssen wir aber das Auseinanderbrechen der Gesellschaft in zwei antagonistische und getrennte hierarchische Stufen ansehen; die Bürokratie ist die Organisation dieser Trennung.

2. Das Problem der Bürokratie ist ein Organisationsproblem: Das besagt jedoch nicht, daß man Organisationen und Bürokratien in einer und derselben Definition miteinander vermengen dürfte, wenn auch hier wiederum eine gewisse Zweideutigkeit im Sprachgebrauch bestehen bleibt. Man kann nicht genug betonen: Die Bürokratie ist die Organisation, die an der Macht ist.

3. Schließlich sieht man, wie sich in den jüngsten Untersuchungen eine Strömung abzeichnet, die mit dem Gedanken einer »Bürokratisierung der Welt« die neuen Formen kennzeichnen möchte, die die soziale Kontrolle im Ganzen der industriellen Zivilisation annimmt. Hier aber wird das Problem der Bürokratie wieder zu einem philosophischen Problem: Die Normen, die unsere Definition der Bürokratie leiten, sind durch unsere Vorstellung von der Geschichte bestimmt. Je nach unserem Standpunkt werden die Bürokratien als die *Schattenseite* eines historischen Fortschritts oder aber umgekehrt als eine zunehmende Verschlechterung des sozialen Funktionierens im Ganzen, als eine fast unausweichliche Folge der industriellen Massengesellschaft angesehen werden.

Für Hegel ist die Organisation die Vernunft; für Marx ist sie umgekehrt die Unvernunft.

Wer hat schließlich recht, Hegel oder Marx? Wir sahen, daß Hegel sein System mit der Politik vollendet, die »Rechtsphilosophie« ist sein letztes veröffentlichtes Werk. Es schließt mit der Einsicht, daß: *»an sich* der Gegensatz zur marklosen Gestalt geschwunden (ist); die Gegenwart hat ihre Barbarei und unrechtliche Willkür, und die Wahrheit hat ihr Jenseits und ihre zufällige Gewalt abgestreift, so daß die wahrhafte Versöhnung objektiv geworden, welche den *Staat* zum Bilde und zur Wirklichkeit der Vernunft entfaltet, worin das Selbstbewußtsein die Wirklichkeit seines substantiellen Wissens und Wollens als idealer Wesenheit ... findet« (§ 360).

Der Hegelsche Staat bringt die Welt der Existenz in eine »Totalität«. Zweifellos ist er nicht die *»bürgerliche Gesellschaft«*, d. h. die Welt der Produktion, der Menschenmassen, des konkreten und alltäglichen sozialen Lebens, er ist jedoch das, wodurch sich jene bürgerliche Gesellschaft organisiert und eine solche Bedeutung gewinnt, daß die Privatperson zugleich damit ein »Bürger«, ein Mitglied der Polis ist.

Die Politik im ursprünglichen Sinne des Wortes ist bei den Griechen aus einer solchen Bestimmung des öffentlichen Menschen entstanden, und sie war zugleich eine Organisations- wie eine Regierungstechnik. Die Bestimmung der Politik als Spiel der Parteien und der Interessenverbände kam später. Aber zu Anfang fällt die Idee der Politik mit der der Gesamtgesellschaft, mit deren Geburt, Begründung und Rationalität zusammen.

Hegel führt hier jedoch ein neues Moment ein. In seinem System *bemächtigt sich* die dem Staat entspringende vernünftige Ordnung durch die Vermittlung einer Ordnung, die, mit seinen Worten gesagt, *der Geist des Staates* ist, der bürgerlichen Gesellschaft. Die Würde der Staatsverwaltung und der Beamten liegt in dieser ihnen vom Philosophen zugeschriebenen Aufgabe. Für ihn läuft in der modernen Welt alles auf die vornehmste Funktion der Verwaltungsbeamten hinaus, die darin besteht, die Spannungen, Unterschiede und Widersprüche, die die alte Gesellschaft kennzeichneten, durch eine universale Ordnung, die Ordnung der Bürokratie, zu ersetzen.

Ein Jahrhundert später entdeckt Max Weber Hegels Einsicht von neuem, indem er die folgende These, die als ein Paradox erscheinen könnte, entwickelt: Die Bürokratie ist die Rationalisierung der Welt. Doch handelt es sich hier nicht mehr allein um die Staatsbürokratie. Wir sind in die industrielle Zivilisation eingetreten, Max Weber ist ein Zeitgenosse Taylors und der Theoretiker der Produktionsrationalisierung. Er treibt somit die Hegelsche These weiter, vielleicht mit größerem kritischem Abstand.

Die entscheidende Kritik an Hegel haben wir in einer Jugendschrift von Marx gefunden, die zu der Zeit, als für und wider Max Weber andere Gesichtspunkte geltend gemacht wurden, noch nicht an die Öffentlichkeit gelangt war. In seiner »Kritik der Hegelschen Rechtsphilosophie« zeigt Marx die Widersprüche sowohl der These wie der Wirklichkeit auf. Wenn man etwas näher hinschaut — so sagt er, der Sache nach —, sieht man, daß die Konflikte bestehen bleiben, die Konflikte zwischen jener von Hegel beschriebenen »vollendeten Bürokratie« und den »unvollendeten Bürokratien« der Korporationen, die Konflikte zwischen der Bürokratie und dem Staat, Konflikte selbst innerhalb der Bürokratie. In diesem, im wesentlichen aus kritischen Notizen bei der Lektüre bestehenden Text bemerkt Marx zum ersten Mal nicht das ideale Funktionieren des bürokratischen Apparates, sondern im Gegenteil seine reale Dysfunktionalität, wie wir heute sagen würden.

Und ebenso, wie sich in der Mitte des 19. Jahrhunderts Marx gegen Hegel richtet, ebenso wird ein Jahrhundert später dieselbe Opposition laut.

In der Nachfolge Max Webers zeigen Soziologen besonders der amerikanischen Schule, vor allem Merton, Selznick und Gouldner, die Unvollkommenheiten der bürokratischen Systeme. Gleichzeitig entwickelt sich die marxistische Tradition weiter — ohne daß die beiden Bereiche sich bereits berühren würden.

Die letztere Weiterentwicklung geht in zwei Richtungen. Die erste und weniger ausgearbeitete — und zwar aus Gründen, die gerade mit dem Problem des Bürokratismus zusammenhängen — ist die Richtung, die zuerst von Lukács eingeschlagen wurde. In seinem Essay über die Verdinglichung (1923) zeigt Lukács, gestützt auf die Analysen Max Webers, daß die Bürokratie die Einführung der Trägheit in das soziale Leben bedeutet, eine Verknöcherung der menschlichen Beziehungen und der Organisationen. Man könnte hier eine berühmte Wendung von Bergson modifizieren und sagen, daß die Bürokratie für Lukács ein »dem Lebendigen aufgesetztes Mechanisches« ist. Die Welt der Bürokratie, wie sie von Lukács vorgestellt wird, ist letztlich die Welt Kafkas, das »Schloß«, der »Prozeß«, die »Strafkolonie«. Es ist auch die Sartresche Welt des Praktisch-Inerten.

Die andere Strömung des marxistischen Denkens, die schließlich ebenfalls als eine Abweichung angesehen wird, ist eine Strömung, die sich spezifischer mit Problemen der Macht, des Staates und der Partei befaßt: Sie verläuft über Lenin und vor allem über Trotzki und Rosa

Luxemburg bis zu Rizzi und Djilas. Ausgehend von der Erfahrung der russischen Revolution stellt sich in zunehmendem Maße ein Problem: Der 1917 geschaffene Staat ist nicht »abgestorben«. Im Gegenteil, die Bürokratie blüht; für Trotzki eine parasitäre Schicht, ist sie für Rizzi und für Djilas eine »neue Führungsklasse«, die sich des Staates und der Partei bedient, um ihre eigene Herrschaft zu sichern.

Selbstverständlich wird diese These von den Machthabern nicht anerkannt. Gleichwohl bleibt das Problem bestehen; und wenn auch in Jugoslawien die Verbreitung der Thesen über die *Neue Klasse* nicht erlaubt ist, so wurde doch eine Untersuchung gestattet — und kürzlich von A. Meister (1963) veröffentlicht —, die unseres Wissens die einzige ist, die von einem Psychosoziologen durchgeführt wurde und das Ganze des ökonomischen und politischen Funktionierens eines Staates betrifft, der sich als den Marx getreuesten ansieht.

Marx stellt der Herrschaft der Bürokratie das »self government« der Arbeiter entgegen. Er entwickelt aber dieses Prinzip der Selbstregierung, in der er einfach die durch die Erfahrung der Pariser Kommune vorweggenommene Lösung für die Zukunft sieht, nicht weiter. Das Problem bleibt also offen: Was kann ein nicht-bürokratisches System bedeuten und wie ist es zu denken? Doch stellt sich jenseits dieses Problems ein weiteres, das uns als entscheidend erscheint: Wohin geht die Geschichte? In die durch Hegel angezeigte Richtung — die fortschreitende und verallgemeinerte Bürokratisierung der Welt — oder in die von Marx angekündigte Richtung? Welches ist das Schicksal der Kultur?

Die Zukunft

Die Stärke der Hegelschen These — ihre Provokation — liegt darin, daß sie in der Heraufkunft der bürokratischen Ordnung den endgültigen Reifezustand und die Vollendung der Geschichte sieht. Hegel schreibt: »Die Ausbildung des Staates zur konstitutionellen Monarchie ist das Werk der neueren Welt, in welcher die substantielle Idee die unendliche Form gewonnen hat« (§ 273). Seitdem ist die Bürokratie die Synthese, die jene Vollendung zur Vollendung bringt und sie auf das Ganze der bürgerlichen Gesellschaft überträgt. Wenn die Bürokratie das Schicksal der Welt ist, hat Hegel recht: Die Geschichte ist vollendet, und ihre gegenwärtigen Peripetien sind nichts anderes als die Erfüllung dessen, was bereits in der Rechtsphilosophie vorgezeichnet war. Das Vermittelnde wird die Grundlage der *Ordnung* und die definitive Gestalt der Stabilität.

Jedoch ist diese Ordnung in Wirklichkeit eine Unordnung. Eine stabilisierte Organisation der Welt war nur zu einer Zeit möglich, da das Wesentliche des Lebens nicht in der Veränderung lag. Seit aber Veränderung zum Gesetz geworden ist, bremst die Ordnung, und die Bürokratie erscheint nun gerade als das, was sich der Veränderung widersetzt. Mit ihren festgelegten Rollen und ihren standardisierten Hierarchien schien die Bürokratie die Zeit anzuhalten und des Neuen Herr zu werden. Doch wird ihre Ruhe durch Krisen getrübt, das Leben entflieht ihr, und die »Dysfunktionen« der Organisation bringen jenen Teil des kollektiven Lebens zum Ausdruck, der sich der allgemeinen und offiziellen Ordnung nicht unterwerfen will; die Machtkämpfe setzen sich innerhalb des bürokratischen Apparates fort.

Man wird nun zugeben müssen, daß jene Stabilität stets eine relative ist, daß sie periodisch von Krisen erschüttert wird, und daß die Stabilitätsmodelle den Erfordernissen der Gesellschaften nicht oder nicht mehr entsprechen. Die Bürokratie war für Max Weber der Geist des absoluten Systems in der Organisation. Für diejenigen, die seiner Analyse folgten, scheint das System sich nur durch Verdinglichung und durch Negation des Lebens, der aktiven Teilnahme und Kreativität zu erhalten.

Die sozialen Ganzheiten, Gruppen, Organisationen und Institutionen — wobei der letztere Terminus hier in bezug auf gesamtgesellschaftliche Strukturen angewandt wird — sind niemals in sich selbst geschlossen. Eine Primärgruppe ist immer bestimmt durch Organisationen und Institutionen; eine gesellschaftliche Organisation — eine Schule, ein Unternehmen, ein Krankenhaus — steht notwendig in Verbindung mit anderen Organisationen in einem Ensemble von Institutionen. Außerdem ist die Organisation niemals ganz und gar homogen: In einem Unternehmen berühren sich verschiedene Organisationen, kooperieren miteinander oder treten in Gegensatz. Der Sinn solcher Ensembles liegt immer zugleich hier und jetzt wie auch anderswo und in der Geschichte. Kein Sozialgebilde kann eine abgeschlossene Totalität darstellen.

Nun will jedoch die Bürokratie, ganz grundsätzlich genommen, die Teiltotalitäten vollenden, sowohl im sozialen Raum als auch in der Zeit. Im sozialen Raum ist die bürokratisierte Organisation nicht mehr ein ständig schöpferischer kollektiver Akt; sie ist vielmehr eine geronnene soziale Entität. In der Zeit tendiert die Bürokratie zum Veränderungswiderstand; ihr Wille geht faktisch dahin — wie Max Weber sagte —, in ihrem Sein zu verharren.

Diese Abgeschlossenheit ist illusionär. Auf der Ebene der Bürokratie ist keine vollendete, endgültige Stabilität möglich, und die revolutionäre Bewegung fällt zurück, wenn sie nicht immer weiter fortschreitet, wenn sie darauf verzichtet, Geschichte zu machen. Denn, wie Engels schreibt, kann die Geschichte ihre endgültige Vollendung nur in einem vollkommenen Zustand der Menschheit finden.

Hier zeigt sich die grundsätzliche Alternative, die Frage, die heute diejenigen beschäftigt, die die Probleme der Zukunft unserer Gesellschaft am schärfsten artikulieren. Mehr noch: seit wir erkannt haben, daß überall in den sogenannten sozialistischen Ländern die Gesellschaft von einer *neuen Führungsklasse* beherrscht wird und daß überall in den Ländern der sogenannten »Dritten Welt« die Kolonialherrschaft einer bürokratischen Herrschaft Platz gemacht hat — seit jener Zeit haben wir erkannt, daß das Problem der Bürokratie das große ungelöste politische Problem unseres Jahrhunderts ist. Der bereits entwickelte Gegensatz zwischen Hegelianismus und Marxismus stellt somit die schärfste begriffliche Ausarbeitung eines sehr konkreten, sehr alltäglichen und sehr aktuellen Problems dar.

Dies vorausgesetzt, muß gleichwohl beachtet werden, daß eine solche theoretische Ausarbeitung zwar notwendig, zugleich aber ungenügend für denjenigen ist, der die Realitäten der heutigen Welt so deutlich wie möglich herausschälen will. So sind z. B. für den Soziologen die Grundzüge der Bürokratie, wie ich sie im Anschluß an *alle* Autoren bisher herausgestellt habe, um auf diese Weise eine Synthese ihrer Analysen zu geben, keine ewigen Grundzüge. Die Starrheit, das Gerinnen der Kommunikationen, das brutale Zurückweisen von Abweichungen sind Kennzeichen der Bürokratie in den Phasen A und B. Das besagt, daß, wenn diese Kennzeichen verschwinden oder sich tiefgreifend wandeln, diese Wandlungen nicht als Ende der bürokratischen Herrschaft interpretiert werden dürfen.

Die Bürokratie als soziales System besteht solange, wie das *Privateigentum an der Organisation* besteht. Das besagt, daß eine Abschaffung des Privateigentums an den Produktionsmitteln noch nicht zugleich die Abschaffung der Herrschaft von Menschen über Menschen bedeutet.

Genauso verhält es sich mit der Kolonialherrschaft und mit jeder Art von Knechtung unter dem Imperialismus der Großmächte. Selbst wenn diesen Herrschaftsformen ein Ende gesetzt wird, werden die befreiten Völker häufig der inneren Herrschaft der neuen Führungsklasse unterworfen.

Diese neue Führungsklasse leugnet ihren Charakter als *herrschende Klasse* beständig ab. Sie behauptet im Gegenteil — und das ist sogar die Grundlage ihrer Ideologie —, daß sie sich für das allgemeine Wohl aufopfert und daß es ihre Aufgabe sei, die letzten historischen Stützpunkte der Herrschaft zu zerstören.

Als im 18. Jahrhundert das Bürgertum, die »aufsteigende Klasse«, seinen Kampf um eine Veränderung und um die Führung der Gesellschaft aufnahm, haben seine Ideologen in der Gesellschaft freiheitliche Thesen verbreitet: Freiheit, Gleichheit, Brüderlichkeit ... Die aufsteigende Klasse hielt sich an diese Parolen und machte sie sich zu eigen. Aber die von ihr geforderte »allgemeine« Freiheit war im Grunde nur *ihre* Freiheit. Ebenso wird heute der sozialistische Entwurf von den aufgeklärtesten Führern der Massenorganisationen oder von einigen sich sozialistisch nennenden Staaten proklamiert. Zuweilen scheint es jedoch, als sei das, was die modernistischsten Bürokraten, zumal unter den europäischen Gewerkschaftlern, wirklich wollen, nur ihr eigener Zutritt zur Führung der neuen Gesellschaft. Unter *Selbstbestimmung* muß man dann die Leitung der Gesellschaft durch eine neue Bürokratie verstehen — die Bürokratie der Phase C mit ihren wohlmeinenden Organisatoren.

Gleichzeitig scheint es, wie gesagt, so zu sein, daß diese neue Bürokratie sich in ihrer *Praxis* modernisiert, daß sie die Rigidität und die anderen Merkmale der Bürokratie in den Phasen A und B ablegt. (Daher rühren z. B. innerhalb mancher Gewerkschaften oder mancher Staaten die Konflikte zwischen Bürokraten des traditionellen und Bürokraten des neuen Typs.) Schließlich fällt die Heraufkunft dieser neuen Bürokratie zusammen mit der weltweiten Entwicklung einer »Konsumgesellschaft«: Das Transistorradio verbreitet die Modelle dieser Gesellschaft mit ihrem neuen Konformismus bis in das Herz von Afrika. Es erscheinen neue Formen der Entfremdung. Ganz langsam setzt sich eine subtilere, geschmeidigere Machtausübung durch. Es ist schwer zu sagen, wie unsere Zukunft aussehen wird. Doch hindert diese grundsätzliche Unsicherheit keineswegs daran, zu handeln — wie jetzt zu zeigen sein wird.

Viertes Kapitel

Die Institutionen und die institutionelle Analyse

Die Definition der Institutionen

Unter Institutionen verstehen wir:

- offizielle gesellschaftliche Gruppen: Betriebe, Schulen, Gewerkschaften;
- Regelsysteme, die das Leben dieser Gruppen bestimmen.

Bis jetzt ging die Untersuchung der Institutionen im wesentlichen die Soziologen an. Zu Beginn des 20. Jahrhunderts bestimmen Fauconnet und Mauss im Sinne Durkheims die Soziologie als Wissenschaft von den Institutionen. Sie schreiben: »Die Institutionen sind ein vollständig eingerichtetes Ganzes aus Handlungen und Gedanken, das die Menschen vorfinden und das sich ihnen mehr oder weniger aufzwingt. Es gibt keinerlei Grund, diesen Ausdruck ausschließlich — wie das gewöhnlich geschieht — auf fundamentale gesellschaftliche Einrichtungen zu beschränken. Wir verstehen unter diesem Wort also ebenso die Gewohnheiten und Bräuche, die Vorurteile und abergläubischen Vorstellungen wie die politischen Verfassungen oder die wesentlichen juristischen Organisationen; denn all diese Phänomene sind von derselben Art und unterscheiden sich nur graduell voneinander. Die Institution ist, kurz gesagt, innerhalb der Sozialforschung das, was die Funktion in der biologischen Ordnung ist, und so wie die Wissenschaft vom Leben die Wissenschaft von den Lebensfunktionen ist, so ist die Wissenschaft von der Gesellschaft die Wissenschaft von den so bestimmten Institutionen« (Artikel »Sociologie« in der »Grande Encyclopédie«).

Demgegenüber bemüht sich ein zeitgenössischer Soziologe, G. Gurvitch, den Begriff Institution aus dem soziologischen Sprachschatz zu entfernen. »Dieser Ausdruck«, so sagt er, »wurde in Frankreich in ziemlich verschiedenen Bedeutungen gebraucht, von der Durkheim-Schule und in dem Werk von Maurice Hauriou. Gegenwärtig gebrauchen und mißbrauchen die amerikanischen Soziologen diesen Ausdruck mit einer bemerkenswerten Geläufigkeit und Undeutlichkeit ... Man versteht gut, daß die gegenwärtige Soziologie alles dabei zu gewinnen hätte, wenn sie den Begriff Institution aufgeben würde; und dies um so mehr, als man in den USA neuerdings damit begonnen hat, den an sich sehr nützlichen Begriff der »Sozialstruktur« durch eine Verbindung mit dem Begriff der Institution zu kompromittieren« (Gurvitch, 1963).

Der Begriff der Institution wird heute in verschiedenen, der soziologischen Forschung mehr oder weniger nahestehenden Bereichen gebraucht. So vor allem:

- in der *Rechtssprache:* M. Hauriou (1925) schlägt vor, bei dem Begriff der Institution zwischen institutioneller Gruppe und institutioneller Sache zu unterscheiden. Ähnlich sieht Sartre (1963) einen Unterschied und eine Einheit analog zwischen institutioneller Praxis und institutioneller Sache.
- In der *Sprache der Anthropologie* unterscheidet man mit Kardiner (1939) primäre und sekundäre Institutionen. Die primären Institutionen (Erziehungsmethoden, Eigentumsformen usw.) wirken auf die Grundpersönlichkeit ein und formen sie. Die sekundären Institutionen werden von der Grundpersönlichkeit einer Gesellschaft geschaffen. Der Übergang von den einen zu den anderen geschieht durch Mechanismen, die mit dem Freudschen Mechanismus der *Projektion* verglichen werden können.

M. Dufrenne (1960) stellt fest, daß, »wenn Kardiner die Institution als das definiert, ›was die Mitglieder der Gesellschaft fühlen, denken und tun‹, man nicht gut sieht, wo das Gesellschaftliche anfängt und wo das Psychische aufhört. Uns scheint, daß man der Institution das Gewicht ihrer Objektivität und ihre Besonderheit zuerkennen müßte und folglich daß man sauberer zwischen der Institution als gesellschaftlicher Tatsache und der Institution als gelebter Praxis unterscheiden müßte«.

Der Begriff Institution wird auch von den Sozialpsychologen verwandt, wie wir bei J. Stoetzel (1960) sehen: »Die zwischenmenschlichen Beziehungen entstehen nicht zwischen Unbekannten, die sich in der Wüste begegnen; sie entfalten sich in soziologischen Zusammenhängen, sie haben einen institutionellen Rahmen, und sie sind sogar in sehr enger Weise abhängig von der bestimmten Kultur, in der sie auftreten. Ein gutes Beispiel für die Weise, wie die Statuspositionen und Rollen in bestimmten gesellschaftlichen Situationen die zwischenmenschlichen Beziehungen leiten, liefert der Fall des Kranken und des Arztes, wie Parsons ihn analysiert ... Darüber hinaus — selbst die Mittel des Austauschs sind Gegenstand einer Institutionalisierung. Das würde eine Untersuchung der Modalitäten, unter denen sich der mündliche Austausch vollzieht, zeigen können.«

Seit 1942 hat der Begriff Institution einen neuen Sinn erhalten: Die Bewegung der institutionellen Psychotherapie hat die Möglichkeit betont, den psychiatrischen »Institutionen« eine therapeutische und nicht mehr antitherapeutische Funktion zu geben. Die Institutionalisierung des Milieus durch die Kranken (Clubs etc.) hat eine therapeutische Funktion (Tosquelles, 1966).

Die Definition der Institutionen und die konkrete Verwendung dieses Begriffs *gehen in eine soziologisierende Richtung*. Ohne diese Ausrichtung völlig ablehnen zu wollen, sehen wir uns, in Anknüpfung an Beobachtungen von Psychiatern und Psychoanalytikern, die die *institutionelle Therapie* praktizieren, dazu veranlaßt, die Untersuchung noch weiter voranzutreiben und die Hypothese aufzustellen, daß *die Institution auch auf der Ebene des Unbewußten der Gruppe besteht*.

Um diese Orientierung zu verdeutlichen, müssen wir vor allem von Levi-Strauss' Gedanken ausgehen, daß das individuelle Unbewußte der institutionellen Ordnung zugehört, derjenigen Ordnung, die die Struktur der Verwandtschaftsbeziehungen ausmacht. Levi-Strauss (1949) hat aus einem doppelten Erbe Vorteil gezogen: aus der ethnographischen Entdeckung des Inzestverbots und aus Freuds fast gleichzeitiger Entdeckung des Ödipuskomplexes. In dem Mythos vom ursprünglichen Vatermord und dem Prinzip der ontogenetischen Wiederholung der historischen Phylogenese übermittelt Freud den Gedanken, daß das individuelle Unbewußte an die institutionelle Ordnung gebunden ist, wie wir noch in der Analyse der Übergangsriten und der Riten beim Eintritt in das Leben sehen werden.

Noch genauer: der Ödipuskomplex ist eine Struktur institutionellen Ursprungs, die das Erleben und die individuelle Lebensgeschichte organisiert. Ebenso organisieren nach Levi-Strauss die elementaren und instituierten Strukturen der Verwandtschaft die konkreten sozialen Verwandtschaftsbeziehungen, regulieren den Austausch und determinieren die Vorschriften und Verbote. *Die Universalität des Ödispuskomplexes bedeutet, daß im individuellen Erleben die universelle Struktur der Verwandtschaftsinstitution präsent ist. Unser Unbewußtes ist instituiert.*

Wir stoßen hier auf das Problem der Gruppe und der Institution in der Gruppe, in ihrem Unbewußten. Die »Gruppenerfahrung« ist das Erleben einer strukturierenden, institutionellen Ordnung, die in der Gruppe die Organisation der Gesellschaft, und vor allem ihre politische Organisation, nämlich die der Produktion, widerspiegelt. Die anderen Organisationsformen des gesellschaftlichen Lebens sind im Unbewußten der Gruppe jedoch ebenfalls präsent — in jenem Unbewußten, von dem Freud einige Mechanismen, wie z. B. die *Identifizierung* erforscht hat. Wie entsteht dieses gesellschaftliche Unbewußte? Sein Entstehen impliziert gewisse gesellschaftliche *Verdrängungsvorgänge*, wie z. B. den der »bürokratischen Zensur« in bezug auf die Äußerungen der Gruppe. Z. B. stellen die Schüler in einer Experimentalklasse für Schüler-Selbstbestimmung eine Zeitung her; die Leitung unterwirft einen Artikel einer *Zensur*. Man kann nun an der Klasse das Erleben dieser Zensur studieren, und zwar auf der bewußten und auf der unbewußten Ebene (indirekter Ausdruck der Reaktion auf diese Repression). Die Bürokratie spielt hier eine dem Über-Ich vergleichbare strukturelle Rolle.

Von hier aus lassen sich die Schwierigkeiten besser verstehen, die auftreten, wenn in der Gruppe, besonders in der T-Gruppe, die institutionelle Analyse praktiziert werden soll: Schwierigkeiten bei den Analysierten (den Seminarteilnehmern), aber auch bei den Analytikern (den Gruppentrainern), und selbst bei denjenigen, die heute unseren Hypothesen über die institutionelle Ordnung zustimmen und sich bemühen, sie bei ihren Versuchen in die Praxis umzusetzen.

Umgekehrt und ergänzend hierzu kann die institutionelle Analyse auch ein Widerstand sein. Sicherlich kann man nicht einfach und ohne weitere Analyse den Wunsch akzeptieren, die Analyse in der »institutionellen Dimension« durchzuführen.

Die psychosoziologische Praxis hat es mit Institutionen zu tun, aber immer durch sprechende Gruppen hindurch: Die Rede der Gesellschaft geht in diese Gruppen als unterdrückte, ideologisierte, durch die Institutionen zensierte Rede ein, als Sprache der Verkennung; die politische Dimension zeigt und verbirgt sich in dieser Entfremdung der unabgeschlossenen Rede. Roland Barthes (1957) hat einen Gegensatz zwischen der Abgeschlossenheit der Sprache und der Unabgeschlossenheit des Sprechens hervorgehoben: »In der Sprache besteht eine große Disproportion zwischen der Sprache im eigentlichen Sinne, d. h. dem endlichen Ganzen von Regeln, und dem ›Sprechen‹, das sich dann unter diesen Regeln ausbildet und das zahlenmäßig praktisch unbegrenzt ist.« R. Barthes unterstreicht auch, mit Saussure, den institutionellen Charakter der Sprache und die Bezogenheit des Sprechens auf diese Institution: »Gegenüber der Sprache als Institution und System ist das Sprechen im wesentlichen ein Akt individueller Auswahl und Aktualisierung.« Wir würden im Hinblick auf das Sprechen eher sagen: ein interindividueller Akt, denn er impliziert den anderen, an den man sich wendet.

Dieses Modell schließt sich an das von Saussure an, der die Sprache (die Institution) und das Sprechen (den Ort der interindividuellen Beziehung) unterscheidet, und dies vermutlich ausgehend von einer Reflexion über den Streit zwischen Durkheim und Tarde und damit über die Trennung von Soziologie und Sozialpsychologie.

Wenn ich hier das Begriffspaar Institution-Kreativität, das zugleich das Paar Sprache-Sprechen widerspiegelt, beibehalte, so tue ich dies auch in Erinnerung daran, daß dieses Paar nach R. Barthes das endliche System der Strukturen und das unendliche System des Sprechens umfaßt. Wir können übersetzen: des Abgeschlossenen und des Unabgeschlossenen.

Wir fassen diese Entwicklung zusammen:

Der Sinn des Begriffs Institution hat sich seit der Zeit vor fast einem Jahrhundert zutiefst gewandelt. Zur Zeit von Marx, im 19. Jahrhundert, versteht man unter *Institution* im wesentlichen die juristischen Systeme, das Recht, das Gesetz, so daß für den Marxismus die »Institutionen« und die »Ideologien« der »Überbau« einer gegebenen Gesellschaft sind, deren »Basis« die Produktivkräfte und die Produktionsverhältnisse sind.

In einer zweiten Phase erhält der Begriff dann mit der französischen Soziologen-Schule eine entscheidende Bedeutung für die Soziologie. Zu Beginn des 20. Jahrhunderts definieren Durkheim und seine Schule die Soziologie als Wissenschaft von den Institutionen.

Heute schließlich sind wir mit dem Strukturalismus in eine neue Phase eingetreten, die zu einer tiefgreifenden Veränderung des Begriffs führt, und zwar in Verbindung mit den *institutionellen Praktiken,* die sich in den Bereichen von *Psychiatrie, Pädagogik* und *Psychosoziologie* entwikkeln. Es wird an einer neuen Definition der Institutionen gearbeitet, wovon P. Cardan (1965) Zeugnis gibt.

Die schulischen Institutionen

Die Schule ist eine gesellschaftliche *Institution,* die von *Normen* geregelt wird, die die Schulpflicht, die Stunden- und Lehrpläne usw. betreffen. Infolgedessen gehört die pädagogische Einwirkung eines Lehrers (oder einer Gruppe von Lehrern) auf die Schüler immer in einen *institutionellen Rahmen:* die Klasse, die Schule, das Lyzeum, die Universität, das Seminar.

Die pädagogische Forschung müßte dieses Problem der Institutionen und ihres Erlebtwerdens darum sehr deutlich und in seiner Gesamtheit erörtern und dabei zwischen den der Klasse äußerlichen Institutionen — mit denen sich bereits die Erziehungssoziologie beschäftigt — und den inneren Institutionen unterscheiden.

In der traditionellen Pädagogik drängen diese Institutionen sich der Klasse zwingend auf, wie ein System, das nicht in Frage gestellt werden kann. Sie machen den notwendigen Rahmen der Ausbildung aus, ihr als unerläßlich angesehenes Gerüst. Im Gegensatz zu dieser Auffassung der »Institutionen« schlagen wir vor, eine Pädagogik als »institutionelle Pädagogik« zu bezeichnen, für die die Institutionen *Mittel* sind, deren Struktur man ändern kann. Für die pädagogische Selbstbestimmung sind die Schüler Instituierende auf der Ebene der inneren Institutionen.

*

Innere pädagogische Institutionen nenne ich:

- die strukturelle und geregelte Dimension des pädagogischen Austausches (mit seinen Grenzen; z. B. sind Schulbeginn und -ende ein der Klasse äußerer Rahmen, der für die ganze Schule festgesetzt ist);
- die Gesamtheit der institutionellen Techniken, die man im Unterricht verwenden kann: Gruppenarbeit, Klassenrat usw.

Äußere pädagogische Institutionen haben wir die dem Unterricht äußerlichen Strukturen genannt — die Schule, zu der die Unterrichtsklasse gehört, die Akademie, die Schulaufsichts-Inspektoren, der Schulrat, der Direktor. Bei jedem Trainingsseminar (bei der Ausbildung von Erziehern, von Verkäufern oder von Psychosoziologen) ist die äußere Institution die Organisation, die das Seminar veranstaltet (instituiert) hat; ein Seminar wird von einer Firma, ein anderes z. B. von einer psychosoziologischen Organisation veranstaltet. Programme, Instruktionen, Regelungen sind ebenfalls äußere Institutionen. Über sie wird an der Spitze der pädagogischen Bürokratie entschieden. Die Hierarchie abwärts werden sie sodann bis zur Basis des Systems, bis zu den Lehrern und Schülern weitergeleitet. Die Kenntnis des *äußeren* institutionellen Systems setzt somit eine Kenntnis der bürokratischen Erziehungsorganisation voraus.

Pädagogische Bürokratie nenne ich eine Sozialstruktur, in der die folgenden Bedingungen gegeben sind:

a) Die Grundentscheidungen (Lehrpläne, Ernennungen) werden im hierarchischen System, und zwar an dessen Spitze (ministerielle Verordnungen und Erlasse) gefällt. Es gibt eine Hierarchie der Entscheidungen, vom Minister bis hinunter zum Lehrer, wobei der letztere im Rahmen des Normensystems über einen gewissen Entscheidungsspielraum verfügt. Was die grundsätzlichen Entscheidungen anbelangt, so sichern die verschiedenen Stufen der Hierarchie sowohl ihre Übermittlung wie ihre Ausführung. Die Lehrer nehmen nicht am Autoritätssystem teil, das nur bis zur Verwaltungsebene reicht.

Die Lehrtätigkeit ist Ausbildungstätigkeit; sie »transformiert« die Interventionsobjekte (die Kinder). Die bürokratische Tätigkeit transformiert nichts; sie kontrolliert die Transformation. Auf dieser letzten Stufe stimmt das Webersche Modell nicht mehr.

b) Als Zentrale übt die Bürokratie eine *Macht* aus. Als Zwischeninstanz ist sie ein *Übermittlungssystem* (mit Delegierung gewisser Befugnisse).

c) Status und Rollen, die Verpflichtungen und Sanktionen sowie die Zugangsbedingungen zum pädagogischen Beruf sind *»in festgelegter* *und unpersönlicher Weise«* (Max Weber) durch Regeln definiert, die die Bürokratie selbst festsetzt. Es gibt feste, von der Beförderung abhängige Gehaltsstufen, Bewertungsgrundsätze, Anonymität der Prüfungen.

d) Status und Rollen, hinter denen die Einzelperson verschwindet, sind in einer bestimmten hierarchisierten Reihenfolge angeordnet (der »hierarchische Weg« — von unten nach oben: die Lehrer und Professoren, der Direktor, der Schulinspektor, der Schulrat, der Rektor, der Minister); von oben nach unten erfolgt in dieser Hierarchie eine gewisse Delegation von Autorität. Andererseits definiert die Hierarchie ein System der Überwachung, Beaufsichtigung und Kontrolle.

e) Die »bürokratische Welt« findet Ausdruck in einem »Erleben« und fällt insofern in den Gegenstandsbereich psychologischer Analyse (z. B. die Angst der Lehrer bei den »Besuchen« des Schulrats, der mehr als Kontrollinstanz und Richter denn als pädagogischer Berater empfunden wird). Die Bürokratie wird als Quelle von Beurteilungen und Sanktionen empfunden (Kafka hat eine literarische Beschreibung dieser von den Psychologen kaum untersuchten Dimension gegeben).

Bei den Ebenen der pädagogischen Bürokratie muß man unterscheiden zwischen:

a) einer der Schule äußeren Ebene: die Staatsbürokratie (Ministerialdirektoren, Generalinspektoren) und die bürokratischen Schaltstellen (Rektoren, Schulräte, Schulinspektoren);

b) und einer Ebene innerhalb der Schule: Direktor, Gymnasialdirektor oder Rektor, Inspektoren, Präfekten.

In der Umgangssprache wird die Bürokratie »Verwaltung« genannt. Die strenge soziologische Sprache sieht seit Max Weber den Begriff der Bürokratie vor, der als neutraler Ausdruck bestimmt wird, zugleich aber die von uns beschriebenen Züge der *Rationalisierung* und Entpersönlichung einschließt. Diese Rationalität wird gestört durch die Existenz von Subgruppen (Clans, »Cliquen«).

So sieht also das Modell aus, das eine Analyse des französischen Unterrichtssystems im Hinblick auf die Psychosoziologie seiner Organisation ermöglichen sollte. Michel Crozier (1963) hat eine Analyse dieses Systems skizziert, ebenso wir selbst (Lapassade, 1963).

Fünftes Kapitel

Für eine institutionelle Pädagogik

Wir müssen die Besonderheit der Bürokratie betonen, die sich heute mit großer Schnelligkeit in gigantischem Maßstab entwickelt, riesige Staaten überschwemmt, die menschlichen Beziehungen formt und ein neues Wertsystem einführt.

Manche sehen in der Bürokratie nur einen Ableger des Kapitalismus: Die Konzentration der kapitalistischen Produktionsverhältnisse führt zu einer immer weiter getriebenen Hierarchisierung der Funktionen und Verantwortlichkeiten, zur Schaffung und Herrschaft einer eine Mittlerrolle spielenden Technokratie, die aus den kapitalistischen Gewinnen Nutzen zieht, ohne sie direkt sich selbst zuzuschreiben, schließlich zu einer genaueren Definition der Statuspositionen, Rollen, Rechte und Pflichten. Sicherlich gibt es dieses Phänomen, es sollte nicht übersehen werden. Gleichwohl ist es nur die mehr oder weniger verdeckte Äußerung eines sehr viel allgemeineren Phänomens, das seinem Wesen nach nicht kapitalistisch, obwohl von verwandter Natur ist, ein Phänomen, das, wenn man sich nicht mit einer bloßen Beschreibung zufrieden geben will, nur durch psychosoziologische Analysen erklärt werden kann. Gegenwärtig dringt dieses Phänomen auch in die kapitalistischen Strukturen ein und bringt einen neuen Geist und neue Bestrebungen in das alte System der klassischen liberalen Ökonomie, aber es kann sich sehr wohl auch vom Kapitalismus ablösen und eine neue Herrschaftsform bilden, in der manche den Geist des alten Kapitalismus wiedererkennen wollen, auf deren Eigenständigkeit man jedoch bestehen muß. Diese Loslösung geschieht z. B. in den Ostblock-Ländern.

Das Neue an der bürokratischen Produktions- und Herrschaftsweise ist — wenn man es so moralisch sagen darf — ihr »Altruismus« oder ihr »sozialer«, besser noch ihr »demokratischer« Charakter. Der Kapitalismus ist ein Prozeß der Aneignung der natürlichen Güter oder besser der Güter der anderen, der Früchte der Arbeit anderer, des Eigentums anderer usw., er ist eine Form von Parasitentum. Der Kapitalist kann sehr wohl nicht arbeiten und von seinen Einkünften leben, er erscheint dann viel deutlicher in seinem eigentlichen Wesen, mit seiner Nutzlosigkeit und Überflüssigkeit, seinem antisozialen Charakter.

Die Bürokratie stellt sich dagegen nicht nur so dar, als diene sie der Gemeinschaft, sie dient ihr tatsächlich, und sie dient ihr sehr wirksam. Der Bürokrat ist keine diebische und bösartige Drohne wie der Kapitalist:

Er arbeitet, opfert sich auf, verwaltet, leitet und führt, er plant und »dient«. Ihn zu kritisieren, indem man sagt, daß er ein hohes Gehalt bekommt, wäre leichtfertig: Oft erreicht das Gehalt eines verhältnismäßig hochgestellten Bürokraten nicht die Einkünfte eines kleineren Kaufmanns, z. B. eines Fleischers. Jede Kritik, die versucht, den Bürokraten mit einer Art von Kapitalisten gleichzusetzen, obgleich er weder deren Vorteile noch deren Status besitzt (auch nicht wenn er ihnen dient), macht sich nur selbst lächerlich und geht an einem wichtigen Phänomen vorbei.

Was man der Bürokratie und den Bürokraten vorwerfen muß, ist vor allem, daß sie die Menschen zutiefst entfremden, indem sie ihnen Entscheidungskraft, Initiative, die Verantwortung für ihr eigenes Tun und die Kommunikation nehmen; *daß sie, anders gesagt, sie ihrer eigentlich menschlichen Tätigkeit berauben.* Dieser Diebstahl auf psychologischer Ebene, diese Aneignung der menschlichen Fähigkeit anderer, diese Ausklammerung der wirklichen gesellschaftlichen Gruppen übertrifft an Schädlichkeit bei weitem alles, was der Kapitalismus hat tun können und jemals getan hat. Häufig betonte Folge sind die Abzweigung von kollektiven Einkünften zur »Entlohnung« der Führungsschicht und die Verarmung des Kollektivs. Auch die Tatsache, daß die Menschen sich nicht mehr für die Arbeit, die sie tun, »interessieren« und nicht mehr wahrhaft arbeiten, die Rigidität der ökonomischen Prozesse ist nur eine Folge davon. Der Grund liegt in der umfassendsten Knechtschaft, die man sich denken kann, weil es die Knechtschaft des Menschen als Menschen ist. Man könnte sich fragen, wie es dazu kommen konnte, warum Menschen auf diese scheinheilige Herrschaftsweise verfallen sind, die nützlich und unsichtbar zugleich ist und die ihre Schädlichkeit durch ihren Nutzen rechtfertigt. Hier wäre eine psychosoziologische Analyse durchzuführen.

Die Bürokratie ist aus der Entwicklung von Techniken der menschlichen Beziehungen, aus der Abhängigkeit aller von allen, aus der gestiegenen Mobilität entstanden und entsteht so wahrscheinlich in jeder Gesellschaft. Dies ist, wenn man so sagen darf, ihre infrastrukturelle Basis, die natürlich nur eine Bedingung darstellt. Von dem Augenblick an, da ich meine Einkünfte, die Gegenstände meiner Konsumtion, meine Sicherheit nicht mehr unmittelbar von der Natur und von mir selbst erlange, sondern von »anderen«, entsteht verständlicherweise eine diffuse Angst vor diesen anderen, die so viel Macht über mich haben und mein Leben in ihrer Hand halten. Der Beweis dafür, daß sie gefährlich sind, ist, daß sie mich ausbeuten, und es geschah nicht zufällig, daß die Bürokratie sich vor allem gerade in solchen Ländern entwickelt hat, die sich bemühten, die klassischen Weisen der Ausbeutung abzuschaffen. Der Ausbeuter ist eine ebenso große Gefahr wie eine fremde Armee, wie ein allzu expansives Nachbarland oder wie das Banditentum in allen seinen Formen.

Die einzige Möglichkeit, sich vor der menschlichen Beziehung zu schützen, besteht darin, sie zu vernichten; der andere darf nicht mehr der *Ursprung* einer Beziehung sein, sondern nur mehr ihr *Ende*.

Der Bürokrat weiß sehr wohl, daß der wahre Reichtum, der Sicherheit, Komfort, Wohlstand und Unabhängigkeit bedeutet, nicht mehr wie früher ein Vermögen in Wertpapieren oder Immobilien ist, das ich auf die Bank lege, ein »Kapital«, sondern vielmehr die Arbeit des Kollektivs, die Sachkenntnisse der anderen, die gemeinschaftlichen Produktionsmittel. Das Problem besteht darin, sich dieses Ganzen zu bemächtigen, indem man es kontrolliert, leitet und seinem eigenen Nutzen dienstbar macht. Wie kann das geschehen? Sicherlich nicht, indem man das Tauschmittel Geld anhäuft, dessen Wert, Zirkulations- und Übermittlungsmöglichkeiten vom Kollektiv abhängen — obgleich auch eine solche Akkumulation noch nützlich sein kann —, sondern, indem man selbst das Kollektiv wird, indem man Macht über es ausübt, indem man es so einrichtet, daß es einem die Früchte seiner Arbeit zufließen läßt. Die Erträge brauchen nicht mehr »akkumuliert« zu werden, sie müssen nur in eine bestimmte Richtung fließen, auf eine bestimmte Weise verteilt werden. Der wirkliche Reichtum besteht nicht mehr in einem erkennbaren Gegenstand, den man in Sicherheit bringen, aus dem Verkehr ziehen und für sich in Anspruch nehmen kann, sondern in einem »potentiellen Gegenstand«, der im Kollektiv mit seiner Arbeit, seinen Kräften, seinen Einkünften und seiner Masse besteht. Das Problem liegt darin, sich des Kollektivs als solchen zu bemächtigen und nicht nur der Produktion von Gütern, die sich in Mehrwert, Zinsen, Gewinn, Eigentum usw. niederschlagen.

Kommen wir zum Utilitarismus der Bürokratie, von dem wir bereits gesprochen haben. Er ist leicht zu verstehen, wenn man bedenkt, daß ein Kollektiv, das man besitzt, von keinerlei Interesse ist, wenn es nicht arbeitet, funktioniert, investiert, anders gesagt, wenn es nicht in sich selbst einen gewissen Reichtum und Wohlstand realisiert. Die Ausbeutung durch einige wenige, die darauf hinausläuft, die anderen so sehr zu verarmen, daß sie vernichtet werden, weil man ihnen ihren Besitz materiell wegnimmt und sie »bestiehlt«, rechtfertigt sich heute nicht mehr. Die anderen arm zu machen, heißt das Kollektiv arm zu machen, das gerade den Reichtum darstellt, den man haben und sich aneignen will. Es wäre eine Zerstörung des eigenen Reichtums, eine Art Selbstmord.

Wie geht der Bürokrat praktisch vor, um die neue Herrschaftsform, die Aneignung des Kollektivs als solchen, zu errichten? Es gibt mehrere Verfahren:

1. Das erste Problem ist, sich selbst an die Macht zu bringen. Es handelt sich aber nicht um eine Macht der Ausbeutung im traditionellen Sinne, sondern umgekehrt um eine Macht, die darin besteht, »arbeiten zu lassen«, zu leiten, die Richtung anzugeben, sich gewisser Informationen zu bedienen, Entscheidungen zu fällen, Pläne zu machen. Das setzt voraus, daß man vom Kollektiv anerkannt wird. Man muß also seine guten Absichten unter Beweis stellen, seine Sachkenntnisse zeigen, seine Feindschaft gegen die Ausbeuter (des alten Typs) zum Ausdruck bringen. Dies kann mit Hilfe einer Revolution geschehen, die Männer an die Macht bringt, die sich als leidenschaftlich um den Wohlstand und die Sicherheit des Kollektivs bemüht hinstellen (und wie sollten sie es auch nicht sein?). Meistens geschieht es auf andere Weise: indem man seine Zeugnisse vorweist, seine Kenntnisse zeigt (man kommt von der Technischen Hochschule), vor allem indem man den Nachweis führt, eine Ausbildung genossen zu haben, die zu Führungsaufgaben qualifiziert.

2. Der wahre Motor der Herrschaft sind Aufbau, Entwicklung und Befestigung eines vom Kollektiv anerkannten Status, der den Machtausübenden definitiv — und d. h. auf Lebenszeit — garantiert, daß sie ihre Ämter zu behalten und alle damit verbundenen Vorteile zu genießen berechtigt sind. In Monats- oder Jahresgehalt gemessen sind diese Vorteile gering. Gemessen in effektiver Sicherheit, der Sicherheit des Arbeitsplatzes, in Rechten aller Art, Entschädigungen, Ehren, Ansehen und Achtung sind sie gewaltig. Sie sind in der Tat viel größer als Vorteile, die z. B. aus persönlichem oder Familienbesitz resultieren, der immer von der Gemeinschaft bedroht bleibt und Stück für Stück verbraucht wird, was bedeutet, daß man »von seinem Kapital zehrt«. Die Herrschaft wird also durch die Rigidität, Kraft und Stabilität von Institutionen, z. B. der Verwaltung, aufrechterhalten.

3. Wenn auch die Institutionen vom Kollektiv anerkannt werden, da es sich von ihnen beschützt, geführt, erhalten und verteidigt glaubt, bedarf es gleichwohl einer besonderen Verteidigung, die dem System eine absolute Sicherheit verbürgt; das ist die Polizei und alles, was damit zusammenhängt. Sie bedeutet zugleich den Einsatz von Gewalt.

4. Die Polizeiinstitution rechtfertigt sich durch die Tatsache, daß die Verwalteten immer zu diesem oder jenem Zeitpunkt dessen gewahr werden, daß sie in ihrer Entscheidungsgewalt, in ihren Möglichkeiten der

Kooperation und Kreativität, des Erfindens und Kommunizierens, d. h. in ihrer wirklichen Freiheit beschnitten sind. Die Stärke des Systems erlaubt den Angehörigen dieses Systems weiterhin anstelle der anderen die Entscheidungen zu fällen, sie durchzusetzen und ihre Befolgungen zu sichern.

5. Eine der Stärken des Systems liegt in einem scheinbar unwiderlegbaren Argument: »Ihr seid nicht imstande, zu entscheiden, weil ihr zu schwach und zu wenig informiert seid, einen schlechten Stand habt usw.« Objektiv gesehen stimmt das: Leute, die man wie Kinder behandelt, können keine Fähigkeiten entwickeln, die ihnen erlauben würden, anders zu sein. Wir finden dieses Argument auch gegenüber wirklichen Kindern, deren — im Sartreschen Sinne verstandene — Kindlichkeit eine Rechtfertigung der ihnen aufgezwungenen Autorität ermöglicht.

6. Betrachtet man den Inhalt der von der Bürokratie getroffenen Entscheidungen, so leuchtet ein, daß diese Entscheidungen darauf abzielen, den Austausch zu ermöglichen, ein Funktionieren zu gewährleisten, Programme und Pläne aufzustellen, dem Kollektiv grundsätzlich zu dienen. Gleichwohl ist das einzige ausdrücklich angestrebte Ziel die (erreichte oder nicht erreichte) Vermehrung der materiellen Güter und nicht die volle psychologische Entfaltung der Individuen. Dieser materielle Zuwachs führt in der Tat, wenn er erreicht wird — und er wird in einem solchen System, gemessen an den angebotenen technologischen Möglichkeiten, relativ schlecht erreicht —, zu einer Vermehrung der Masse der Güter, die in bevorzugter Weise den Bürokraten zugute kommen, die sie in gewisser Hinsicht besitzen — nicht im kapitalistischen, sondern in einem neuen, noch nicht näher bestimmten Sinne. Der Direktor, der »meine Fabrik« oder »meine Schule« sagt und doch eigentlich nur ein Geschäftsführer ist, sagt nichts Sinnloses, er will eine wirkliche und statusgerechte Identifizierung zwischen seiner Person und der von ihm verwalteten Wirklichkeit zum Ausdruck bringen; er besitzt sein Amt, das seinerseits auf die Realitäten zurückweist, auf die es sich auswirkt.

Andererseits, wenn der Bürokrat nicht nur darauf aus ist, zu verwalten, sondern auch die Produktionsmittel zu vermehren, neue Investitionen einzuleiten, langfristige Pläne zu erstellen, so ist er nicht allein darauf aus, die Arbeitsmöglichkeiten zu vermehren, sondern vor allem, neue, von ihm zu leitende Objekte zu schaffen. Er vergrößert also in Wirklichkeit seine Macht und sein Ansehen; es zeigt sich hier ein Phänomen der Selbsterschaffung von Macht, das der Selbstverwertung des Kapitals, von der die Marxisten gesprochen hatten, durchaus zu vergleichen ist. Wenn der Bürokrat z. B. »große Projekte« verspricht, so hat er nicht nur den Ruhm davon, sondern er erweitert den Einfluß der Bürokratie, der um so stärker sein wird, je mehr Bereiche sie zu verwalten hat.

Die Bürokratie ist somit keinem anderen Phänomen gleichzusetzen; es ist eine Herrschaftsform »sui generis«. Die Bürokratie erscheint nicht wie der Kapitalismus als eine Art Parasitentum, sondern im Gegenteil als die Triebkraft, der innerste Kern, das Gehirn der Gesellschaft, das heißt als eine höchst nützliche, notwendige und wesentliche Sache. Sie will augenscheinlich das »Wohl« aller. Sie will unser Wohl, auch gegen unseren Willen und uns zum Trotz. Zur Not zwingt sie uns, dieses Wohl zu erlangen. Sie weiß besser als wir, was wir wollen. Sie ist unser Wollen, unser Wissen, unsere Persönlichkeit. Unser Leben und Sein erhalten wir von ihr. Sie ist der »Vater«, die väterliche Gewalt. Sagte man nicht von Stalin, er sei der »Vater der Völker«?

Die bürokratische Pädagogik

Wenn wir diesen »religiösen« Aspekt der Bürokratie ansprechen, so stoßen wir unwillkürlich auf das pädagogische Problem. Der Bürokrat als Herrscher ist nicht nur deshalb der Vater, weil er wie ein Vater handelt — was sehr positiv wäre —, sondern vor allem, weil der Vater meistens ein Bürokrat ist. Das Modell der pädagogischen Herrschaft zeichnet das Modell der bürokratischen Herrschaft vor und schließt es ein, es ist dessen tiefe Rechtfertigung: Hätten die Menschen nicht während ihrer ganzen Kindheit die pädagogische Herrschaftsform an sich selbst erfahren, so würden sie die bürokratische Herrschaftsform niemals hinnehmen, sie erschiene ihnen als die schlimmste aller Entfremdungen. Das Gemeinsame der pädagogischen und bürokratischen Herrschaftsform liegt darin, daß beide vorgeben, »das Beste zu wollen« für das geführte oder verwaltete Subjekt, wenn nötig gegen dieses selbst; die Menschen werden so umfassend wie möglich verwaltet und dem gemeinsamen Zweck geopfert. Und es stimmt, daß die so Herrschenden nichts von diebischen Parasiten an sich haben, daß sie den anderen nicht das, was diese haben, wegnehmen, daß sie die anderen nicht an ihrer Stelle arbeiten lassen. Sie sind keine Ausbeuter im marxistischen Sinne.

Die Gesellschaft hat seit langem aufgehört, die Kinder dadurch auszubeuten, daß sie sie arbeiten läßt, sie zu früh in den Produktionsprozeß integriert und sie als Sklaven betrachtet. Man will, daß die Kinder »lernen«, Gewohnheiten, Kenntnisse und Fähigkeiten erwerben, die ihnen später nützlich sein und ihnen die Möglichkeit geben werden, einen Beruf auszuüben. Der Vater und ebenso der Lehrer sagen: »Später wirst du mir danken. Du wirst einsehen, welche Opfer für dich gebracht wurden.«

Gleichwohl wird dieser maßlose Wille, das Wohl des anderen zu fördern, begleitet von einem ebenso maßlosen Willen, den Entscheidungen, Wünschen, Sehnsüchten und Bestrebungen des anderen keine Rechnung zu tragen. In der Pädagogik schwebt dem Vater wie auch dem Lehrer eine ganz bestimmte Vorstellung von den für ein Kind wünschenswerten Zielen vor. Das Problem besteht darin, das Kind diejenigen Handlungen ausführen zu lassen, die diesen Zielen entsprechen, die prinzipiell zu ihnen hinführen müssen. Zum Beispiel meinen sie, es sei wünschenswert, daß das Kind später über ein bestimmtes Wissen verfügt, und daraus schließen sie auf fast mathematische Weise, daß man ihm dieses Wissen »aufzwingen« muß, auch wenn das Kind es nicht will. Man muß es eine bestimmte Zahl von Handlungen ausführen lassen, durch die es in den Besitz dieses Wissens gelangen wird. Das einzige Problem, das sich hier stellt, ist: Wie kann man das Kind zu Handlungen zwingen, zu denen es keine Lust hat? Man verfügt über eine sehr weite Skala von Druckmitteln (Strafen, affektive Erpressung usw.).

Man kann kritisch gegen dieses System vorbringen, daß es unwirksam ist und daß es ihm gerade nicht gelingt, das zu erreichen, was es will. Die ganze gegenwärtige Lern- und Erziehungspsychologie zeigt, daß der Mensch nur in genau den Grenzen etwas lernt, in denen er daran interessiert ist, zu lernen. Ein erlerntes Verhalten erlischt, wenn es nicht mehr »verstärkt« und »bestätigt« wird. Das Kind, das die Lektion lernt, um sie aufzusagen oder um durch die Prüfung zu kommen, wird, sowie es sie aufgesagt hat, deren Inhalt und alles, was es für die Prüfung gelernt hat, vergessen. Wenn es etwas gibt, was man bei diesem System wirklich und endgültig lernt, so ist es dies, daß das System Brüche aufweist, ebenso wie eine Bürokratie wirtschaftliches Wohlergehen deshalb erreicht, weil man zu irgendeinem Zeitpunkt gezwungen ist, die Individuen selbst entscheiden, selbst organisieren und selbst nach Mitteln und Wegen suchen zu lassen. Wenn es nicht die Freizeit gäbe, wo die Kinder das tun können, was sie interessiert, wenn es nicht einen gewissen Nonkonformismus derjenigen Lehrer gäbe, die sich mehr um menschlichen Kontakt bemühen als um die Erfüllung von Lehrplänen, und eine gewisse Bemühung um Neigungen und Interessen, so würde wahrscheinlich überhaupt nichts weitervermittelt. Wenn etwas weitervermittelt wird, so liegt das daran, daß die pädagogische Herrschaftsform nicht absolut und in sich selbst nicht völlig logisch ist. Jedenfalls geschieht jedes wirkliche Lernen gegen die pädagogische Herrschaftsform. Daraus ergibt sich natürlich, daß die Rentabilität des Systems sehr gering ist.

Ursprung der bürokratischen Pädagogik

Gegen unseren Vergleich zwischen pädagogischer und bürokratischer Herrschaft könnte man einwenden, daß das Interesse, das der Pädagoge an jener Art von Herrschaft haben könnte, nicht einzusehen ist, während man das Interesse des Bürokraten ganz gut sehen kann. Der Pädagoge, vor allem wenn er einfach ein Vater ist, hat nicht wie der Bürokrat einen Status, der ihm verschiedene berechenbare soziale Vorteile verschaffen würde.

Wir kommen hier zum Kern des Problems. Warum legt der Pädagoge so großen Wert darauf, ein kluges, »guterzogenes«, mannigfach befähigtes Kind zu haben? Vor allem, warum wird diese Bemühung für ihn dermaßen zwanghaft, daß sie sogar seine Beziehungen zu dem Kind vergiftet, es mit Unruhe erfüllt und fast unerträgliche Spannungen schafft? Hierauf gibt es nur eine Antwort: Der Pädagoge identifiziert sich mehr oder weniger mit dem Kind, sei es in der Gegenwart, sei es in der Zukunft. Der Erfolg des Kindes ist sein eigener Erfolg, dessen Mißerfolg sein eigener Mißerfolg. Warum diese Identifikation? Das Kind soll sich doch von ihm trennen, es soll sein eigenes Leben führen. Man versteht die Identifikation des Bürokraten mit dem arbeitenden Kollektiv: von ihm hängen sein Leben, seine Vorteile, seine Sicherheit ab. Aber der Pädagoge? — Das Problem so zu stellen, heißt zu antworten, *daß diese Identifikation nicht mehr und nicht weniger eine bürokratische Identifikation ist als jene.* Eindeutig ist das im Falle des Lehrers: *Er rechtfertigt seine Stellung und sichert seine Karriere in der Beamtenhierarchie nur in dem Maße, wie er diese Art von Arbeit verrichtet und sie gut verrichtet, weil er sich den Lehrplänen unterwirft, indem er den Schulrat zufriedenstellt.* Es ist kein Zufall, wenn das staatliche Erziehungswesen heute nach dem Militär am stärksten hierarchisch gegliedert ist.

Alle Lehrbeziehungen sind im Grunde hierarchische Beziehungen, die sich scheinheilig als Erfordernisse der Erziehung und Bildung rechtfertigen.

Zum Beispiel ist die Prüfung eine der Triebkräfte des modernen Unterrichts. Die Prüfung ist keineswegs ein Maß für wirklich erworbene Fähigkeiten; H. Pieron (1963) hat das deutlich gezeigt. Sie ist lediglich ein Maß für die Wirksamkeit der Vorbereitung auf die Prüfung, d. h. ein Maß für im Hinblick auf die Prüfung erworbene Kenntnisse, ohne daß man sich darum kümmert, ob diese Kenntnisse nach und trotz der Prüfung vorhalten und ob sie Freude am Wissen oder Abneigung dagegen mit sich gebracht haben. Man muß indes noch weiter gehen: Die Prüfung ist vor allem ein Anhaltspunkt, ein Kriterium, ein Meßsystem für den Lehrer. Dieser braucht als Bürokrat (Lefort, 1960) ein Wissen um seine Arbeitsnormen, und diese dürfen auf keinen Fall in der tatsächlichen Entfaltung der ihm anvertrauten Individuen liegen. Die fraglichen Normen sollen materiell und materialisiert sein, sie müssen sich in Quantitäten, in angebotenen Kenntnissen, in Erfüllung oder Nichterfüllung eines Lehrplanes, in Erfolgsquoten bei Prüfungen ausdrücken lassen. Der lehrende Bürokrat muß sagen können: Ich habe mein volles Programm »erledigt«, ich habe so und so viel Erfolg bei den Prüfungen gehabt. Es geht ihm im Grunde wenig um die tatsächlichen psychologischen Wirkungen seines Unterrichts. Er muß vor allem »beweisen«, daß er das ihm anvertraute Amt gut ausfüllt, auf dem sein Leben und seine Sicherheit und die seiner Familie beruhen. Das zwanghafte väterliche Erziehungsverhalten, von dem wir oben sprachen, ist also nur Schein, oder genauer gesagt, er ist nur das Ergebnis einer Identifikation, denn das Wohl des Kindes ist in Wirklichkeit das Wohl des Lehrers und das Wohl des Erwachsenen, wie das Wohl des arbeitenden Kollektivs in Wirklichkeit das Wohl des Bürokraten ist.

Ähnlich verhält es sich im Falle des Vaters. Zweifellos ist eine Vaterrolle keine Verwaltungsfunktion im strengen Sinne. Gleichwohl ist sie an die soziologische Situation des Vaters und an seine soziale Rolle gebunden; er gehört zu einer bestimmten sozialen Schicht — wir sagen nicht zu einer »Klasse«, um nicht in marxistische Kategorien zurückzufallen, obgleich es sich hier sicherlich um ein Klassenphänomen handelt. Für ihn ist es von großer Bedeutung, weiterhin dieser »sozialen Schicht« anzugehören, und er gehört ihr nicht nur persönlich an, sondern auch durch seine Familienbindungen, seine Bekanntschaften und seinen Ruf. Einmal angenommen, er habe ein Kind, das »schlecht erzogen« ist, das nicht arbeitet, das keinen Erfolg hat, so bedeutet das unvermeidlich den Abstieg dieses Kindes in eine niedere soziale Schicht, wobei mehr oder weniger alle, die mit ihm zusammengehören, mitgezogen werden: sein Vater, seine Mutter, seine Brüder und seine Schwestern. Dieser durch einen anderen vermittelte Abstieg ist für den Vater, der es nicht hinnehmen kann, seinen Status und seine Rolle zu verleugnen, undenkbar. Auch hier wiederum bedeutet die Identifikation mit dem Kind eine Angst des Vaters um sich selbst, die sich als Angst um das Kind tarnt.

Es gibt also eine innere Beziehung zwischen der bürokratischen und der pädagogischen Herrschaft. Die letztere ist im Grunde nur eine Form von bürokratischer Herrschaft; darüber hinaus ist sie deren Vorbereitung und Ermöglichung, indem sie das Kind auf eine solche Herrschaft hinbildet.

Der Ausgangspunkt der einen wie der anderen ist, um das noch einmal zu wiederholen, die Angst vor dem anderen und der Wunsch, sich gegen ihn zu verteidigen, indem man ihn neutralisiert und zugleich besitzt; eine solche Haltung wäre unmöglich, wenn der andere als ein möglicher Gesprächs- und Bezugspartner verstanden würde, also in einem völlig wechselseitigen Verhältnis; daß er nicht so verstanden wird, liegt gerade daran, daß die pädagogische Herrschaft verhindert, daß mit ihm eine authentische menschliche Erfahrung gemacht wird.

Geraten wir hier nicht in eine rein psychologische Erklärungsweise nach Art von Max Pagès, der, in der Sichtweise der amerikanischen Psychologie, im Machtwillen ein Ergebnis der in den interpersonalen Beziehungen herrschenden Angst sieht? In bezug auf Phänomene wie Machthunger oder Reaktionen gegenüber der Macht trifft dies gewiß oft zu: Ein Lehrer kann Furcht vor dem Schulrat haben, der — auch als Mensch — despotisch und ohne Verständnis sein mag. Gleichwohl ist nach unserer Beobachtung die Furcht vor dem Schulrat meistens Furcht vor dem Amt, gleichgültig, wer es innehat. Es ist ein Amt, das objektiv Furcht einflößt, weil es gerade in der Überwachung und Bewertung besteht und weil die eigene Karriere von ihm abhängt.

Der Entstehungsprozeß der bürokratischen oder der pädagogischen Herrschaft läßt sich nicht aus den interpersonalen Beziehungen erklären. Das Individuum, das Furcht vor dem Kollektiv hat und sich zugleich dieses Kollektiv aneignen will, reagiert nicht angesichts vereinzelter Individuen, sondern angesichts eines festen Kollektivs, das von ihm als ein solches begriffen wird. Ihn zu behandeln, als stünde er außerhalb der Institutionen, denen er angehört, ist ein Irrtum. Die Institution ist kein Epiphänomen, das die wahren Mechanismen verbirgt, sie ist als Institution gewollt, mit ihren Eigenschaften und Merkmalen; sie ist das Objekt dessen, der die Macht erstrebt. Zum Verständnis der Phänomene pädagogischer oder bürokratischer Herrschaft ist daher die institutionelle Analyse unerläßlich.

Die institutionelle Pädagogik

Die sich gegenwärtig in Frankreich mit der Selbstbestimmung in der Erziehung entwickelnde Bewegung der institutionellen Pädagogik bedeutet einen Angriff auf die pädagogische Herrschaft. Dieser Angriff soll nun näher gekennzeichnet werden.

Es genügt nicht, das pädagogisch-bürokratische Phänomen zu analysieren und seinen verborgenen Mechanismus aufzudecken, wie wir es bisher getan haben; dies ist nur der erste Schritt, man muß darüber hinausgehen.

Der Versuch, die herrschende Bürokratie durch aktive Forderungen anzugreifen, die entweder darauf abzielen, die Handlungen dieser Bürokratie zu kritisieren oder sie zu einer gewissen Mitbestimmung und einer gewissen Zusammenarbeit mit den Verwalteten zu zwingen, führt nicht dazu, sie grundsätzlich in Frage zu stellen. Die Bürokratie ist nicht — wie der Kapitalismus — etwas, was man physisch zerstören könnte: Den Verwalteten an die Stelle des Bürokraten zu setzen, kann nichts ändern, wenn der Verwaltete nun seinerseits, im Schoße einer gewerkschaftlichen Hierarchie, ein Bürokrat wird. Auch die Unzulänglichkeiten, Ungerechtigkeiten und die Wirkungslosigkeit der Bürokratie anzuklagen, bedeutet immer noch, daß man ihre Macht anerkennt und annimmt. Anders gesagt, die klassische politische Aktion, die gegen den Kapitalismus wirksam war, ist es nicht mehr angesichts der Bürokratie.

Man kann gar nichts tun, wenn man nicht die hierarchische Beziehung überall da, wo sie zerstört werden kann, tatsächlich zerstört, wenn man sie nicht durch eine neue Beziehung ersetzt. Diese Einsetzung eines Neuen hat, wenn sie sich bewerkstelligen läßt, Modellcharakter, und zugleich breitet sie sich unmittelbar aus. Sie stellt schon an sich eine Belehrung oder, wenn man will, eine Form von Propaganda dar.

Die Bewegung der institutionellen Pädagogik nimmt in gewisser Weise den alten fourieristischen Traum wieder auf, eine Mikrogesellschaft mit neuen Institutionen zu schaffen; es bedarf in der Tat anderer Institutionen, wie auch immer deren Reichweite und Bedeutung zu bestimmen wären. Die in Amerika entstandene nicht-direktive Ideologie hat leider nur dazu geführt, vorübergehende und unbeständige Institutionen zu schaffen, die ihren Wert nur für die teilnehmenden Individuen haben, wie z. B. die »Training-Group«. Man muß weitergehen und echte, d. h. wirklich mit den Institutionen der Gesamtgesellschaft interferierende Institutionen erfinden. Die »äußeren Institutionen« (nämlich äußerlich für die Gruppe) bleiben weiterhin bürokratisch; aber sie werden für diese oder jene Gruppe durch »innere Institutionen« in Frage gestellt, die so etwas sind wie der Wurm in der Frucht, ein neues Prinzip im alten System.

Die Bewegung der institutionellen Pädagogik bemüht sich, innerhalb der wirklichen Schule eine neue Art des Arbeitens und unbürokratische menschliche Beziehungen auszubreiten. Das Kind wird zum Mittelpunkt von Entscheidungen, oder vielmehr, die Gruppe nimmt ihre eigenen Angelegenheiten in die Hand und versucht, sich selbst zu regieren. Der durch die »äußere Institution« inthronisierte Pädagoge behält natürlich diesen Thron, hört in Wirklichkeit aber auf, das seinem Amt gemäße Spiel mitzuspielen. Er negiert sich selbst als Machtträger und Bürokrat. Er weigert sich, anstelle der Gruppe die Entscheidungen zu fällen. Das heißt nicht, daß er sich außerhalb der Gruppe stellte wie etwa in dem von Lipitt und White (Lewin u. a., 1939) als anarchisch bezeichneten Erziehungsstil; er erhält vielmehr ganz im Gegenteil von der Gruppe einen neuen Status zugeteilt, der es ihm ermöglicht, wirklich am Gespräch teilzunehmen, zu sagen, was er weiß, Informationen, die er besitzt, weiterzugeben. Er kann anfangen, wirklich in Interaktionen mit den anderen Mitgliedern der Gruppe zu treten, was er zuvor nicht konnte; er kann anfangen, eine Ausbildung zu vermitteln.

Es wäre unnütz, betonen zu wollen, was an dieser Pädagogik alles revolutionär ist, was sie — selbst im Verhältnis zu den Strömungen der »aktiven Schule« und der »modernen Schule« — an Neuem bringt. Sie ist eine vollkommen neue und strukturierte Konzeption der Pädagogik.

Selbstverständlich gibt es selbst in den diesen Konzeptionen am nächsten stehenden Richtungen grundsätzliche Einwände, auf die wir jetzt antworten müssen.

Zunächst sagt man, daß eine solche Aktion nicht wahrhaft revolutionär ist, weil sie nicht darauf abzielt, das System als Ganzes und in seinem Prinzip zu zerstören. Man wirft uns z. B. vor, daß wir weiterhin die Gruppe, mit der wir im übrigen nicht-direktive Beziehungen unterhalten wollen, von außen her und autoritär »instituierten«. Die Gruppe von Kindern in einer Klasse bilde sich nicht selbst. Die Kinder hätten nicht die Freiheit, zur Schule zu gehen oder nicht zu gehen. Das stimmt, aber es vermindert um nichts den Widerspruchswert unseres Versuchs. Der Einwand ist ein wenig romantisch. Man möchte gern, daß der Lehrer mit einem einzigen Schlag und sozusagen mit Zauberkraft das Ganze der Beziehungen, in die er selbst eingefügt ist, zunichte machte, z. B. seine Beziehungen zu den ihm hierarchisch Übergeordneten oder zur äußeren Institution. Das ist unmöglich. Der Lehrer, von dem wir sprechen, tut, was er kann, und das ist, zumindest am Anfang, sehr wenig. Er kann nichts anderes tun, als diese Beschränkung anzuerkennen. Die Bewegung muß es auf sich nehmen, Fortschritte »in der Zeit« zu machen, sie kann sich nicht außerhalb der Zeit stellen.

Man sagt auch, daß diese neue Konzeption höchstens für Erwachsene, nicht aber für Kinder gelten könne, die per definitionem unwissend und ungebildet sind und als solche alles von einem anderen empfangen müssen, der all das besitzt, was sie nicht besitzen. Man besteht auf dem objektiven Unterschied zwischen Kind und Erwachsenem, auf ihrer tatsächlichen Ungleichheit. Man will nicht zugeben, daß Kinder und Erwachsene sich in derselben Gruppe und in einer Beziehung völliger Gegenseitigkeit befinden.

Dieses Bestehen auf den tatsächlichen Unterschieden zwischen Kindern und Erwachsenen kann aber nur dann als Einwand gelten, wenn man glaubt, daß ein Herrschaftsverhältnis durch Kompetenz begründet und gerechtfertigt werde. Dies ist ein klassisches Argument der Bürokratie. Es läuft darauf hinaus, daß man die technische Verschiedenheit von Kompetenzen, Fähigkeiten und Rollen mit der gesellschaftlichen Hierarchisierung verwechselt. In Wirklichkeit können objektive und tatsächliche Unterschiede nur dann zueinander in Beziehung treten, zu einer Zusammenarbeit, ja selbst zur Übermittlung von Wissen führen, wenn zwischen den Beteiligten eine Gegenseitigkeit (réciprocité), d. h. nichthierarchische Verhältnisse bestehen. Wenn die schwächere Seite in einer Ausbildungsbeziehung von dieser Beziehung selbst nicht betroffen wird, wenn man nicht in den Umkreis seines Wollens und seiner Bedürfnisse eintritt, so geschieht gar nichts, außer der mechanischen Ausführung der von dem Stärksten gefällten Entscheidungen. Der Reichtum dessen, der diesen Reichtum hat, ist zu nichts mehr nütze, dient niemandem mehr, bringt der Gruppe keinen Vorteil mehr; das einzige, was er erreicht, ist Unterwerfung, die den Schwachen in seiner Schwachheit erhält und das Kind in seinem Kindsein. Man kann sich dann ewig auf die Schwäche des Schwachen und die Stärke des Starken berufen, um die hierarchische Beziehung aufrechtzuerhalten. Die Argumentation der extremen Rechten gegen die Entkolonialisierung bestand immer in der Behauptung, daß die Kolonialvölker sozusagen Kinder seien, zu ungebildet und unfähig, sich selbst zu führen. Man vergißt nur, daß man ihnen gerade dadurch, daß man ihnen die Unabhängigkeit gibt, ermöglicht, die Reife zu erlangen, die sie nicht haben.

Ein anderer, mehr technologischer Einwand, der z. B. von M. Mouillaud (1964) vorgebracht wurde, besteht darin, die Selbstbestimmung als ein langwieriges, kostspieliges und wenig rentables Rezept hinzustellen, bei dem die Information nur schwer weitergegeben wird, während sie in einem anderen System viel schneller übermittelt werden könne. Man besteht auf der Tatsache, daß die Gruppe in gewisser Weise das Wissen, das ein anderer besitzt und ihr vermitteln könnte, erst wiederentdecken muß.

Dieser Einwand trifft sich trotz seines technischen Anscheins mit dem vorigen. Es stimmt, daß der Weg über die Wiederentdeckung einen langen und kostspieligen Weg darstellt und daß es, »ideal« gesehen, wünschenswert wäre, ihn abzukürzen. Aber unglücklicherweise bleibt das ein Ideal. Pasteur, Claude Bernard, I. Curie waren zutiefst motiviert zu ihren Entdeckungen: Sie suchten etwas in einer bestimmten Sicht, in bezug auf bestimmte von ihrer Zeit gestellte Probleme. Das Kind, das sich die Schlüsse, zu denen sie gekommen sind, aneignen soll, kann sie natürlich auswendig lernen. Gleichwohl muß es selbst dann noch dieses »Aufsagen« mögen, damit es bleibend etwas gelernt hat. Gibt man zu, daß es »verstehen« soll, so kann man nicht umhin zu meinen, daß es von einem Problem ausgehen muß, das sich ihm stellt, das seinen Interessen und Befürchtungen entspricht; selbst die Stufen eines Beweisganges zu lernen, heißt noch nicht verstehen. Das Verstehen setzt eine bestimmte Sicht der Wirklichkeit voraus, einen Zweifel, ein Erstaunen, eine Hypothese, die Suche nach einer Lösung. Das sechsjährige Kind, das drauflosfragt, geht von einem gewissen Erstaunen aus, von einer durch mehr oder weniger phantastische Annahmen getäuschten Erwartung. Diese Fragen könnten die Grundlage eines Verstehens bilden. Man zieht es vor, dem nicht Rechnung zu tragen.

Alle bisher wiedergegebenen Einwände laufen darauf hinaus, die hierarchische Beziehung unter der Hand wieder einzuführen, ohne daß dies deutlich würde und mit anscheinend technischen Argumenten. Es ist zudem bemerkenswert, daß diese Einwände häufig von Leuten vorgebracht werden, die, obgleich sie revolutionären Parteien angehören, dennoch voll und ganz eine bürokratische Konzeption der Gesellschaft vertreten. Das gilt z. B. für Louis Althusser, der sich zu der Zeit, als die Studentengewerkschaft UNEF für die Selbstbestimmung eintrat, jeder Einführung dieses Konzepts in der Universität heftig widersetzt hat (Althusser, 1964).

Die Thesen der institutionellen Pädagogik

Wir versuchen nun, die von der institutionellen Pädagogik vorgebrachten Thesen konkreter zu fassen.

Zu ihrem besseren Verständnis kann man sie mit Thesen älterer Bewegungen vergleichen, die zu Beginn des Jahrhunderts schon sehr weit in derselben Richtung vorgestoßen waren, z. B. mit den Thesen des Dalton-Planes oder der Vinnetka-Methode.

Der Dalton-Plan ist ein allgemeiner Versuch neuer Pädagogik von Miss Parkhurst in Dalton, Massachussets, der von der Montessori-Methode ausgeht. Das Originelle an diesem Plan läßt sich in zwei Punkten zusammenfassen.

1. Der Vertrag: das Kind stimmt vertraglich seiner Bindung an die

Schule und der Erlernung dieses oder jenes Stoffes zu. Es gibt auf seiner Seite also eine anfängliche Wahl, eine »Entscheidung«.

2. Der Unterricht ist so weit wie irgend möglich individualisiert. In einer Vorwegnahme des Systems der Selbstkorrektur und des programmierten Unterrichts schlägt der Dalton-Plan vor, dem Kind äußerst genau schriftlich festgelegte Lernschritte vorzulegen, anhand deren es sich selbst mit Hilfe des Lehrers kontrollieren kann. Es kann in seinem eigenen Rhythmus arbeiten, und sich dabei bis zu einem gewissen Grad selbst seine eigene Organisation schaffen. Dieser Gedanke einer, wenn auch eingeschränkten, vom Schüler selbst verantworteten Organisation ist neu.

Es gibt interessante Ideen im Dalton-Plan, doch bleiben sie im embrionalen Zustand, schlecht formuliert und durchsetzt von Irrtümern. Die Entscheidung des Kindes in eine so frühe Zeit zu verlegen, wo es noch nichts von dem, was es zu lernen fähig ist, weiß, bedeutet nicht viel. Es bedeutet sogar, seine Entscheidung einzuschränken und praktisch unwirksam zu machen. Die Entscheidung muß entweder auf alles ausgedehnt oder ganz eliminiert werden. Wenn sie auf die Gesamtheit der Aktivitäten ausgedehnt wird, kommt eine innere Dialektik in die Dynamik der Lernschritte. Die Entscheidungen schließen an Experimente an, denen wiederum Entscheidungen vorausgegangen sind.

Der stark individualisierte Unterricht des Dalton-Planes, der eine Selbstorganisation seitens der Schüler möglich macht, setzt gleichwohl dieser Selbstorganisierung so enge Grenzen, daß er sie im Grunde eher aufhebt. Die Lernschritte sind nicht nur äußerst festgelegt, sondern auch noch in bestimmte Stoffquantitäten für die einzelnen Wochen und Monate zerlegt. Die Initiative des Schülers kommt fast nur noch bei der Festsetzung eines bestimmten Wochenrhythmus zur Geltung. Ein Irrtum ist vor allem auch die Vorstellung der vereinzelten und voneinander getrennten Schüler. Wir sagen nicht, wie man manchmal behauptet hat, daß die Gruppenarbeit ein Wundermittel ist. Aber, ob man will oder nicht, die Klasse ist eine »Gruppe«, in der es Wechselwirkungen, Anziehung und Ablehnung, Affinitäten usw. gibt. Selbstorganisation zuzulassen heißt notwendig, Selbstorganisation der Klasse und nicht des Schülers zuzulassen, ob dies nun auf die Bildung von Arbeitsgruppen hinausläuft oder nicht.

In gewisser Hinsicht geht das Vinnetka-System, das von C. Washburne in einem Vorort von Chicago entwickelt wurde, weiter als der Dalton-Plan. Es besteht darin, daß ein relativ beschränkter »Minimalplan« der Kenntnisse aufgestellt wird, den der Schüler pflichtgemäß erfüllen muß, über den hinaus es ihm aber freisteht, zu lernen, was er will. Praktisch läuft das darauf hinaus, daß man die Initiative für den größten Teil seines Wissenserwerbs in die Hände des Schülers selbst legt. Die Entscheidung des Schülers erhält mehr Raum als im Dalton-Plan. Gleichwohl kann man diesem System eine Art vagen Liberalismus vorwerfen, der den tatsächlichen Anforderungen der Aneignung und Erweiterung des Wissens nicht genüge tut. Es genügt nicht, die Lerninitiative dem Schüler zu überlassen, man muß auch bereit sein, in eine bestimmte Beziehung zu ihm zu treten, von der man immerhin eine Vorstellung haben muß.

Die zwischen den beiden Weltkriegen aufgekommenen Tendenzen der Pädagogik bedeuteten im Verhältnis zu den vorhergehenden, äußerst kühnen Bestrebungen einen Rückschritt. Die Freinet-Schule ist im Grunde nur eine Erweiterung und Vollendung der im 19. Jahrhundert entstandenen aktiven Methoden. Der Hauptgedanke ist, daß man das Kind aktivieren, ihm erlauben muß, sich auszudrücken. Man führt den »freien Text« ein, die »freie Zeichnung«, die »Schuldruckerei«, die »Schülerkorrespondenz« usw., Aktivitäten, bei denen der Schüler nicht gelenkt wird, sondern »frei« ist, und bei denen er gleichzeitig eine gewisse Technik erwirbt, indem er sie selbst ausprobiert.

Der Schüler hat die Freiheit, Initiativen im Hinblick auf den Inhalt seines Tuns zu ergreifen, aber dieses Tun selbst ist nicht frei und nicht Gegenstand seiner Entscheidung. Das heißt nicht, daß es aufgezwungen wäre oder auch nur vorgeschlagen oder was auch immer. Nichts dergleichen, man interessiert sich für dieses Problem gar nicht. Die Klasse wird nicht als Entscheidungsfeld verstanden, sondern als ein Ort, an dem gewisse bevorzugte Tätigkeiten durchgeführt werden, die in sich selbst einen Wert darstellen. Die Freinet-Schule ist vor allem eine Bewegung, die Techniken entwickelt hat.

Bei allen diesen Bestrebungen wurde völlig die psychosoziale Dimension des pädagogischen Problems übersehen, d. h. erstens die Tatsache, daß es eine »Klasse« gibt, die sich von dem abstrakten und anonymen Schüler unterscheidet, der außerhalb jeden soziologischen Zusammenhanges steht. Diese Klasse ist eine institutionelle Wirklichkeit, sie wird durch eine bürokratische Verwaltung von außen her organisiert. Zweitens bildet diese Klasse, ob man will oder nicht, eine »Gruppe«, die gewöhnlich ihre »inneren Institutionen« von einem Leiter, dem Lehrer, erhält, der über Organisation, Fortschritt, Gesetze, Disziplin usw. entscheidet. Wenn man den Schülern um jeden Preis »Entscheidungsbefugnis« einräumen will, so darf man weder die Existenz einer solchen Gruppe übersehen, noch die Tatsache, daß diese einerseits aus den zahlreichen Interaktionen zwischen den Gruppenmitgliedern entsteht und daß andererseits die Entscheidungen (de facto) nicht von isolierten Individuen gefällt werden können, die man als Träger ebenso vieler, voneinander unabhängiger individueller Freiheiten versteht. Anders gesagt, es gibt eine »soziale« Dimension des pädagogischen Problems. Institutionell ist der Lehrer in seiner Klasse ein »Bürokrat«, denn er ist damit beauftragt, Entscheidungen zu fällen und seine pädagogische Auffassung durchzusetzen. Wenn er selbst seinen Status ändern und nicht-direktiv werden will, so muß er vorsichtig sein, denn institutionell (durch eine äußere Institution) bleibt er an einen anderen Status gebunden. Er kann nicht ganz unschuldig und als ob weiter nichts wäre, so tun, »als ob« der alte Status nicht mehr bestünde. Er muß selbst seine eigene Autorität zerstören, sich selbst als Bürokrat negieren. Das ist nicht einfach, denn die Schüler selbst haben immer die Tendenz, ihn als einen solchen zu betrachten, und sie erwarten, daß er sich als ein solcher verhält (auch wenn sie darunter leiden). Es gibt also ein notwendig »negatives« Einwirken, worüber wir gleich noch konkreter zu sprechen haben werden.

Andererseits stehen die Schüler selbst in »sozialen« Beziehungen. Ihnen die Initiative zu überlassen, führt nicht dazu, daß die Klasse in getrennte Individuen zerstückelt wird, von denen jedes sein eigenes Leben lebt. Es bedeutet, neue »soziale« Phänomene hervorzurufen, die in der Psychosoziologie wohlbekannt sind (Machtergreifung, Fraktionen, Clanbildung, Manipulationen usw.). Der Lehrer muß wissen, wie er sich angesichts dieser Erscheinungen zu verhalten hat. Vor allem darf er nicht erwarten, daß sinnvolle Entscheidungen gefällt werden, bevor nicht eine gewisse Anzahl von Problemen gelöst ist. Das besagt, daß man akzeptieren muß, daß die Gruppe eine gewisse Anzahl von Entwicklungsstufen durchläuft.

Die Probleme, die wir hier aufwerfen, sind immens. Sie ergeben sich aus der Entscheidung, die Entfremdung der Schüler und der zukünftigen Erwachsenen aufzuheben. Die sogenannte »moderne« Pädagogik hatte die Tendenz, diese Probleme zu vernachlässigen, daher ist sie bis zu einem gewissen Grade gescheitert und hat als Gegenstoß in Europa und in Amerika reaktionäre Tendenzen hervorgerufen. Wenn wir versuchen, diese Probleme zusammenzufassen, so können wir sagen, daß sie die Frage nach den zwischenmenschlichen Beziehungen in der Schule stellen, und nicht nur die Frage nach vagen Anpassungen oder Veränderungen der pädagogischen Techniken.

Technik der Selbstbestimmung (autogestion)

Die Praxis, die einige von uns allmählich und in der Auseinandersetzung mit der Erfahrung entwickeln, ist natürlich verschieden je nach den Individuen und nach der Arbeit, die sie zu leisten haben. Gleichwohl wird in einer gewissen Anzahl von Punkten allmählich eine Übereinstimmung erreicht.

1. Es gibt ein Problem des allmählichen Fortschreitens: Eine Klasse, der man die Selbstbestimmung gibt, darf nicht plötzlich und ohne Vorwarnung sich selbst überlassen werden; man muß sie zunächst einmal an die Erfordernisse der äußeren Institutionen — die man eines Tages verändern will, die aber noch nicht verändert sind — erinnern, d. h. an die Lehrpläne, Prüfungen, die Verwaltungshierarchie, die Zensuren usw. Die Gruppe kann dann daraus machen, was sie will. Sie hat die Verantwortung. Andererseits wäre es unfair, sie nicht über die Natur der Methode, die man mit ihr anwenden will, und die Gründe, warum man es will, zu informieren. Es ist immer ein Maximum an Information wünschenswert. Schließlich muß der für die Klasse zuständige Pädagoge seine Haltungen und die Grenzen seiner Intervention darlegen. Er erwartet, daß die Klasse sich selbst organisiert, ihre Ziele, ihre Arbeitsweise und ihre Steuerungssysteme festlegt. Gleichwohl ist er bereit, selbst mitzuarbeiten, und zwar in dem Maße, in dem man ihn fragt. Das Prinzip der »Nachfrage« ist wesentlich. Es bedeutet praktisch, daß er Vorschläge zur Organisation machen, Vorträge halten, Information und Anleitung geben kann, sofern dies gefragt ist.

2. Kann der Pädagoge intervenieren, ohne daß ihn die Gruppe ausdrücklich dazu aufgefordert hätte? Kann er zum Beispiel Organisationsvorschläge unterbreiten? Dies ist gefährlich, weil die mit schwierigen Problemen konfrontierte Gruppe nur allzusehr geneigt ist, es jemand Erfahrenerem zu überlassen, an ihrer Stelle die Entscheidungen zu treffen, was einer alten, zutiefst in der Psychologie der Betroffenen verankerten Gewohnheit entspricht. Unseres Erachtens ist es unerläßlich, daß der Pädagoge sich streng an das Prinzip der Nachfrage hält, d. h. daß er nicht interveniert, bevor die Gruppe sich nicht darauf geeinigt hat, eine ausdrückliche Aufforderung auszusprechen. Dies erzeugt Angst und Panik bei den Individuen, was jedoch nicht ungünstig sein muß. Der Psychoanalytiker wie auch der Trainer in der Trainingsgruppe akzeptieren Angst und Panik und betrachten sie sogar als eine notwendige Stufe.

3. Die Gruppe geht faktisch von einem völlig informellen Zustand zu einer Strukturierung über, die sich zusehends verbessert. Vor allem in der ersten Zeit ihres Bestehens und auch später noch, wenn auch dann weniger dramatisch, stellen sich der Gruppe elementare Funktionsprobleme (Vorsitzender usw.), und sie muß interpersonale Konflikte regeln. Die

Regelung dieser Probleme ist Voraussetzung kollektiven Entscheidens, d. h. des Entscheidens auf einer Ebene, wo die Individuen ihren Platz nicht durch ihr Verhalten zu anderen Individuen bestimmen, sondern durch ihr Verhalten zum Kollektiv als solchem und seiner Arbeit. Auf dieser elementaren Ebene kann der Pädagoge nicht eigentlich intervenieren. Er kann nur Unterstützung geben, etwa durch Rückspiegelung im Sinne von Rogers oder durch Analysen wie in der Trainingsgruppe, vielleicht auch, indem er vorschlägt, daß die Gruppe sich selbst analysiert.

4. Die Organisationsvorschläge des Pädagogen, zu denen er aufgefordert sein muß, sollen wirklich Vorschläge sein. Sie müssen darin bestehen, daß Alternativen, mögliche Funktionsweisen aufgezeigt werden. Man muß vermeiden, mehr oder weniger bewertete oder emotional gestützte Vorschläge zu machen, die automatisch als Befehle oder Drohungen erscheinen.

5. Die Intervention des Pädagogen hinsichtlich des »Inhalts«, d. h. hinsichtlich der Unterrichtsarbeit selbst, muß so diskret, genau und kurz sein, wie nur möglich. Oft ist es nützlicher, Arbeitsmittel an die Hand zu geben (vervielfältigte Exposés, bibliographische Angaben, Material, Anleitungen zur Selbstkorrektur), als improvisierte Vorträge zu halten. Die letzteren können leicht ein solches Gewicht erhalten, daß sie die Arbeit der Gruppe lähmen. Es bedarf seitens des Pädagogen einer langen Erfahrung, um zu wissen, wo er mit seinen direkten Interventionen aufhören und wie er sie vornehmen muß. Trainingsseminare wären erforderlich, die es den Pädagogen ermöglichen, Interventionsstile auszuprobieren.

All diese Praktiken fügen sich in einer gewissen Aufeinanderfolge in die Gruppendynamik ein. Man kann die Etappen, in denen sich eine solche Entwicklung gewöhnlich vollzieht, wie folgt zusammenfassen:

In einem ersten Zeitabschnitt bleiben die durch das Neuartige der Erfahrung überraschten Schüler unbeweglich, schweigsam, mehr oder weniger träge, und sie erwarten, daß der Lehrer »die Dinge in die Hand nimmt«, genauer, sie brennen darauf, rasch zu einem Ergebnis zu kommen, sie stürzen sich in irgendeine Aufgabe, und die Aktivsten greifen diejenigen an, die nicht oder nur schwach mitarbeiten wollen. Jedenfalls ist das Problem in dieser ersten Etappe das der Nichtbeteiligung. Menschen, die nicht daran gewöhnt sind, zu sprechen und miteinander zu kommunizieren, werden traumatisiert, sobald es darum geht, sich lediglich auszudrücken, sie profitieren von dem ihnen angebotenen »Feld der freien Rede«, um versteckte Tendenzen zu liquidieren, oder, umgekehrt, sie greifen gar nicht ein und ziehen sich in ihr Schweigen zurück. Das Haupttrauma wird in diesem Stadium durch das Schweigen des Pädagogen hervorgerufen, der sich darauf beschränkt, auszudrücken, was vor sich geht, und der die Kommunikation erleichtert, ohne selbst einzugreifen. Die Passiven hätten gerne, daß er an ihrer Stelle entscheidet, die allzu Aktiven, daß er ihnen hilft, die anderen zur Mitarbeit zu zwingen.

Diese Phase kann ziemlich lange dauern. Sie ist die mühseligste. Man erlebt das Entstehen und Vergehen unmöglicher oder schlecht formulierter Projekte, unüberwindlich scheinende Divergenzen zwischen verschiedenen Funktionen und den Ausdruck unbestimmter Ängste vor der Prüfung, hinsichtlich der Durchführung des Lehrplanes usw. Es braucht eine gewisse Zeit, bis die Schüler ruhig und vernünftig brauchbare Organisationsformen ins Auge fassen und aufhören, entweder die Rückkehr zum traditionellen System zu fordern oder sich in irgendeine Organisation zu stürzen, die ihr Bedürfnis nach Tätigkeit befriedigt und ihre Angst beruhigt.

In der zweiten Phase ergeben sich Diskussionen über eine mögliche Organisation, die in der Lage wäre, die Wünsche aller zu befriedigen. Abstimmungen, wie sie zu Anfang oft vorgenommen werden, meist um die Beschlüsse einer künstlichen Mehrheit zu stützen, werden seltener; man bemüht sich nun um Einstimmigkeit, d. h. nicht um eine Verfahrensweise, die von allen akzeptiert würde, sondern um eine in sich so vielschichtige Verfahrensweise, daß bei ihr jeder zu seinem Recht kommt. Erst dann können genaue Anfragen hinsichtlich einer möglichen Organisation an den Pädagogen gerichtet werden. Dieser antwortet kurz und diskret wie ein Organisationstechniker.

Die dritte Phase ist die der eigentlichen Arbeit, die in äußerst verschiedenen Formen geschehen kann: in spezialisierten und nach Funktionen gegliederten Gruppen, in homogenen Gruppen, ohne Gruppen überhaupt usw. Schließlich findet der Pädagoge mit den Gruppenmitgliedern zu dem im traditionellen System unmöglichen Dialog. Er kann sagen, was er zu sagen hat, nützliche Informationen beibringen, sein Wissen und seine Erfahrung mitteilen, derart, daß alles dies aufgenommen und anerkannt wird und nicht mehr ein Wort in der Wüste bleibt, das von den Schülern, die sich damit begnügen, »mitzuschreiben«, mechanisch registriert wird. Die ganze in den beiden vorhergehenden Phasen scheinbar verlorene Zeit wird jetzt sehr schnell wieder eingeholt, und die Gruppe macht im Hinblick auf den Wissenserwerb große und spektakuläre Fortschritte. Hier könnten genaue Beispiele gegeben werden. Wir haben gesehen, wie Gruppen eine außergewöhnliche Arbeit bewältigen, die sie unter anderen Umständen niemals geschafft hätten. Dinge, die, wenn sie ein Pädagoge im alten System sagte, nicht einmal gehört wurden, werden jetzt verstanden und assimiliert. Man muß auch beachten, daß — immer unserer Erfahrung nach — die Kritik an den Gedanken und Funktionen des Pädagogen sehr viel häufiger wird als im alten System. Sie sollte übrigens noch sehr viel häufiger werden können.

Das Gesagte läuft darauf hinaus, daß die Intervention des Pädagogen sich unter drei Aspekten strukturiert:

1. Er interveniert wie der Trainer in der Trainingsgruppe, der sich um eine Rückspiegelung oder eine Analyse bemüht.

2. Er interveniert als Organisationstechniker.

3. Er interveniert als Gelehrter oder Forscher, der im Besitz eines Wissens ist und es mitzuteilen versucht.

Auf jeder dieser Ebenen ermöglicht der Pädagoge eine »Erziehung«, wie sie im alten System nicht möglich war; z. B. eine Erziehung zu sozialen Beziehungen, zum Infragestellen, zur Zusammenarbeit usw.

Die Ziele, die der durch die »institutionelle Pädagogik« inspirierte Pädagoge anstrebt, sind in Kürze die folgenden:

1. »Hier und jetzt« mit den Schülern eine interessante und spannende Arbeit zu tun. (Erinnern wir uns an die unsagbare Langeweile des traditionellen Unterrichts, die den Lehrer mit Sehnsucht an die Ferien denken läßt, unserer Meinung nach ihn noch mehr als die Schüler). In dieser Art von Erfahrung gibt es auch einen einzigartigen menschlichen Kontakt, der ein wirkliches Abenteuer bedeutet.

2. Eine Ausbildung zu gewährleisten, die hundertmal besser ist als im traditionellen System, da sie nicht mehr zufällig, sondern systematisch erreicht wird. Sie ist zugleich reichhaltiger, weil sie sich auch auf die Persönlichkeit und das gesellschaftliche Leben und nicht nur auf den Intellekt bezieht. Selbst die Prüfungen werden nach diesem System im Grunde besser als nach einem anderen vorbereitet, obgleich sie (mindestens vom Pädagogen) nicht ausdrücklich als Ziel ins Auge gefaßt werden.

3. Die Schüler auf den Widerspruch gegen das gesellschaftliche System, in dem sie leben, d. h. das bürokratische System, vorzubereiten. Dieser Widerspruch artikuliert sich oft gerade in dem Moment, in dem eine Erfahrung gemacht und in ihrer verborgenen Bedeutung von den Schülern erkannt wird.

4. Ohne es zu wollen, ein Feld des Widerspruchs zu schaffen, denn der Versuch ist der Verwaltung, den anderen Pädagogen und der Öffentlichkeit bekannt. Der Pädagoge wird im gewissen Sinne zum Agitator.

5. »Modelle« zu schaffen, die auch auf anderen Ebenen einer gewandelten Gesellschaft Gültigkeit besitzen werden. Die Probleme, an denen

sich der Pädagoge bei seiner Tätigkeit stößt, sind politische Probleme: z. B. der Wille der Gruppe, sich selbst zu »entfremden«; die Machtübernahme seitens einiger Mitglieder, die die offizielle Macht auf ihre Seite bringen wollen; die dementsprechende Schwäche einer Macht, die sich nicht auf eine institutionelle Hierarchie stützt; Entstehung und Konzipierung neuer innerer Institutionen der Gruppe.

Werden diese Ziele wirklich erreicht? Die Erfahrung wird es lehren. Die Bemühungen der institutionellen Pädagogik stellen jedenfalls den systematischsten und strukturiertesten Versuch dar, die bürokratische Herrschaft in der Schule in Frage zu stellen.

Sechstes Kapitel

Dialektik der Gruppen, Organisationen und Institutionen

Befreit man die Gruppendynamik von ihren mechanistischen Modellen, so führt sie zu einer Gruppendialektik. Der Ausdruck Dialektik wird mit Recht gebraucht, wenn man damit eine Logik der Unabgeschlossenheit, des »immer wieder neu beginnenden« Tuns bezeichnet. Die Gruppe oder die Organisation sind dann eine sich vollziehende Totalisierung, die niemals eine verwirklichte Totalität ist. Die Gruppendialektik schließt den Gedanken einer endgültigen Reife der Gruppen aus. Selbst die Bürokratie wird von einem ewigen Bemühen um *Einigung* beunruhigt, das niemals die Einheit selbst erreicht. Die Dialektik soll daher für uns einfach die *immer unabgeschlossene* Bewegung der Gruppen sein. Diese Gruppendialektik hat ihren Ursprung in Hegels »Phänomenologie des Geistes« (in dem Kapitel, das einen Kommentar zum *Contrat Social* und zur Französischen Revolution darstellt) und in Sartres »Kritik der dialektischen Vernunft« (1967).

Der dialektischen Bewegung in den Gruppen ist die Antidialektik entgegengesetzt. Es gibt verknöcherte, verdinglichte Gruppen. Hier zeigt sich die Antidialektik einer menschlichen Welt, in der die hergestellten Gegenstände, die aus der menschlichen »Praxis« hervorgegangenen Dinge, sich in eine, wie Sartre sagt, »praktisch-inerte« Ordnung verwandeln. In der Ordnung der menschlichen Gruppenbildungen ist der von Sartre zur Bezeichnung der Verdinglichung der Gruppen gebrauchte Grundbegriff der Begriff der *Serie* (und der daraus abgeleiteten Serialität). Die *Serie* ist eine Art von »Kollektiv« (d. h. eine Ansammlung von Menschen), *das seine Einheit von außen her empfängt.* Das alltägliche Leben gibt uns eine Vielzahl von Beispielen: Schlangen von Wartenden (z. B. an der Autobus-Haltestelle) sind ein ausgezeichnetes Beispiel, weil man hier konkret die Ordnung der Reihung sehen kann, die ihren »Sinn« aus einer diesem Ganzen äußerlichen Ursache zieht, nämlich (bei den Pariser Autobussen) aus der Ausgabe von Nummernkarten. Von der Serie gehen wir zum Begriff der *Serialität* über. Dieser Begriff dient dazu, eine Ansammlung von Menschen ohne innere Einheit zu bezeichnen. Es geht uns faktisch darum, zu zeigen, daß man logisch und für eine »ideale Genese« der Gruppen bei der ursprünglichen Verstreutheit der Menschen ansetzen muß, um danach die Gruppe von dem abzuleiten, was gerade nicht

Gruppe ist, nämlich von der Serie, d. h. der Isolierung der Menschen. Der Begriff der Serie und der damit zusammenhängende Begriff der Serialität zeigen heute die Tendenz, in die Umgangssprache der Humanwissenschaften einzugehen. Das Gegenteil der Serie ist die Gruppe. Diese Entgegensetzung soll als Ausgangspunkt und Leitfaden dienen: Während die Serie Isolierung und Vermassung der Menschen bedeutet, bedeutet die Gruppe umgekehrt eine Totalisierung, wenn auch keine Totalität. Das Leben der Gruppe besteht, wie sich zeigen wird, aus einer beständigen Spannung zwischen diesen beiden äußersten Polen: der Serialisation und der Totalisation. Diese Spannung ist der Motor der Gruppendialektik, deren verschiedene Momente ebensoviele Abschnitte eines Kampfes gegen die immer mögliche Wiederkehr der Serialität sind. Die Gruppe bildet sich gegen die Serie; sie entsteht in der *Fusion der Serialität.* Wir werden jedoch sehen, daß sie sich verschwören muß, wenn sie die Rückkehr zur seriellen Isolierung von allem Anfang an vermeiden will. Der »Sozialkörper« ist immer mehr oder weniger ein zerstückelter Körper, und es wird uns nicht wundern, wenn wir in diesem Zusammenhang hören, daß eines der wesentlichen Elemente der Eleusischen Mysterien das ursprüngliche, mythische Symbol des zerstückelten Körpers war, das dargestellt wurde, wie um der Menschenansammlung das Flüchtige ihrer Vereinigung vor Augen zu bringen.

Die Gefahr einer Rückkehr zur Isolierung ist überwunden, wenn die Mitglieder einer Gruppe sich durch einen Schwur binden; doch ist bereits dieser Schwur ein Trägheitsmoment in der Gruppe; man kämpft gegen die Serialität, nur um auf diese Weise mit dem Schwur den ersten Zwang in das Leben der Gruppen einzuführen. Dann gehen wir vom Eid, von der geschworenen Treue zur Organisation und von da zur Institution über. Vor Sartre hatte bereits Hegel diese Momente der Gruppe ausgehend von der »absoluten Freiheit« bis hin zum »Schrecken« beschrieben.

Die Gruppe ist somit das Gegenteil der Serialität. Sie bildet sich in der und durch die Verschmelzung der der Gruppe vorhergehenden Vereinzelung; sie erhält ihre Existenz durch einen andauernden Kampf gegen eine immer mögliche Wiederkehr dieser Vereinzelung. Dieser Kampf ist ein erster Charakterzug der Gruppe. Ein zweites, ebenfalls *unabgeschlossenes* Charakteristikum besteht in der Totalisierung, die die Gruppe konstituiert, ohne zur Bildung eines die gruppierten Individuen transzendierenden Gruppenseins zu führen. Die Gruppe bestimmt sich in der Tat nicht als *Sein,* sondern als *Handlung.* Diese letztere ist Handlung der Gruppe in bezug auf sich selbst: Die Gruppe arbeitet unaufhörlich an sich; eine gemeinsame nach außen gewendete *Praxis* ist nur die *Praxis* einer Gruppe, wenn diejenigen, die sie zusammen durchführen, untereinander die Beziehungen herstellen, die eine Gruppe ausmachen. Eine Gruppe ist nur dann wahrhaft eine solche, wenn sie ständig zugleich auf Selbstbestimmung oder Selbstdeterminierung und auf Selbstkritik oder Selbstanalyse gegründet ist. Fremdbestimmung löst die Gruppe auf und verursacht die Rückkehr zur Serialisation. Die Gruppendialektik hat eben diese Alternative zum Gegenstand ihrer Forschung.

Für Sartre ist der reinste Fall einer Gruppe die »fusionierende Gruppe«. Die Gruppe bildet sich in der und durch die Verschmelzung der Serialität: Diese Verschmelzung ist Verflüssigung, Entdinglichung oder, in der Sprache von Lewin, Entkristallisierung, Auftauen. Wie aber erfolgt dieses Auftauen? Unter gewissen historischen Umständen kann eine Massenbewegung entstehen, und daraus entspringt die Gruppe: Was entsteht, ist zunächst eine plötzliche Totalisierung der Serie, die so etwas wie ein »gemeinsames Wesen« schafft, das zum Brennpunkt aller Tätigkeiten wird.

Die Gruppe ist darüber hinaus ein dialektischer Übergang von der Quantität zur Qualität. In einer Serie bezeichnet der Ausdruck ›der Zehnte‹ eine Ordnungszahl, meine eigene oder die eines anderen, der sich in unsere wartende Schlange einreiht. In der Gruppe aber ist jeder und keiner der Zehnte, weil, damit wir eine Gruppe von zehn Teilnehmern sind, jeder gleich notwendig ist. Diese Zehner-Gruppe ist nicht die träge Ansammlung von zehn Personen: Jedes der zehn Mitglieder nimmt ideel alle zehn Plätze ein, oder genauer gesagt, die im Wesentlichen zur Benennung einer seriellen Ordnung eingeführte Zahl Zehn ist schlecht dazu geeignet, die innere Gruppenstruktur zu bezeichnen. Ich sehe in ihr eine »Gruppe-aus-zehn-Teilnehmern«, insofern ich mich außerhalb dieser Gruppe stelle, insofern ich sie zum *Gegenstand* meiner Betrachtung mache.

Die Gruppe wird somit anfänglich durch diese polyzentrische Synthese, die die Synthese unserer Synthesen darstellt, gebildet. Denn wenn wir in bezug auf sie von Totalisierung sprechen, so sollte man sogleich auch hinzufügen, daß jeder in der Gruppe Vermittler dieser Totalisierung ist, daß die Totalisierung überall und nirgends besteht. Muß man daraus schließen, daß ich die Gruppe nur dann als gültige und tätige Synthese begreifen kann, wenn ich von meiner persönlichen Erfahrung des synthetischen Akts ausgehe? Im täglichen Leben nehme ich ständig »Synthesen« vor; ich kann nur leben und handeln, indem ich Beziehungen herstelle und unaufhörlich meine Erfahrung totalisiere. Aber diese individuellen Synthesen werden von einer vorgängigen Synthese gestützt, nämlich der des Organismus: Das Individuum ist eine Totalität.

Nun zeigt Sartre, daß man dieses biologische Modell des Organismus nicht auf das Verständnis der sozialen Gruppe übertragen kann. Man muß sich hier von einer bestimmten philosophischen Tradition lösen, insbesondere von Platon, der vom Individuum zur Gruppe, zum »Sozialkörper« übergeht, indem er das Modell des individuellen Gleichgewichts auf die Probleme der Gemeinschaft überträgt, und von Kant, der in seiner »Kritik der Urteilskraft« auf der Ebene der Gesellschaft das Modell des pflanzlichen Organismus gebraucht. Diese organizistische Tendenz hat auch heute noch unter den Psychosoziologen ihre Anhänger, die die Gruppen gern als Organismen ansehen und beschreiben, was vor allem dazu führt, daß man die Organisationsprobleme in der Gruppenpsychologie mißversteht. Diese Tendenz findet sich sogar bei Lewin, der die Gruppe als *abgeschlossene Totalität* beschreibt.

Die Gruppendialektik dagegen ist die Bewegung einer ewig tätigen, niemals abgeschlossenen Totalisierung. Wir werden nun mit Sartre auf die Einzelheiten dieser Bewegung zurückkommen.

In der »Kritik der dialektischen Vernunft« führt uns Sartre nicht eine »wirkliche Geschichte«, sondern eine »ideale Genese« vor, die in der Gruppe die aufeinanderfolgenden Momente der *Bildung*, *Organisation*, *Institution* und schließlich der *Bürokratisierung* aufzeigt. Warum diese Reihenfolge? Weil es jedenfalls einer Ordnung bedarf und man die gewählt hat, die vom Einfachen zum Komplexeren übergeht, ohne daß man dabei je vergäße, daß im Konkreten der tatsächlichen Geschichte, d. h. für uns hier und jetzt und alle Tage, diese Modelle untereinander vermischt sind und sich mit denen der Serien, der Ansammlungen und der Kollektive, d. h. mit den Massenvielheiten vermischen. Dies vorausgeschickt, können wir uns nun der detaillierten Betrachtung dieser »Momente« zuwenden und anschließend versuchen, die Voraussetzungen, die bei der Ausarbeitung dieses neuen »Systems« leitend waren, aufzudecken und zu erörtern.

A. Die Gruppenbildung

Läßt sich der »Ursprung der Umwälzung, die das Kollektiv durch den Blitz einer gemeinsamen *Praxis* zerreißt« (S. 374) bestimmen? Jedenfalls kann man, ausgehend von der »ursprünglichen Spannung des Bedürfnisses« im Bereich des Mangels, dieses Bersten, dieses Tauwetter beschreiben. Und zweifellos genügt dies nicht zur Bildung einer Gruppe: Hungernde Menschen können sich auch einfach wie Hunde die Nahrung streitig machen (vgl. S. 375). Es bildet sich vielmehr eine Gruppe gegen die gemeinsame Gefahr, d. h. »indem sie das individuelle Bedürfnis als gemeinsames empfindet und indem sie sich in der inneren Vereinigung einer gemeinsamen Integration auf Ziele hin projiziert, die sie als gemeinsame Ziele hervorbringt« (S. 375). Als Beispiel für die »fusionierende Gruppe« wird hier der 14. Juli 1789 gewählt. Sartre verfolgt die dialektische Entwicklung dieses Ereignisses. »Vom 12. Juli an ist das Volk von Paris im Zustand der Erhebung.« Die »Ursachen« sind bekannt: die Kälte, der Hunger usw., die bis dahin in gemeinsamer Ohnmacht erlitten worden waren. Als äußerer Umstand aber ergab sich eine Totalisierung, nämlich in der Regierung, die »unsere Einheit *dort oben* im Kabinett« (S. 378) darstellt. Und diese Regierung bedroht Paris, das zunächst auf der Suche nach Waffen eine Masse wird, »die innerhalb ihrer selbst noch in Alterität strukturiert ist« (S. 380); das Ergebnis ist, »daß *das Volk von Paris sich gegen den König bewaffnet hat«*.

Man kann hier also der »zeitlichen Reihenfolge« (S. 376) nachgehen, um die Dialektik zu verstehen, die die Gruppe entstehen läßt, oder besser: jene Dialektik des Entstehens der Gruppe, bis zu dem Augenblick, da man, am 14. Juli, sagen kann: »Die fusionierende Gruppe, das ist die Stadt« (S. 383). In dieser fusionierenden Gruppe gibt es keine Anführer mehr. »Gegen Abend«, so zitiert Sartre Montjoye, »wurde Paris zu einer neuen Stadt. In Abständen abgegebene Kanonenschüsse mahnten die Bevölkerung, sich bereit zu halten ... Die sechzig Kirchen, in denen sich die Einwohner versammelt hatten, waren brechend voll. Hier war jeder der Redner« (S. 383). In dem Aufruhr zeigt einer dem anderen einen Unterschlupf, eine Hintertür: Er hat »die Möglichkeit mit *gemeinsamen* Augen gesehen« (S. 422). Diese vorübergehende Führerschaft zeigt — und verbirgt — diesen wesentlichen Grundzug: Ein jeder ist die Gruppe, und die Gruppe ist in jedem, nicht als ein Überorganismus, dessen Überdialektik sich beschreiben ließe, sondern als eine »zirkulierende« (S. 410) und immer neue Synthese, wo jeder zugleich »Vermittelndes« und »Vermitteltes« ist, — er selbst sowohl wie der andere.

Als Vermittelnder ist jeder ein »Dritter«, der die Wechselseitigkeiten totalisiert. *Die Gruppe ist allein die Vermittlung dieser Vermittlungen.* Für die Soziologen ist das von Bedeutung: »der geläufige Fehler vieler Soziologen« (S. 399) liegt darin, daß sie die Gruppe als Zweierbeziehung zwischen dem Individuum und der Gemeinschaft verstehen, während es sich in Wirklichkeit immer um eine Dreierbeziehung handelt. Alle Gruppenmitglieder sind »Dritte«, während sie alle zugleich Partner in den Wechselseitigkeitspaaren sind: Als Dritter totalisiert jeder die Wechselseitigkeiten des anderen. Hierin besteht eine der Vermittlungen, die die Gruppe ausmachen.

Bei einem Gruppentreffen fügt sich »dieser Neuankömmling ... *durch mich* einer Gruppe von 100 Mann hinzu, insofern die Gruppe, zu der ich mich hinzufüge, *durch* ihn 100 Mann stark sein wird« (S. 401). Tatsächlich ist jeder der Hundertste — nämlich der, durch den die Gruppe eine Gruppe von 100 ist — aber auf eine Weise, die sich von der Serie unterscheidet. In der Serie bedeutet »100« eine Ordnungszahl: meine eigene oder die des anderen, je nachdem, wer von uns nach dem anderen gekommen ist, um sich in die Schlange der Wartenden einzureihen. Hier dagegen ist *jeder* derjenige, durch den *wir* hundert sind. Es handelt sich also um eine Qualität, die für alle die nämliche ist: Die auf mich zurückkommende Gruppe gibt mir »meine erste gemeinsame Qualität« (S. 402). Von dieser Art ist die Gruppe: »Die Gruppe, zu der ich gehe, ist nicht die inerte Ansammlung dieser 100 Personen ... es handelt sich in Wirklichkeit um eine Tat. Man *wartet* (darauf, zahlreich genug zu sein, bestimmte Informationen zu haben, wann der Feind überrascht werden kann usw.). Und die Realität besteht darin, daß ich versuche, meine Praxis in die *gemeinsame Praxis* zu integrieren» (S. 403).

Alle Dritten werden also durch die Gruppe vermittelt. Somit bin ich es nicht allein, »der die totalisierende Operation durchführt« (S. 403), die die Gruppe konstituiert. Diese Tätigkeit ist ebenso die Tätigkeit *jedes Dritten:* Durch ihn, den anderen Dritten, bin ich *»mitten unter* den Dritten und ohne privilegierten Status» (ibid.). Z. B.: »Ich laufe den Lauf aller, ich rufe: ›Stehenbleiben!‹, und alles bleibt stehen. Jemand ruft: ›Los!‹ oder ›Links! Rechts! Zur Bastille!‹ Alles rennt wieder los, folgt dem regulativen Dritten« (S. 405/406). Jeder Dritte spricht für die anderen Dritten die Gruppe aus, so daß alle gruppen*bildend* sind.

Die Gruppenbildung — in der fusionierenden Gruppe — könnte dem gestalttheoretischen Gedanken des Auftauchens einer neuen Totalität zu folgen scheinen. Deswegen erhebt sich folgendes Problem: »Können *mehrere* Synthesen« — die durch jeden Dritten und durch die als Totalisierung der Dritten verstandene Gruppe Wirklichkeit werden — »die Synthese hervorbringen?« (S. 410). Ist die ablaufende Totalisierung das Entstehen einer Totalisierung? Ist die Gruppe ein Organismus? Sartres Antwort ist bekanntlich negativ: »Der Organismus, der durch eine praktische Tätigkeit ein Bedürfnis befriedigt hat, überlebt das Aufhören dieser Tätigkeit. Er überlebt *als Organismus,* das heißt durch die vereinigte Verschiedenheit seiner Funktionen ... der Organismus ist zugleich Totalisierung und Totalität« (S. 410). Hingegen »die Gruppe kann nur ablaufende Totalisierung sein, und ihre Totalität ist außerhalb ihrer in ihrem Gegenstand« (ibid.). Sie stirbt, sie zerstreut sich, wenn es kein Ziel mehr zu erreichen gilt. Ein *Schlaf* der Gruppe, der nicht ihr Tod wäre, läßt sich nicht vorstellen. Die »Gefahr der organizistischen Illusion« (S. 412) muß also beseitigt werden. Nach dem biologischen Organismusmodell wird sich die Gruppe niemals bestimmen lassen.

Was bedeutet in der sich bildenden Gruppe die *Einheit?* Sartre sagt, daß sie umgangssprachlich unmittelbar der Gruppe zuerkannt werde: die Gruppe macht dies oder das, usw. Diese Worte implizieren eine »Einheit der Gruppe«. Wie ist sie zu bestimmen? Tatsächlich handelt es sich um eine synthetische Beziehung, die Menschen für ein Handeln und durch ein Handeln eint, nicht aber um eine jener verworrenen Interpretationen, die die idealistische Soziologie zuweilen auf die eine oder andere Weise wieder aufzuwärmen sucht. *Das Einigen ist nicht die Einheit:* Läßt sich jene Realität mit den tausend Mittelpunkten (den »Dritten«), die man Gruppe nennt, als Einheit bezeichnen? Kann eine Synthese von individuellen Synthesen, die einen ontologischen Status erhielte, definiert werden? Tatsächlich verwirklichen diese Synthesen, wie wir gesehen haben, nicht die substantielle Einheit der Menschen, sondern die der Handlungen. Die Einheit der Gruppe ist eine praktische, keine ontologische. Kehren wir noch einmal zu dem Beispiel der 100 Teilnehmer bei einem Gruppentreffen zurück. Hier bezeichnet die Zahl nicht mehr, wie in der wartenden Schlange, eine *Folge* oder *Serie.* Sie bringt vielmehr eine Synthese zum Ausdruck. In der Sprache der Dialektik: Die Quantität ist in Qualität umgeschlagen.

In der fusionierenden Gruppe ist ein jeder überall derselbe, somit ist jeder souverän; jeder kann für alle entscheiden, ohne deswegen der Anführer zu werden. *Denn in diesem ersten Moment der Gruppe gibt es keinen Anführer.*

Jenes »wir«, das praktisch und nicht substantiell ist, ist die Gesamtheit der praktischen Freiheiten, die geeint sind in dem »plötzlichen Wiederaufleben der Freiheit« (S. 428) und die sich gegen die immerwährende »Fron« der praktisch-inerten Welt auflehnen. Der Ausbruch der Revolte ist die plötzliche, aber vorläufige Aufhebung dieser Fron durch die gemeinsame Freiheit, die sich der Herrschaft der Notwendigkeit widersetzt. Die Gruppe ist lediglich die Totalisierung der individuellen Totalitäten. Folgt aber daraus, daß die gemeinsame Praxis lediglich eine Variante der von ihr synthetisierten Praxis der verschiedenen Individuen ist? Im Gegenteil: »Diese Dialektik der Gruppe ist ganz gewiß *nicht reduzierbar* auf die Dialektik der individuellen Arbeit« (S. 437). Doch kann ich sie nicht verstehen, d. h. ich kann nicht zu ihrer dialektischen Intelligibilität gelangen, wenn ich nicht von der singulären Dialektik ausgehe, die ich in meiner Praxis erfahre: Ich verstehe in dem Maße Ziele der Gruppe von innen her, in dem ich die Finalität meiner eigenen Praxis verstehe. Infolgedessen ist die Intelligibilität der Gruppe die einer *konstituierten Ver-*

nunft, während die der »freien individuellen Praxis die *konstituierende Vernunft* wäre« (S. 437). Daraus folgt: »Der Unterschied zwischen der konstituierenden Vernunft und der konstituierten Vernunft liegt in zwei Worten: Die eine begründet die Intelligibilität eines praktischen Organismus, die andere die einer Organisation« (ibid.).

B. Der Eid

Das zweite Moment: die »Negation der Dialektik innerhalb der Dialektik« (S. 447), der Eid. Nachdem die »hohe Temperatur« wieder gefallen ist, besteht für die Gruppe die Gefahr, daß sie wiederum in Serialität zerfällt. Nichts garantiert ihr Fortdauern. So beschließt eines der Mitglieder der Apokalypse-Gruppe in Malraux' »Hoffnung« den Kampf aufzugeben, die Gruppe zu verlassen und nach Frankreich zurückzufahren: In Magnins Augen (und in denen der Apokalypse-Gruppe) ist er kein Verräter, kein »Deserteur«. Es gibt nichts, das einen »Druck der Gruppe« gegen seine Freiheit erzeugen könnte. Gerade gegen diese Gefahr des Auseinanderbrechens der Gruppe legt jeder einen Eid ab. Man schwört gegen jede »Zentrifugalkraft«, selbst gegen die Gefahr der Freiheit, die einen jeden betrifft, insofern er sich von anderswoher, von einem anderen Teilbereich seiner selbst angezogen fühlt. Der Eid ist dann die »Diktatur des selben in einem jeden«.

Der »Tod der Gruppe« droht am Horizont der Apokalypse-Gruppe, wie es der folgende Abschnitt aus der »Hoffnung« deutlich zeigt: »Was wir durch das Fenster hören, Herr Magnin, ist die Apokalypse der Brüderlichkeit. Sie sind dadurch bewegt. Das verstehe ich gut: sie gehört zu dem Bewegendsten, was es auf der Welt gibt, und man sieht sie nicht oft. Gleichwohl muß sie sich verwandeln, bei Todesstrafe.« Diese »Verwandlung« ist die Geburt der vereidigten Gruppe. Man könnte hier auch die Themen von Tod und Auferstehung in der vereidigten Gruppe (der Gruppe der Erwachsenen) bei den Initiationsriten anführen. Diese Riten sind bekanntlich dazu bestimmt, die Jugend in die Welt der Gesetze einzuführen, die — und dies zu zeigen ist das Ziel der »idealen Genese« — die unausdrückliche Vermittlung des Eides voraussetzt. Deswegen kann Sartre sagen: »Das ist der Beginn der Menschlichkeit« (S. 464); es ist der Augenblick, da *wir Brüder sind.* »Wir sind Brüder, insofern nach dem schöpferischen Akt des Eides *wir unsere eigenen Söhne* sind« (S. 465).

Der Eid erbringt für jeden seine »Geburt als gemeinsames Individuum« (S. 466). Er ist ebenso Übergang zum für-sich: Die Gruppe wird »reflexiv«, sie setzt sich als Gruppe. Doch geschieht dies unter Zwang und mit Gewalt: Das zeigt sich deutlich im Grenzfall des Lynchens eines der Mitglieder (des Verräters) durch die vereidigte Gruppe. Dieses Lynchen erhält Brüderlichkeit-und-Terror zwischen den Lynchenden und dem Gelynchten, der als Mitglied der Gruppe und als ihren Sanktionen unterstellt gesetzt ist.

Dieser Eid begründet die Institutionen, ist »aber in sich selbst nicht institutionell« (S. 469): Er ist einfach eine »diffuse Rechtsprechungsmacht« (ibid.) in der Gruppe. Der Eid ist die Macht eines jeden über alle und von allen über jeden: Er hütet mich sogar vor meiner eigenen Freiheit, und er setzt meine Kontrolle über die Freiheit des anderen. So begründet er die Gruppe in ihrer Dauer, setzt aber keine andere Macht juristischer Art ein als die Rechtsprechung des »Terrors« (S. 469).

C. Die Organisation

Der Eid ist die Erscheinung eines Dauerzustandes der Gruppe; ob »der Eid wirklich stattgefunden oder ob man ihn zur offensichtlichen Einrichtung gemacht hat, die Organisation der Gruppe wird in jedem Fall das unmittelbare Ziel« (S. 472) der stabilisierten Gruppe.

Erst in bezug auf die stets auf den *Eid* gegründete Organisation kann man wirklich von einer *Gruppe* sprechen; bis dahin bewegten wir uns in der Verschmelzung der Serialität. Das neue Moment besteht nun darin, daß die Gruppe *sich selbst erarbeitet.*

Die Gruppe versteht sich (seit dem Eid) immer und zuerst als Ziel; sie bearbeitet sich selbst um zu arbeiten, d. h. um gemeinsame Zwecke verfolgen zu können. Dies ist einer der Grundgedanken, vielleicht der beherrschende Gedanke in Sartres Buch. Man versteht ihn besser, nämlich von seinem Gegensatz her, wenn man ihn mit der berühmten von Michels entworfenen Theorie der Bürokratie vergleicht. Hiernach hängt die Bürokratisierung engstens mit der Tatsache zusammen, daß eine Organisation, statt die Ziele zu verfolgen, die ursprünglich zu ihrer Bildung geführt hatten, sich selbst zu ihrem Ziel macht. Es ist dies die Theorie der »Vertauschung der Zwecke«: Eine bestimmte politische Partei war gegründet worden, um die Gesellschaft zu verändern; ihre Bürokratisierung beginnt dann, wenn sie ihre ganze Aktivität darauf richtet, die Macht zu erlangen. Dann ist das Ziel nicht mehr die Revolution, sondern die Partei selbst, die Organisation ist nicht mehr Mittel, sondern Zweck.

Für Sartre dagegen liegt der erste Charakterzug der sich organisierenden Gruppe (und damit fängt die Gruppe ja in Wahrheit erst an) darin, daß sie an sich arbeitet: *Sie macht sich zur Gruppe,* und sie bleibt nur

Gruppe, indem sie sich fortwährend dazu macht. Sie nimmt sich selbst zu ihrem Ziel, um Ziele verfolgen zu können; die Gruppe setzt eine fortwährende Selbsterzeugung der Gruppe voraus.

Die Organisation ist nun »Einwirkung der statutarischen Gruppe auf sich selbst« (S. 472), und zwar bevor sie Einwirkung nach außen ist, wie es dagegen die individuelle »Praxis« ihrem Wesen nach war.

»Das Wort ›Organisation‹ bezeichnet gleichzeitig die innere Aktion, durch die eine Gruppe ihre Strukturen bestimmt, und die Gruppe selbst als strukturierte Aktivität — so sagt man z. B.: ›Wir sind gescheitert, weil die Organisation (Aufteilung der Aufgaben) zu wünschen übrig ließ‹, und: ›Unsere Organisation hat beschlossen, daß . . .‹« (S. 473).

Es zeigt sich: »die Gruppe wirkt . . . auf den Gegenstand nur insofern ein, als sie auf sich selbst einwirkt, und ihre Einwirkung auf sich« ist »die einzige, die sie . . . *als Gruppe* ausübt« (S. 474). Diese Einwirkung läuft auf folgendes hinaus: »Die Gruppe bestimmt, lenkt, kontrolliert und korrigiert unaufhörlich die gemeinsame Praxis« (S. 475). »Aber dieser Komplex von Operationen setzt schon die Differenzierung voraus.« Das führt zur »Schaffung von *spezialisierten Apparaten* innerhalb der Gruppe (unzutreffend *Organe* genannt: leitende Organe«) usw. (ibid.). Das Auftreten von »Organen« in der Gruppe ist noch nicht das »Auftreten des Kommandos«. Das Kommando (die Führung) wird erst auf einer späteren Stufe entstehen.

»Im Stadium der fusionierenden Gruppe« war das gemeinsame Individuum »das organische Individuum«, »insofern es die Vielheit der Dritten verinnerte«, selbst ein Drittes, nicht ein Vereidigtes, das seine Freiheit in der gemeinsamen Praxis, in der Allgegenwart der Freiheit lebt. »Dieses organische Individuum ist es, das sich durch den Eid aufgibt, damit das gemeinsame Individuum . . . existiere« (S. 482).

»Im Stadium der Organisation ändert diese abstrakte Macht das Vorzeichen: Sie wird nämlich für jeden im Rahmen der Aufgabenverteilung durch einen positiven Inhalt bestimmt. Das ist die *Funktion.*« Auf dieser Stufe gehört das gemeinsame Individuum »der Gruppe insofern an, als es eine bestimmte Aufgabe *und nur diese* durchführt« (S. 477).

In einer Fußballmannschaft z. B. »erweist sich die Funktion des Tormanns oder des Stürmers usw. als Vorherbestimmung für diesen jungen Anfänger« (S. 478); *er wird durch diese Funktion »bedeutet«.* Im Namen der Gruppe fordert jeder von ihm, daß er seine Pflicht tut, in dem durch die Organisation festgelegten Rahmen. Die Funktion ist somit eine »zu erfüllende Aufgabe«.

Am Beispiel der Fußballmannschaft gezeigt: »Während des Spiels realisiert jedes gemeinsame Individuum im Licht des Gruppenziels eine praktische Synthese des Terrains (Orientierung, schematische Bestimmung der Möglichkeiten, der Schwierigkeiten usw.) in seinen gegenwärtigen Besonderheiten (der Schmutz vielleicht oder der Wind usw.) . . . Aber diese praktische Synthese . . . realisiert das gemeinsame Individuum für die Gruppe und vom Gruppenziel und gleichzeitig von *seinem* Platz, d. h. hier von *seiner* Funktion her« (S. 485). Im Spiel haben seine besonderen Handlungen »keinerlei Sinn mehr außerhalb der Handlungen seiner Mitspieler«. Das besagt, daß »jede *Funktion* die *Organisation* aller voraussetzt«.

Der Mannschaftsgeist ist »die strenge Interdependenz der Machtbefugnisse in Verbindung mit dem gemeinsamen Ziel« (S. 489). Er negiert jedoch nicht die Einzelinitiative. Denn »in der Endobjektivierung . . . ist die Gruppe nicht mehr durch die Ordnung ihrer Funktionen, sondern durch die reale Integration der Einzelhandlungen in die gemeinsame Praxis . . . bestimmt« (ibid.). *Diese Integration ist also keine Entfremdung;* »man *ist nicht* Tormann oder Läufer wie man Lohnarbeiter *ist*« (S. 490). Anders gesagt: die Funktion ist »unbestimmte Bestimmung«, die Raum läßt für individuelle Schöpferkraft. Es ist also eben dieses durch seine Funktion bestimmte gemeinsame Individuum, das mit allen anderen Individuen gemeinsam in der Totalisierung ihrer Praxis auf gewisse Ziele hinarbeitet. Was aber ist dann die Praxis der Gruppe? »Die einzige spezifische und direkte Aktion der organisierten Gruppe ist also die Organisation und ihre ständige Reorganisation, anders gesagt: ihre Einwirkung auf ihre Mitglieder« (S. 492). Wir haben das schon oben angedeutet: die Gruppe arbeitet nicht; sie bearbeitet *sich*, und zwar in dem Maße, in dem sie sich organisiert.

In der Gruppe entstehen Konflikte aus einer relativen Unbestimmtheit der Funktionen, die entweder von Anfang an gegeben sein kann oder sich aus einer neuen Situation ergibt, die eine Umwandlung erfordert. Daher erklärt sich der Versuch der Gruppe, »nichts unbestimmt zu lassen«. Z. B. »wenn ein Verein in seinen ersten Sitzungen sich sein Büro, seine Sekretäre, seinen Schatzmeister, seine Ausschüsse usw. gibt«. In der hierarchischen Beziehung umgeht man dann die »inneren Brüche durch positive und angemessene Verhaltensweisen . . . (gleichzeitige Ablehnung des Voluntarismus und des Konformismus)« (S. 496).

Beginnen wir nun mit der Untersuchung »jener merkwürdigen internen, gleichzeitig organisierten und organisierenden Realitäten — synthetische Produkte einer praktischen Totalisierung und Gegenstände, die immer einer analytischen und strengen Studie zugänglich sind, Kraftlinien einer Praktik für jedes gemeinsame Individuum und feste Verbindungen dieses Individuums mit der Gruppe durch die ständigen Veränderungen des einen und der anderen hindurch, anorganisches Gerüst und bestimmte Machtbefugnisse eines jeden über jeden, kurz, Faktum und Recht zusammen, mechanische Elemente und gleichzeitig Ausdrücke einer lebendigen Integration in die vereinigende Praxis jener gegensätzlichen Spannungen — Freiheit und Trägheit —, die Strukturen genannt werden» (S. 510/511). Eine Gestaltontologie abzulehnen, bedeutet für Sartre offensichtlich nicht, ein strukturales Verständnis der Gruppe zu verwerfen. In der vorliegenden Untersuchung behauptet er auch keineswegs eine Nutzlosigkeit der Analysen der »exakten Wissenschaften« (S. 510), da die Möglichkeit einer Mathematik eine »Berechnung der Wechselseitigkeiten« (S. 509) erlaubt, d. h. streng genommen die Möglichkeit einer Soziometrie, schließlich die »strenge« Untersuchung der Strukturierung der Gruppe vermittels der analytischen Vernunft. Doch hat diese Wissenschaft von den menschlichen Gruppen nur dann wirklich einen Sinn, wenn sie in ein dialektisches Verständnis integriert wird. Kurz, die Untersuchung der Strukturen zeigt die Möglichkeit, und sogar die Notwendigkeit, einer Kooperation zwischen »Gruppendynamik« und »Gruppendialektik«. Daher erklärt sich der Gebrauch, der hier vor allem von Beiträgen der Ethnologie gemacht wird. Das gewählte Beispiel ist das der »Structures élémentaires de la parenté«. Es zeigt, daß eine *praktische Notwendigkeit* dafür besteht, daß der räumlichen Bewegung des Individuums in einem bestimmten Kulturbereich Grenzen gesetzt werden. Dieses Moment wird durch die Stammesinitiation illustriert. »Von der Geburt an bedeutet das Erscheinen des Kindes, im Medium des Eides, für es ein Eidleisten. Jedes Individuum, das innerhalb der vereidigten Gruppe auftaucht, ist vereidigt« (S. 516). Die Initiation ist dann ein »zweiter Eid«, durch den das organische Individuum »in den Status eines gemeinsamen Individuums« übergeht (S. 517). Die Erwachsenen sehen darin das Zeichen einer Verpflichtung. Alles geschieht so, als würden sie dem jungen Initiierten sagen: »du hattest das Recht, uns zu bitten, dich als gemeinsames Individuum in die Gemeinschaft einzuführen. Aber *umgekehrt* ... nahmst [du] die Bürden auf dich (Exogamie usw.), die seit der Heirat deiner Eltern auf dir lasten« (ibid.).

Der Strukturbegriff wirft für eine Gruppendialektik zwei Fragen auf:

a) Machen die Strukturen ein Gerüst der organisierten Gruppe aus?

b) Wenn ja, was bedeutet das für die Praxis, von der die Gruppe bestimmt wird (die gemeinsame *Aktion*)?

Tatsächlich »scheint es die merkwürdige Eigenschaft dieses ›Gerüsts‹ zu sein, daß es gleichzeitig inerte Beziehung und lebendige Praxis ist« (S. 510); »die Permanenz dieser Beziehung« bedeutet keineswegs die Unbeweglichkeit der Glieder und ihrer Stellungen« (ibid.).

Lévi-Strauss hat eben dies in seinen »Structures élémentaires de la parenté« (1949) dargestellt: »Diese Klassen sind ... bezeichnet als ein System von Stellungen, von denen nur die Struktur konstant bleibt und in dem die Individuen den Platz und sogar ihre jeweiligen Stellungen wechseln können, vorausgesetzt, daß die Beziehungen zwischen ihnen respektiert werden« (S. 145; zitiert nach Sartre, S. 510).

Die Strukturen sind »anorganisches Gerüst und bestimmte Machtbefugnisse eines jeden über jeden, kurz Faktum und Recht zusammen« (S. 511). Dadurch ist die Struktur *»objektivierte«* Funktion (ibid.).

Nehmen wir das Lévi-Strauss entlehnte Beispiel (Structures ..., S. 167 bis 169) zweier Familiengruppen (A und B), »die durch die Heirat einer Tochter b mit einem Mann a verbunden sind. Vom Standpunkt der Gruppe A aus stellt die Frau einen Erwerb dar, für die Gruppe B dagegen ist sie ein Verlust«: A wird Schuldner, B Gläubiger. Ebenso macht jeder Mann von A oder B, der sich verheiratet, seine Gruppe zum Schuldner (Sartre, S. 511). Diese Kombinationen ordnen die Beziehungen der beiden Gruppen untereinander: »Das Interesse dieses Schemas ... besteht darin, daß es uns *die Struktur als eine komplexe Wechselseitigkeit von Außenständen und Schulden* zeigt« (S. 512). Das System ist *»Vermittlung* zwischen zwei Parteien ... Es handelt sich tatsächlich um eine vermittelte Wechselseitigkeit« (S. 512/513). Bei den »gekreuzten Vettern« verhält es sich wie folgt: Die Heirat kann nur zwischen (+) und (—) stattfinden. Es handelt sich hier »um die Konstitution einer Klasse (im logischen Sinn des Ausdrucks)« (S. 513). Und diese Praktiken verweisen auf ein Ziel: »den Austausch der Frauen so zu organisieren, daß *soweit als möglich* der Mangel bekämpft wird«, und zwar »im Medium des Eides« (S. 514). Dies bildet »die Intelligibilität der Struktur« (ibid.).

In diesem System wird der Sohn »mit einer unüberschreitbaren Zukunft geboren«, die auf der inerten Notwendigkeit der Exogamie fußt, d. h. auf »einer bestimmten Art vermittelter Wechselseitigkeit« (S. 515). »Es handelt sich also um wirkliche freie und menschliche Beziehungen« (S. 515/516); gleichzeitig ist die Geburt für das gemeinsame Individuum ein Eid. Deswegen ist die Initiation ein »zweiter Eid«, der das Individuum »in den Status eines gemeinsamen Individuums« (S. 517) überführt. In derselben Weise »beruhen die ganze Leistungsfähigkeit eines Tormanns ebenso wie seine persönliche Möglichkeit, gut, sehr gut oder ausgezeichnet zu sein, auf dem Komplex der Vorschriften und Verbote, die seine Rolle definieren« (S. 518/519). Ersichtlich ist die Struktur der Gruppe »funktionale Organisation« (ibid.) — und nicht institutionale Trägheit (und noch weniger bürokratische Trägheit). Kurz, die Struktur ist »aktive Trägheit« (S. 520 f.).

Die Struktur hat ein doppeltes Gesicht: »sie ist eine analytische Notwendigkeit und eine synthetische Macht«. Tatsächlich bildet sich die Macht, »indem sie in jedem die Trägheit schafft«. Doch ist diese Trägheit eine frei geschaffene, und die Notwendigkeit ist nur der Index dieser Trägheit, wie sie in Exteriorität gesehen wird, sei es von einem Beobachter, der der Gruppe nicht angehört, sei es von einer spezialisierten Untergruppe (S. 522). In Exteriorität gesehen ist also die Struktur »einfaches Skelett«, d. h. Notwendigkeit *für die analytische Vernunft.*

Zu gleicher Zeit aber ist sie auch »vermittelte Wechselseitigkeit«, wobei die Vermittlung die der »totalisierenden Gruppe« ist. »Allerdings ist hier zu beachten, daß wir es nicht mit einer Totalität, sondern mit einer Totalisierung zu tun haben« (S. 523). Es gibt eine *interne Objektivität* der Gruppe (ibid.). Sartre wählt hier das Beispiel der von der Sowjet-Regierung in die Kolchosen gesandten »Agitatoren«, und er führt aus: »Es ist also besonders gefährlich, hier von der bürokratischen Serialität zu sprechen, obwohl sie ganz offensichtlich in unserem Beispiel alles bedingt« (S. 528), was in diesem Zusammenhang bedeutet, daß die »ideale Genese« andere Wege geht als die Realität. Die Definition lautet dann wie folgt: »Wir nennen also Struktur die Funktion der Untergruppe oder des Mitglieds der Untergruppe, insofern ihre konkrete Ausübung durch die freie Praxis des Handelnden sie als Spezifizierung der totalisierenden Umgestaltung offenbart, die vom Ganzen an sich selbst vorgenommen wird.« Auf der Ebene der fusionierenden Gruppe »kann man noch nicht von einer strukturierten Beziehung sprechen, einfach weil das wechselseitige Band noch nicht spezifiziert ist« (S. 530).

Die strukturelle Beziehung ist schließlich »stillschweigende Erkenntnis« (S. 532) der Gruppe durch sich selbst. Von hier aus gesehen ist die Struktur nichts anderes »als die Idee, die die Gruppe über sich selbst hervorbringt« (S. 531), hier und jetzt. Doch hat diese »Idee« selbst einen doppelten Charakter:

a) Sie ist »*überall* freies Verständnis der funktionalen Aktivität bei jedem«. Auf dieser »Stufe besitzt die Gruppe durch jedes gemeinsame Individuum eine stillschweigende Erkenntnis ihrer selbst« (S. 532). (Eben dies zeigt auch die Analyse der ethnologischen Beobachtungen von Deacon.) Und dieses implizite Verstehen ist »nur eine Struktur der *Macht*« (S. 533).

b) Für einige spezialisierte Organe gibt es eine andere Erkenntnisweise, nämlich die der Struktur, die ein Gerüst ist. Es ist dies die Erkenntnis der Organisatoren einer Gruppe, einer spezialisierten Untergruppe: »Der Organisator schafft das analytische Denken (und den entsprechenden Rationalismus) mit seinen Händen« (S. 535). Diese analytische Erkenntnis muß begründet sein: Die dialektische Vernunft trägt, kontrolliert und rechtfertigt alle anderen Denkformen und integriert sie als nicht-dialektische Momente, die in ihr einen dialektischen Wert annehmen.

Im Hinblick auf die Macht lassen sich drei Modelle der Gruppenführung unterscheiden, die ebensogut anhand pädagogischer Methoden (Schmid), der Grunderfahrung der Gruppendynamik (Lewin) oder der Geschichte (Guérin) analysiert werden können. Zu diesem Zweck möge die folgende Tabelle dienen:

	I.	II.	III.
Pädagogik (Schmid)	traditionelle Schule	»neue Methoden«	anarchistische Pädagogik
Gruppendynamik (Lewin)	Autokratie	Demokratie	Anarchie
Geschichte und Politik (Guérin)	Jakobinertum	Marx-Engels	anarchistischer Sozialismus

In der Sozialpsychologie ist die Lewinsche Beschreibung dieser drei Modelle geläufig. So unterscheidet C. Faucheux diese drei Typen der Gruppenführung wie folgt: In der autoritären Gruppe ist »die Gruppe einem ›Führer‹ unterstellt, und zwar entweder indem sie sich ihm unterwirft oder indem sie ihm die Verantwortung für die Führung der Gruppe überträgt«; im sogenannten »demokratischen« Stil behält die Gruppe die Verantwortung für die Initiativen, kann sie aber für eine bestimmte Zeit delegieren. Ein dritter Stil ist die »anarchische« Führung, bei der jedes Mitglied freizügig sich selbst führt.

Sartre behandelt diese »Modelle« in dem Zusammenhang, in dem sie bei D. Guérin gestellt wurden. Er schreibt: »Gewöhnlich stellt man . . . eine zentralistische und autoritäre Tendenz, *die von oben kommt* . . ., einer demokratischen und spontanen Tendenz entgegen, die an der Basis entsteht« (S. 551). Doch verwirft er diese Dichotomie auf der gegenwärtigen dialektischen Stufe. »Uns kommt es jedoch hier darauf an, *außerhalb jeder Politik* darauf hinzuweisen, daß der Gruppierungs- und Organisationsmodus nicht grundsätzlich verschieden ist, je nachdem, ob es sich um eine Zentralisierung von oben oder um eine spontane Auflösung der Serialität . . . handelt« (ibid.). Und er präzisiert das noch: »Ebenso wie ein geplantes Verbrechen oder eine legitime Verteidigung trotz aller praktischen und juristischen Unterschiede, die sie trennen, die gleichen Muskeln ins Spiel bringen und durch die gleichen unmittelbaren Verhaltensweisen realisiert werden können, ... kann die formale Intelligibilitäts- und Rationalitätsweise für die Organisation von oben und für die Organisation von unten die gleiche sein« (S. 552). Man sieht, daß Sartre die Unterscheidungen, mit deren Hilfe man gewöhnlich die Stile der Gruppenführung gegeneinander abgrenzt, auf der Ebene der dialektischen Problematik der Organisation nicht beibehält. Auf der Stufe der Institution wird man sie dagegen, wenn auch in anderer Gestalt, wieder antreffen.

Gleichwohl muß die Frage nach der Führung der organisierten Gruppe gestellt werden. Sartre verwirft die Beschreibungen nach Art von Lewin (die »Klimata«) oder von Guérin; er sieht darin »gestalttheoretische Synthesen« (S. 553), die man der Wirklichkeit aufzwingt. Darüber hinaus entspricht die »anarchistische« und »spontaneistische« These nicht der Wirklichkeit: »Und vor allem muß man wohl oder übel zu den Wahrheiten zurückkehren, die die Historiker aufgezeigt haben: die Organisation wählt sich Organisatoren« (S. 553/554). So kann man z. B. die Rolle der Volksagitatoren anführen, die man in der revolutionären Zeit zwischen 1789 und 1794 als die *Gruppenorganisatoren* ansehen kann. »Diese Volksagitatoren *sind keine Führer:* gerade dadurch unterscheidet sich ihre Macht von der der wirklichen Führer ... Es handelt sich im Grunde nur um einen regulativen Dritten, dessen regulative Tätigkeit auf der stillschweigenden Grundlage des Eides Funktion geworden ist« (S. 554).

Sartre fügt hinzu: »es geht hier weder um Blanqui noch um Jaurès oder Lenin oder Rosa Luxemburg oder Stalin oder Trotzki« (S. 551/552). Das ist schwer verständlich: Einerseits wählt Sartre gerade ganz allgemein seine Beispiele vorzugsweise aus der politischen Geschichte und aus der inneren Problematik der Arbeiterbewegung; und andererseits will er die organisationellen Probleme, *die sich gerade bei Lenin, Rosa Luxemburg, Stalin und Trotzki stellen,* nicht behandeln. In Wirklichkeit ist es offensichtlich, daß diese Autoren Organisationsmodelle aufgestellt und erprobt haben, deren strukturale Problematik innerhalb einer »Gruppendialektik« leicht ihren Platz finden würde. Z. B. ist die von Trotzki vorgebrachte Analyse des Bürokratismus, und genauer: der Beziehungen zwischen der Führungsgruppe und den Fraktionsgruppen, eine im Geiste einer Gruppendialektik unternommene Analyse (»Die Bürokratie«, schreibt er, »ist die wichtigste Quelle der Fraktionen»; dies ist eine Formel, die von einer Gruppendynamik oder sogar einer »Gruppendialektik« her sehr viel besser einsichtig gemacht werden kann als durch eine unmittelbar historische und »politische« Bezugnahme). Die »Politik« setzt die Wahl von Formalstrukturen voraus, die kaum mit den hier gebrauchten Termini, sondern organisationssoziologisch verdeutlicht werden könnten. Und gerade dies ist Sartres Perspektive.

Der Agitator ist ein »Anführer« (S. 555). Auf der Ebene der organisierten Gruppe gibt es somit keine Leiter, nur Führende.

»Die Diskussionen innerhalb der Organisationsgruppe sind unentbehrlich und manchmal heftig« (S. 556). Worin besteht der Sinn dieser Konflikte? Sie lassen sich nicht auf der Ebene der Individuen analysieren: »man verfiele einem absurden psychologistischen Skeptizismus, wenn man diese Gegensätze Charakterunterschieden oder unterschwelligen Rivalitäten zuschriebe« (S. 557). Aber andererseits lassen sie sich auch nicht auf der Ebene einer internen Dynamik der Gruppe analysieren: Der Widerspruch ist ein objektiver. Als Beispiel wählt Sartre hier eine Expertenkommission, die zusammengetreten ist, um ein Verkehrsproblem zu lösen (S. 557). Jeder schlägt eine »individuelle Lösung« vor, die in Wahrheit nur jeweils einen Aspekt der Widersprüche in der untersuchten Situation zum Ausdruck bringt; denn »diese Widersprüche sind in Wirklichkeit zunächst nichts anderes als objektive Strukturen des zu lösenden praktischen Problems«. Von daher wird die wirkliche Bedeutung der Virulenz verständlich, die zu einem bestimmten Zeitpunkt der Diskussion auftreten kann: »*Wozu* dient ... diese Virulenz? Die Frage in all ihren Formen und in all ihrer Komplexität zu stellen oder, wenn man so will, das Frage-werden der Untergruppe zu realisieren« (S. 560). Ausgehend von einer solchen Analyse können wir »jene wesentliche Struktur der Gemeinschaften, die der epistemologische Idealismus *die Übereinstimmung der Geister untereinander* genannt hat« (S. 563), d. h. die Bedeutung der in einer Gruppe erzielten Übereinstimmung, untersuchen.

Noch bevor die Entfremdung als Veränderung der Gruppenpraxis beschrieben wird, läßt sich sagen, »daß die gemeinsame Praxis *gleichzeitig eine Aktion und ein Prozeß ist*« (S. 580). Wie wir gesehen haben, ist sie Aktion oder Praxis, insofern sie totalisierende Organisation jeder individuellen Praxis im Hinblick auf »ein gemeinsames Ziel« ist. Sie ist Prozeß, insofern sie »in dem Moment, da die Gruppe sich in ihren Individuen auf den Organismus hin überschreitet«, auf der Strecke bleibt (S. 581). Die Gruppe ist immer ein Mittelding zwischen einer Maschine (aber die Sozialmaschine wird es nie geben, nicht einmal als »Feedback-Maschine«) und einem Organismus, wobei wir genausogut wissen, daß das organizistische Mißverständnis das Gegenteil und zugleich die Parallele zum kybernetischen Mißverständnis ist. Diese Situation des Dazwischen findet ihren Ausdruck in der Unterscheidung zwischen Prozeß und Praxis. Aber: »Welcher Unterschied besteht ... zwischen Prozeß und Praxis?« (S. 582). Der Prozeß geht in Richtung auf Trägheit, die Praxis umgekehrt steht auf der Seite der Aktion.

Diese Unterscheidung erlaubt uns, die »Dialektik von außen« neu zu definieren, die in der Auffassung der menschlichen Tätigkeit als Prozeß liegt. Es ist dies ein undialektisches Vorgehen, das sich bei vielen amerikanischen Soziologen findet: »die ›Gestalt‹ von Lewin stützt sich auf eine Auffassung der Praxis als Prozeß ... Die Arbeiten von Kardiner, die Soziometrie von Moreno, die Studien der Kulturforscher verweisen immer auf diese gezielte ... Passivität« (S. 585). Kurz, die »Mikrosoziologie« untersucht nur »die permanente Kehrseite der gemeinsamen Praxis«: den Prozeß; die Gruppendialektik kommt nur bis zu einer »Dialektik von außen«.

Die voraufgehenden Analysen führten zu diesem Ergebnis: »Die Gruppe an der Arbeit, das ist die individuelle Praxis, die zunächst durch die Serialität der Handlungen überwältigt und verdinglicht wird und sich überall zur amorphen Vielheit, die sie bedingt, zurückwendet, um ihr den seriellen und zahlenmäßigen Status zu entziehen, um sie als gesonderte Quantität zu leugnen und in derselben Bewegung aus ihr *in der praktischen Einheit* ein Mittel zur Erreichung des totalisierenden Ziels zu machen« (S. 589). Wir mußten somit darauf verzichten, der Gruppe eine *ontologische Einheit* zuzusprechen, die die eines Überorganismus, einer »Gestalt« gewesen wäre. Wir haben den Gruppenfetischismus zu kritisieren gelernt, der in der amerikanischen Kultur und in der durch diese Kultur hervorgerufenen Mikrosoziologie versteckt liegt.

Man muß jedoch noch einen Schritt weitergehen und klären, was *Gruppenarbeit* heißt. Wir haben gesehen, daß sie eine zweifache Bedeutung hat: Die Gruppe arbeitet an sich selbst, und sie arbeitet. Sie arbeitet an sich, um sich in einer Art fortwährender Schöpfung jene ontologische Einheit zu geben, die sie nicht hat, die sie nie haben wird und nach der sie sich gleichwohl ständig sehnt. Andererseits verwirklicht die Gruppenarbeit eine *praktische Einheit der Organismen*, welche die Gruppe bilden. Darum muß sich die handelnde Gruppe, da die Arbeit selbst der Typus dialektischer Aktivität ist, in zwei gleichzeitigen Aktivitäten verstehen, deren jede von der anderen abhängig ist: *die in der Immanenz sich vollziehende dialektische Aktivität* (die Erneuerung der Organisation) und *die dialektische Aktivität als praktischer Übergang* des gemeinsamen Status zu einer Objektivierung der Gruppe (Produktion, Kampf usw.).

Wenn wir uns so einerseits weigerten, die Einheit der Gruppe anderswo zu sehen als in ihrer Praxis, und wenn wir andererseits gezeigt haben, daß diese Einheit jederzeit von ihrer Auflösung in die Serialität bedroht bleibt, so haben wir damit nichts anderes festgestellt, als daß die Gruppe eine »Existenz« ohne »Wesen« (»Essenz«) ist und daß das Wesen der Gruppe in ihrer Existenz liegt. Sartre sagt das ganz klar: »Diese praktische und dialektische Einheit, von der die Gruppe besessen ist, und die sie dazu bestimmt, sie eben durch ihre Integrationsbemühungen zu negieren, ist ganz einfach das, was wir anderswo *Existenz* nennen« (S. 597).

D. Der Terror

Bisher haben wir gesehen, wie die Gruppe ständig von ihren stets scheiternden Bemühungen getrieben wird, eine Einheit zu erreichen, die sich nicht in der der gemeinsamen Aktion erschöpft —, und wie ihr durch dieses Scheitern hindurch der Übergang vom organischen zum gemeinsamen Individuum gelang. Die Gruppe war dieses ständige Schwanken zwischen dem Individuum und dem »Gemeinsamen«, dieser »unüberschreitbare Konflikt« (S. 617). Aber dieser Konflikt ist kein Auf-der-Stelle-treten; wir haben gesehen, wie er zu den verschiedenen Stufen geführt hat, die durch die Vermittlung des Eides, der der Gruppe die Dauer verlieh, von der Verschmelzung zur Organisation führten.

Wir wollen jetzt einen Schritt weitergehen: »Diese Widersprüche äußern sich durch eine neue Umwandlung der Gruppe: die Organisation verwandelt sich in Hierarchie, die Eide bringen die Institution hervor« (ibid.).

Es muß hier jedoch an die Methode und die Absicht der Untersuchung erinnert werden, da man jetzt glauben könnte, daß dieses »Stadium«, dieser »Übergang« eine wirkliche historische Entwicklung, die Entstehung von Gesellschaften nachzeichnen sollten. »Natürlich ist das keine historische Reihenfolge, was ich hier darlege, und wir werden außerdem sehen, daß . . . jede Form immer vor und nach jeder anderen entstehen kann . . . Wir wollen lediglich nacheinander die komplexen Merkmale angeben, die in den meisten konkreten Gruppen anzutreffen sind. Unsere Erfahrung geht vom Einfachen zum Komplexen, weil sie gleichzeitig formal und dialektisch ist« (ibid.). Es handelt sich hier um einen »strukturellen Formalismus«, der die *»allen Gruppen gemeinsamen Strukturen«* (S. 622) freilegen will.

Hier scheint uns eine Parenthese nötig zu sein, damit ein uns wesentlich erscheinendes Moment im Lichte der Kontroversen deutlich gemacht werden kann, die um Sartres Werk herum entstanden sind. Die ideale Genese zeichnet, wie eben noch einmal gesagt wurde, keine historische Entwicklung nach; es geht nicht darum, die wirklichen Stufen der Entwicklung der Gesellschaften nachzuvollziehen. Vielmehr kommt es bei einer idealen Genese darauf an, die sozialen Strukturen zu verstehen und zum Beispiel das Entstehen von Macht einsehbar zu machen. Und gerade diese Fragen kann ein Soziologe aufwerfen. Das läßt sich gut an der jüngsten inneren Entwicklung der amerikanischen Sozialpsychologie ablesen, die vom Studium der zwischenmenschlichen Beziehungen zu dem der Machtsysteme übergegangen ist. So hat der Direktor des Laboratoriums für Gruppendynamik an der Universität von Michigan, Dorwin Cartwright, kürzlich erklärt, daß »die Sozialpsychologie die Bedeutung der Macht nicht genügend beachtet hat«.

Umgekehrt fehlte den Soziologen, die die Machtsysteme untersuchen, die Möglichkeit, die Mechanismen der Macht im Experimentierfeld kleiner Gruppen zu analysieren. Hier beginnt sich eine Begegnung abzuzeichnen. Man erkennt endlich die Möglichkeit einer Zusammenarbeit zwischen der Sozialpsychologie — genauer der »Gruppendynamik« — und ihr scheinbar so fernliegenden Forschungsbereichen wie z. B. der politischen Soziologie der Machtsysteme. Eine der Absichten von Sartres Werk ist die Bereitstellung des theoretischen Fundaments für eines solcher Begegnung. Wenn wir uns dem Übergang zur Institution, d. h. im wesentlichen dem *Machtproblem* zuwenden, wird das noch deutlicher werden.

Einen neuen Übergang von der Organisation zur Institution gibt es aber deshalb, weil man den »grundlegenden Widerspruch« (hinsichtlich des Problems der Einheit) »diesseits des Eides und jenseits von ihm entdeckt«. Trotz jener Terror-Stabilität, die durch die eidliche Bindung in die Gruppe hineinkam, zehrt die Flucht in die Serie weiterhin an der Organisation: »So schafft sich die Gruppe, um zu schaffen, und sie zerstört sich, indem sie sich schafft« (S. 625). Die ständige Gefahr der Auflösung, die die in der »Verschmelzung« entstehende Gruppe kennzeichnete, ist eine ständige Gefahr, »die sich auf der Ebene der Organisation enthüllt«. Darum »reagiert die Gruppe mit neuen Praktiken: Sie bringt sich selbst in Form einer *institutionalisierten* Gruppe hervor. Das bedeutet, die ›Organe‹, Funktionen und Machtbefugnisse verwandeln sich in Institutionen; im Rahmen der Institutionen wird die Gemeinschaft versuchen, sich einen neuen Einheitstyp zu geben, indem sie die Souveränität institutionalisiert, und das gemeinsame Individuum verwandelt sich selbst in institutionelles Individuum« (S. 625/626).

In der von Zerfall bedrohten Gruppe entsteht die Forderung nach Einmütigkeit; das läßt sich daran ablesen, daß man Opponenten als Verräter ausstößt (S. 626). Dieses *Verwerfen von Abweichlern* kann an dem historischen Beispiel des Konflikts zwischen den Girondisten und der Bergpartei (S. 627) und an dem Säuberungsprozeß im Konflikt untersucht werden. Dies ist die Terror-Integration, bei der »jeder Säuberer und Gesäuberter« ist. Der Schrecken ist nicht die Diktatur einer Untergruppe, die Minorität ist; er ist vielmehr eine Grundstruktur der Gruppe in ihrer Totalität: »der Terror ist *niemals* ein System, das durch den Willen einer Minderheit entsteht, sondern ... das Wiederauftreten des grundlegenden Gruppenverhältnisses als zwischenmenschlicher Beziehung«, welche die Diktatur des Terrors *begründet* (S. 633).

Mit dem Terror wird »die Praxis ... zum Sein der Gruppe und zu ihrer Wesentlichkeit; sie wird ihre Menschen in sich hervorbringen als die anorganischen Instrumente, die sie zu ihrer Entfaltung brauchte ... Diese neue Struktur der Gruppe ist gleichzeitig die Praktik des Terrors und eine Abwehrreaktion gegen den Terror« (S. 634). Hiermit ist also eine neue Form der Teilnahme entstanden; jeder ist zu einem *Werkzeug* der Gruppe geworden, ähnlich wie zu Anfang (Buch I, Kap. I) der Organismus sich zum inerten Werkzeug machte, um auf die inerte Materie einwirken zu können. Dieses Werkzeugindividuum ist der Mensch der Institution: »Auf dieser Stufe definiert sich die Institution oder, um unseren Leitfaden zu bewahren, auf dieser Stufe geben sich bestimmte zur Organisation notwendige Praktiken einen neuen ontologischen Status, indem sie sich institutionalisieren« (S. 634/635). Es ist evident, daß dieser »ontologische Status« nicht bedeutet, daß die Gruppe zu dem Ziel gelangt ist, von dem sie besessen ist, nämlich die Einheit eines Organismus zu besitzen, sondern, daß ihre Seinsweise durch diesen dialektischen Übergang von der Organisation zur Institution sich grundlegend gewandelt hat.

E. Die Institution

Soziologen haben gesagt, daß die Institution *»eine Praxis und ein Ding«* sei. Eine Praxis: wenn die Institution kein »reiner Kadaver« ist, so kann man ihre Zwecke und Ziele, »eine erstarrte Dialektik entfremdeter Ziele, befreiender Ziele und der Entfremdung dieser neuen Ziele« entdecken (S. 636). Ein Ding: »die Institution als solche« besitzt »eine beträchtliche Trägheitskraft«. Diese Trägheit ist die jenes transzendenten gemeinsamen Subjekts, das das Individuum aus seiner Funktion verjagt, ihm seine Freiheit raubt, Terror gegen Untergruppen ausübt, kurz »die Alterität als Wiedererstehen des Praktisch-Inerten« hervorbringt, während das Entstehen der Gruppe in der Verschmelzung der Serialität umgekehrt das Wiedererstehen der Freiheit gegen das Praktisch-Inerte der Kollektive war.

Somit ist die Ohnmacht des Dritten »der bestimmende Faktor des Übergangs zur Institution« (S. 637). Sie ist ein neues Moment der Praxis: »die Praktik ist an dem Tage Institution, da die Gruppe, als von der Alterität untergrabene Einheit, ohnmächtig ist, sie zu ändern, ohne sich selbst gänzlich umzustürzen« (S. 638). Doch trotz all dieser enttotalisierenden Gegen-Finalitäten ist die Institution »niemals gänzlich an das Praktisch-Inerte assimilierbar«; sie bleibt ein Unternehmen, mit dem die *Vermassung* beginnt. Sie ist nicht nur *Ding*, sie ist weiterhin auch *Praxis.*

Sartre bringt die Beispiele des hauptamtlichen Gewerkschaftsfunktionärs und des Offiziers. In beiden Fällen handelt es sich für den Führenden darum, »den Anderen in sich auszuschalten, um ihn in den Anderen auszuschalten (der Offizier, der mitten unter seinen Männern lebt und sein ganzes Leben nach dem ihren einrichtet)« (S. 640).

Diese Interdependenz ist nicht mehr die einer freien Gegenseitigkeit, sondern die der Sklaverei: »Das institutionelle Moment in der Gruppe entspricht dem, was man systematische Selbstdomestikation des Menschen durch den Menschen nennen kann. Das Ziel ist nämlich, solche Menschen zu schaffen ..., die sich in ihren eigenen Augen und untereinander durch ihr grundlegendes Verhältnis ... zu den Institutionen definieren« (S. 641). Eben dies ist die *»Verdinglichung«.* »Das Modell der institutionellen Gruppe wird *das hergestellte Werkzeug«* sein (S. 642).

In der organisierten Gruppe erfolgte die Arbeitsteilung *hier und jetzt.* Sie gab einer Differenzierung der Funktionen Raum. In der institutionellen Gruppe sind die Pflichten eines jeden von seiner Geburt an bestimmt. »Sie waren nämlich noch nicht einmal geboren, als die frühere Generation schon ihre institutionelle Zukunft als ihr äußeres und mechanisches Schicksal bestimmt hatte« — ein solches Schicksal sind z. B. die militärischen Verpflichtungen. Man kann dies durch eine Untersuchung der Initiationsriten (in der Pubertät) näher verdeutlichen. In diesen Riten wird der Jugendliche dazu befähigt, *Verpflichtungen* zu übernehmen, die von den Kulturanthropologen zu Unrecht mit den »Rollen« und »Haltungen« verwechselt werden (ibid.). Was Sartre hier im Auge hat, ließe sich durch eine Bezugnahme auf die Untersuchungen der Riten in D. Peaulmes Buch »Gens du riz« illustrieren: Das Mädchen, das der Initiation unterzogen wurde, kannte bereits die kulinarischen Techniken, sie war bereit, ihre »Rolle« zu übernehmen; doch erst die Initiation verwandelt diese bereits gelernten Haltungen in Verpflichtungen. Somit ist die Initiation ein zweiter Eid, wobei der erste Eid mit der Geburt abgelegt ist. Der Ritus zeigt, daß »die Institution ihre Handelnden« hervorbringt, »indem sie sie im voraus mit institutionellen Bestimmungen affiziert« (S. 642). Die Institution ist das Bedeutende, dessen *Bedeutetes* das Individuum wird.

Das institutionelle System entfremdet, wie wir gesehen haben, die Freiheiten zu einer Art transzendentem Subjekt. Deshalb stellt sich nun das Problem der Autorität: »Das institutionelle System als Trägheitsexteriorität verweist notwendig auf die *Autorität* als auf seine Rückverinnerung« (S. 643). Und die Souveränität ist die Grundlage der Autorität. Es muß jedoch auf folgendes geachtet werden:

- *Auf der Stufe der fusionierenden Gruppe* findet sich die Souveränität in jedem Dritten, d. h. überall und in jedem: »der Chef [ist] *irgend jemand*« (ibid.) und niemand; jeder besitzt die »Quasi-Souveränität«. Die »Agitatoren«, die, wie wir sehen, die Rolle eines »Organisators« in den fusionierenden Gruppen der Revolutionstage spielen, sind keine »Chefs«: »sie mimen die Praxis oder drücken sie für alle aus, die sich in der Allgegenwart der vermittelten Wechselseitigkeit überall implizite bestimmt«.
- *Auf der Stufe des Eides und der Organisation* »haben wir dann die Machtbefugnisse auftauchen sehen. Wir haben damals die *Autorität* nicht beschrieben« (ibid.). *Auf jener Stufe* konnten wir das Lewinsche Problem der Führungsstile noch nicht stellen. Gleichwohl sahen wir seit jener Stufe die Gewalt, *das Element des Zwanges* mit der »Terror-Brüderlichkeit« (ibid.) zusammen entstehen; »Institutionen, das heißt ein Wiederentstehen der Serialität und der Ohnmacht, sind nötig, um die Macht zu sanktionieren und ihr ihre Permanenz rechtmäßig zu sichern. Mit anderen Worten: die Autorität beruht notwendig auf der Trägheit und der Serialität, insofern sie konstituierte Macht ist« (S. 644). *Suchen wir doch nach einer Grundlage der Souveränität (Gott oder die Gruppe)!* Wir könnten lange suchen: es gibt keine (S. 645). Bereits beim ersten Moment der Gruppendialektik haben wir die Wahrheit erkannt: »die Souveränität ist der Mensch selbst als Art, als vereinigende Arbeit, insofern er Einfluß auf die Welt hat und sie verändert. Der Mensch *ist souverän*« (S. 646). Das einzige Problem, das gestellt werden muß, ist somit das jener »Blokkierung« (S. 648) der Quasi-Souveränitäten aller, die die Souveränität verwandelt und sie wieder dem gemeinsamen Individuum oder der Untergruppe zuspricht. An diesem Punkt hat man »die Dinge durcheinander gebracht« (ibid.).

Das Entstehen der »Souveränität als Institution« (S. 649) geht davon aus, daß es für jeden Dritten unmöglich ist, wieder unmittelbar regulativ zu sein. Diese Ohnmacht ist die Grundlage für die Existenz des Souveräns. Denn dieser »verfügt über die Kommunikationsmittel (ob es sich um Straßen und Kanäle oder um Massenmedien handelt), weil er allein die Kommunikation sichert« (ibid.). Der Souverän sichert die Schaltstelle zwischen den Vermittlungsapparaten; er ist »die Vermittlung aller Vermittlungen« (ibid.). Dies ist die Zentralisierung, d. h. die *festgelegte Vermittlung*, die »Notwendigkeit für zwei bestimmte Untergruppen, deren Praktiken komplementär sind, ›die Büros‹ und ›den Rat‹ *zu durchlaufen*, um ihre Aktionen wechselseitig anzupassen« (S. 650). Hier treten zwei neue Strukturen auf: Führung und Gehorsam. Wir kehren zur Trägheit zurück: »diese Institution braucht von keinem *Konsensus* der Gruppe begleitet zu werden, weil sie sich im Gegenteil auf der Ohnmacht ihrer Mitglieder aufbaut« (S. 655). Nur der Souverän totalisiert und eint diese »für die Praxis Toten, die eine zentrifugale Bewegung zu trennen drohte«. Er regiert über die halbtote Gruppe (S. 659), er verändert den Informationsfluß und läßt ihn einfrieren; schließlich ist er ein Produkt nicht der Gruppenpraxis, sondern des Gruppenprozesses (vgl. S. 663).

Der Staat ist der Formtypus der Institution. Er ist »weder legitim noch illegitim: Er ist legitim in der Gruppe, weil er in einem Medium geschworener Treue, nämlich des Eides, hervorgebracht wird« (S. 673); aber dieses Medium ist zugleich ein solches der Serialität und der Ohnmacht geworden, wo die Individuen »als Serie kein Mittel [haben], eine Legitimität zu bestreiten oder zu begründen« (S. 674).

Der Staat macht sich im Klassenkampf zum Organ der Klasse der Ausbeuter: Hier zeigt sich die Wiederaufnahme des marxistischen Ansatzes.

Doch Sartre zeigt, daß der moderne Staat eine gewisse Autonomie gegenüber der herrschenden Klasse, deren Instrument er zunächst nur war, erlangt hat. Man sieht, wie die theoretische Analyse hier auf einige der aktuellsten Probleme der politischen Soziologie stößt.

Ein anderer Aspekt der Gruppe ist — auf der Stufe, die wir jetzt erreicht haben — der Begriff »Außenlenkung« bei den amerikanischen Soziologen. Dieser Begriff zeigt am Ende des durchlaufenen »dialektischen Weges« deutlich den Rückfall der Gruppe in die Serialität.

Das *Prinzip* dieser neuen Praxis besteht darin, »die Serialität zu benutzen, indem sie sie zum Äußersten treibt, damit die Rückläufigkeit selbst synthetische ... Resultate hervorbringt« (S. 680), um einen sozialen Bereich zu schaffen, in dem es genügt, »daß jeder Andere vollständig anderer wird, das heißt, daß er seine freie Praxis an sich ausübt, um *wie die Anderen* zu werden« (S. 681). Z. B. hat man kürzlich nachgewiesen, »daß in Amerika jedes Schulkind von der ersten Klasse an während der ganzen Schulzeit lernt, der Ausdruck aller Anderen ... zu sein« (S. 689).

Und: »jeder kennt ja die Preisausschreiben in den Zeitungen: Es werden in irgendeiner Reihenfolge zehn Namen von Baudenkmälern, Künstlern, zehn Automodelle usw. aufgeführt, und man muß die Standard-Hierarchie (die in Wirklichkeit die durchschnittliche Hierarchie ist) bestimmen, die sich aus der Gegenüberstellung der Antworten aller *Anderen* ergibt. Wer eine Liste aufgestellt hat, die dieser Standardliste am nächsten kommt, hat gewonnen. Er wird im Grunde prämiiert ..., weil er sich vollständiger zum Anderen gemacht hat als alle Anderen«, weil er fähig ist, »sich zum Medium des Anderen ... zu machen« (S. 689/690).

Sieger ist derjenige, der über den besten Riesmann-Radar verfügt. Er »stellt einen wirklichen und neuen *Status* des Massen-Individuums dar« (S. 690).

Außenlenkung gründet sich auf die »Passivität der Massen«, die die Resultante einer Aktion des Souveräns ist, und als solche darauf gerichtet, »die Veränderung zu unterdrücken«. Diese Analysen sind also ersichtlich eng verknüpft mit einem der Grundzüge der zeitgenössischen *Massenzivilisation.* Sie lassen aber darüber hinaus eine Struktur zum Vorschein kommen, die eine »entscheidende Wichtigkeit« hat »für das Verständnis der historischen Ereignisse« (ibid.), und zwar nicht nur der heutigen.

F. Die Bürokratie

Am Ende dieser Analysen sind wir nun im Besitz der notwendigen Elemente für ein Verständnis jener letzten Gestalt der Gruppendialektik: der Bürokratie. Nach Sartre *bestimmt sie sich durch eine dreifache Beziehung:* »Außen-Lenkung der nächst unteren Vielheit, Mißtrauen und serialisierender (und serialisierter) Terror auf der Stufe der Gleichgestellten, Ausschaltung der Organismen beim Gehorsam gegenüber dem vorgesetzten Organismus« (S. 696). Es ist leicht zu sehen, daß dies jene bis zum Äußersten getriebenen Begriffe sind, die wir bereits in dem Moment der Institution auftreten sahen und die jetzt auf die drei Stufen (die untere, mittlere und leitende Stufe) der bürokratisierten Organisation übertragen werden.

»Wir haben gesehen, wie sie aus der Souveränität selbst entstand, als diese nur erst ein institutionelles Moment der Gruppe war. Jetzt sehen wir, wie sie sich infolge der Trägheit der Basis als totale Ausschaltung des Menschlichen außer in einem winzigen Punkt an der Spitze behauptet« (S. 696/697; Hervorhebung G. L.). Das bedeutet, »daß die Auflösung der Gruppe das infernalische Feld des Praktisch-Inerten vollständig über dem Menschen geschlossen hat« (S. 327 Anm.).

»Die historischen Umstände einer Bürokratisierung der Machtbefugnisse« (S. 697) konnten hier nicht untersucht werden. Andererseits ist es für eine dialektische Analyse wichtig, festzustellen, daß, »wenn der Staat in einer von Klassenkonflikten gespaltenen Gesellschaft ein Zwangsapparat ist, die Bürokratie — die ständige Bedrohung des Souveräns — leichter vermieden werden kann als in einer sozialistischen Gesellschaft im Aufbau« (ibid.). Warum? Weil die »Spannung, die zwischen den Klassen herrscht, die ... partiellen Kämpfe« zur Ablehnung führen. »Andrerseits stellt ein besonderer Widerspruch die souveräne Gruppe ... der

herrschenden Klasse entgegen, die sie als ihren Apparat hervorbringt und erhält (sie bezahlt)« (S. 698). Dagegen, »wenn die Souveränitätsgruppe in ihrer unerbittlichen Homogenität *alle praktischen Gruppierungen* in sich integriert hat oder, anders gesagt, wenn die Souveränität die ganze Gruppe monopolisiert«, so hat »die souveräne *Pyramide* . . . nur noch gegen sich selbst zu kämpfen, das heißt gegen die durch die Trennung und die Institutionalisierung hervorgerufenen Gefahren: Und eben dieser Kampf gegen sich selbst muß die Bürokratisierung hervorbringen« (S. 699). Deswegen kann man in bezug auf die Bürokratisierung der sogenannten sozialistischen Staaten zu dem Schluß kommen: »Keiner kann heute mehr glauben, daß das erste Stadium der sozialistischen Revolution die Diktatur des Proletariats verwirklicht hat« (ibid.). Doch muß man noch einen Schritt weiter gehen. Denn das eigentliche Problem wäre: »in welchem Maße wird eine sozialistische Gesellschaft den Atomismus *in allen seinen Formen* verbannen?« (S. 328, Anm.).

Man sieht, daß Sartre zunächst einmal von dem politischen Problem unserer Zeit beunruhigt ist. Die ethische Inspiration seines Werkes ist wesentlich mit dem Problem verbunden, vor das die Staatsformen uns stellen, die das Privateigentum an den Produktionsmitteln abgeschafft haben, ohne damit jedoch den Gegensatz zwischen »Führenden« und »Ausführenden« zu beseitigen.

Aber Sartre führt die kritische Deduktion nicht zu Ende. Er zeigt nirgends, wie die Bürokratie sich zur führenden Klasse machen kann. Auf der anderen Seite schreibt er der Bürokratie an einen bestimmten Moment der historischen Entwicklung gebundene Charakterzüge zu, ohne zu sehen, daß diese sich auch verändern können. Und schließlich handelt es sich hier um eine innere Genese der Bürokratie; die äußeren Faktoren werden nicht untersucht.

G. Der geschichtliche Ort und die Unabgeschlossenheit

Am Ende jenes Weges, der uns von den Serien zu den sich bildenden Gruppen, von den entstehenden Gruppen zur *Organisation* (durch die Vermittlung des Eides), von der *Organisation* zur *Institution* (durch Vermittlung des Terrors) und schließlich zur Bürokratisierung geführt hat, stellt sich folgende Frage: Was tragen diese Analysen zum Verständnis der Gruppen bei? Wir sind berechtigt, diese Frage in Sartres eigener Perspektive zu stellen. So haben wir z. B. gesehen, wie er die Bedeutung unterstrich, die ein strukturelles Verständnis der Außenlenkung, wenn man diese aus der gegenwärtigen Soziologie herauslöst und sie in die

Gruppendialektik einordnet, für ein Verständnis der Geschichte haben kann. Somit ist eine nochmalige Lektüre angezeigt. Mehr ist gar nicht zu fordern: Wenn, um ein anderes Beispiel zu nennen, der Gruppendynamiker auf experimentellem Wege Modelle aufstellt (etwa der Gruppenkohäsion oder des Gruppendrucks), so setzt er dabei voraus, daß diese Konstrukte auf einer späteren Stufe der Untersuchungen im konkreten Feld der sogenannten »natürlichen« Gruppen brauchbar und in der Aktionsforschung zu benützen sein werden. Begeben wir uns also auf dieses Feld: »in der konkreten Realität, daß heißt in jedem Moment einer Verzeitlichung, [sind] *alle Statusweisen aller Gruppen*, der lebendigen und der toten, und *alle Serialitätsarten* ... zusammen gegeben ... als Geflecht strenger Beziehungen und als zerstreutes Material der ablaufenden Totalisierung« (S. 716). »Dieses konkrete Moment der Erfahrung reintegriert alle abstrakten Momente, die wir nacheinander erreicht und überschritten haben. Es versetzt sie innerhalb des Konkreten in ihre konkrete Funktion zurück« (S. 717). *Der Ort der Geschichte* — und, wie hinzuzufügen ist, das Feld der Soziologie — ist somit der einer Kombination von Gruppen und Serien; es wäre »ebenso abstrakt, die Gruppe ohne die Serien zu betrachten, wie die Serien ohne die Gruppen. In Wirklichkeit bestimmt die historische Entstehung einer oder mehrerer Gruppen ein praktisches Feld neuer Art, das wir *gemeinsames Feld* nennen, während die Serialität das Feld, das wir praktisch-inert genannt haben, definiert« (S. 718). Serien und Gruppen sind zusammen im gemeinsamen Feld gegeben: »Nichts erlaubt nämlich, *a priori* zu erklären, daß die Serialität ein der Gruppe vorhergehender Status sei, obwohl sich die Gruppe in ihr und gegen sie bildet«. »Gibt es nicht eine ständige Doppelbewegung von Gruppierung und Versteinerung? Gleichviel! Wesentlich war es, die Intelligibilität dieser Möglichkeiten zu begründen: das haben wir getan« (S. 718).

Solcherart ist also die Verkettung der Strukturen, die innere dialektische Bewegung, somit diejenige Entwicklung, die nach Sartre von der ursprünglichen Zerstreutheit zur endlichen Zerstreutheit, zur Bürokratisierung führt. Auf der Ebene der Gruppendynamik ist diese Bewegung streng deduktiv. Auf reflexivem Wege und durch eine phänomenologische Reduktion stößt sie auf das, was wir in der Diagnosegruppe bewerkstelligen, also auf jene andere Form der Reduktion: ein Vorgehen, das die allgemeinen Gesetze der Kommunikation zum Vorschein bringt, und zwar nicht, indem es sie neu schafft, sondern, indem es sie als Bedingung der Möglichkeit der gesellschaftlichen Erfahrung hervortreten läßt.

Doch ist dieses Zum-Vorschein-Bringen keine reale Genese. Hier und jetzt, in dieser Gruppe, sind wir bereits Träger der gesellschaftlichen Erfahrung, wir sind bereits für die Kommunikation erzogen, wir sprechen jene Sprache, ohne uns noch damit aufzuhalten, ihre Syntax zu bestimmen. Dementsprechend bleiben Analyse und Erfahrung der Gruppe auf einer bestimmten Ebene der Bedeutungen gültig. Woher aber kommt in Wirklichkeit die ursprüngliche Serialität? Sartre antwortet: sie kann nur aus einer realen historischen Revolution stammen, aus einem Zerbrechen der alten Strukturen, der vormaligen Bürokratie (es sei denn, man konstruiere, mit Rousseau, hypothetisch einen Übergang von vereinzelter, einsamer Animalität zu den ersten Bindungen der Humanität). Die Sartresche totale Serialität gibt es in unserer menschlichen Welt allein als erstes Moment einer apriorischen Deduktion.

Eine andere Schwierigkeit: das Moment der Organisation ist bei Sartre wesentlich das der Kleingruppe, des Teams oder der Werkstätte, das Moment der Institution dagegen das der Gesamtgesellschaft. Kann man also auf dem Wege einer inneren Entwicklung von dem einen zum anderen übergehen? Schließlich bleibt seine Analyse der Bürokratie oberflächlich und beschreibend; und das kann zweifellos auch nicht anders sein. Sartre hat dies ausdrücklich gesagt: Im Namen seiner politischen Philosophie weist er den bloßen Gedanken, die Bürokratie könnte eine neue herrschende Klasse werden, zurück. Das Hauptinteresse der Sartreschen Analyse liegt somit nicht in der Antwort, die sie auf das politische Problem unseres Jahrhunderts gibt. Es liegt anderswo, und auf einer grundsätzlicheren Ebene: Sartre zeigt die vorrangige Bedeutung des Begriffs der *Unabgeschlossenheit* (inachèvement).

Die Dialektik der Gruppen, Organisationen und Institutionen lehrt uns, in der Analyse der gesellschaftlichen Prozesse und Organisationen den Gebrauch der Begriffe »*Abgeschlossenheit*« und »Reife« zu vermeiden. Oder richtiger, man könnte sagen, daß in der Geschichte der Gedanke der *Abgeschlossenheit* nur in Verbindung mit Herrschaft erscheint: Eine Klasse, die an die Macht gelangt, behauptet, daß die Geschichte nun reif ist, so wie sie selbst reif ist, — das ist z. B. die Philosophie der Aufklärung im 18. Jahrhundert.

Es bedarf nicht jenes aus der Biologie in die Soziologie und die Politik übertragenen Modells des *erwachsenen* Staates, wenn man eine Selbstregulierung der Gruppen und Organisationen definieren oder sich eine Institution gleichsam im permanenten Zustand der Institutionalisierung vorstellen will. Es ist im Gegenteil gerade die starre — und die erstarrte — Idee der *Institution,* die Reife, Beständigkeit und Tod heraufbeschwört. Der Gedanke der permanenten und unabschließbaren instituierenden Aktivität bedeutet im Gegenteil das Ende jener *institutionellen Starrheit,* von der die Bürokratie gewöhnlich geprägt ist.

Ich fasse zusammen: Auf der Stufe der Organisation kann das Beispiel einer Fußballmannschaft jene neue »Gestalt« der Gruppe verdeutlichen, das sich stark von derjenigen unterscheidet, die in der »fusionierenden Gruppe« dargestellt war. Die Organisation ist zunächst ein »Einwirken der Gruppe auf sich selbst«: die Gruppe organisiert ihre Mittel im Hinblick auf ein gemeinsames Ziel.

Aber wie bei der »Fusion«, noch vor dem Eid, zeigt sich auch auf der Stufe der Organisation eine Gefahr; wir sehen, wie die organisierte Gruppe ihre Stabilität auf eine »Reziprozität vereidigter Trägheiten« gründete. Wir wissen aber, daß die Gruppe die Stabilität, die sie immer vergebens anstrebt, nie besitzt und nie besitzen wird. Sie wird niemals die Einheit eines Organismus haben, sie wird niemals »erwachsen« sein. Ihr Zusammenhalt muß also immer von neuem gesichert werden.

Über die Vermittlung des Schreckens gelangen wir von der »Organisation« zur »Institution«. Die Terrorintegration säubert die Gruppe und eliminiert die Abweichler. Diese »Terrorgruppe« setzt sich der anfänglichen »lebenden Gruppe« entgegen; ihr Gleichgewicht ist nicht mehr dasselbe: Es entsteht die »angegriffene Gruppe«, die bedroht und heimgesucht wird von »Abweichungen«, von der ständigen Gefahr der Wiederauflösung in die Serie.

Um überleben zu können, schafft die Gruppe sich ihre Institutionen. Die Praxis ist seit eben dem Tage Institution, da die Gruppe, als eine durch die Alterität untergrabene Einheit nicht mehr in der Lage ist, sie zu verändern, ohne sich selbst völlig umzustürzen. Als beobachtbarer Typ zeigt sich diese Gruppe etwa in *Armee, Kirche, Partei* oder in den *Gewerkschaftsfunktionären.* Die institutionelle Gruppe wird geschmiedet in den Wandlungen, die z. B. aus der *Funktion* (dem Charakteristikum der organisierten Gruppe) die *Verpflichtung* werden lassen (z. B. militärische, familiäre, berufliche Verpflichtungen). Die neue Gestalt der Macht ist dann die *Autorität der Führung.* Diese Institution bedarf keines Konsensus der Gruppe, um die Souveränität sich in einer Person inkarnieren zu lassen. Plötzlich aber kehrt die Gruppe zur ursprünglichen Serialität zurück. Die Institutionen verlieren das Leben, das in der Gruppe waltete. Dies ist die *Bürokratie.*

Die Entwicklung dieser Gruppendialektik gibt uns nun die Möglichkeit, den *Ort der Geschichte* als einen Ort des Kampfes und des Konfliktes zu bestimmen. Der *Klassenkampf* muß darum jetzt als »Motor der Geschichte« (Marx) bezeichnet werden. Sartres Analysen treffen sich hier mit der wesentlichen Aussage des Marxismus, wobei sie von einer Definition der *Klassen* als Ensembles von Gruppen und von Serien ausgehen. Sartres Gruppendialektik schließt somit an die marxistische Dialektik der sozialen Klassen an. Sartre weigert sich jedoch, die Bürokratie als neue herrschende Klasse zu bestimmen. Dies ist zweifellos eine der größten Schwierigkeiten seiner Gruppen- und Geschichtsphilosophie.

H. Anwendung auf die Pädagogik

In einer T-Gruppe geht man von der ursprünglichen Vereinzelung und nicht von der Gruppe aus. Die erste Aufgabe wird darin liegen, zu verstehen, wie die Gruppe, deren Anfang und Ende in dem Bemühen der vereinigten Individuen liegt, ihre Serialität aufzulösen, aus der Serie hervorgehen kann. Wie entsteht diese erste »Totalisierung«? Will man diesen »Schmelzpunkt« treffen, so muß man verstehen, daß ein Trainingsseminar zunächst ein Seminar ist, das erst eine Gestalt annimmt, — was es übrigens während des ganzen Experiments auch weiterhin sein wird. Selbst wenn dieses Seminar von allen, die daran teilnehmen, gemeinsam beschlossen wurde, bleibt doch die *Serialität* als eine wesentliche und andauernde Dimension für das Leitungskollektiv gegenwärtig. Die ursprüngliche »Fusion« — in Sartres Analyse Resultat eines Klimas mit »hoher geschichtlicher Temperatur« — läßt sich verstehen, wenn man sie im Anfang eines Selbstausbildungsseminars (stage d'autoformation) erlebt. Es genügt hier, jenes dialektische Moment des Entstehens, des Übergangs von der Serialität zur Gruppe zu analysieren. Diese Analyse beschäftigt das Seminar zu Anfang, wenn nicht sogar während des ganzen Verlaufs. Die Fusion — so scheint uns — wird nur dann wirklich freigesetzt, wenn die Gruppe eine »Kommune-Gruppe« ist, wenn das Seminar als Großgruppe in einer zugleich pädagogischen und »politischen« Nichtdirektivität seine Strukturen selbst schafft und untersucht, seine eigenen pädagogischen Prinzipien in Frage stellt und diese komplexen Operationen zugleich analysiert.

Das fusionierende Kollektiv kann allein durch die implizite Vermittlung des Eides wirklich zu einer Gruppe werden. Dieser Eid ist die von jedem stillschweigend eingegangene Verpflichtung, »mitzuspielen«, den Versuch nicht zu »sabotieren« und die Spielregeln anzunehmen, die die Gruppe sich selbst gegeben hat. Ein Verhalten wie z. B. das Sabotieren der Gruppe oder die Fraktionsbildung kann man in der Tat nicht studieren, wenn man nicht vorgängig die Gruppe als ein Ganzes von »vereidigten« Teilnehmern herstellt. Dies ist die Grundbedingung, die der Gesamtgruppe des Seminars oder der »Kommune-Gruppe« erlaubt, sich auf die Suche nach einem Organisationssystem und nach einer Regelung ihrer Arbeitsweise, wie z. B. in selbstanalytischen Gruppen, Selbstausbildungsgruppen oder Arbeitsgruppen, auszurichten.

Ursprung des Eides im Seminar ist, wie bereits mehrfach betont wurde, die ständige Furcht vor der ursprünglichen Vereinzelung oder dem Auseinanderbrechen des Seminars, nach dem jeder nach Hause zurückkehrt. Es ist der Kampf aller und jedes einzelnen gegen das Unbehagen an einer Situation »hinter verschlossenen Türen«. Im Rahmen des Seminars muß man aus diesem Auf-der-Stelle-Treten ohne sichtbares Ziel herausfinden.

Die Kommune-Gruppe setzt also die Zustimmung aller und jedes einzelnen voraus. Dieser »Gesellschaftsvertrag« kann sich — wie Rousseau richtig festgestellt hat — nur auf Einmütigkeit gründen, d. h. auf den ursprünglichen Willen, den Versuch gemeinsam fortzusetzen. Dies also ist die Geburt der Gruppe: nicht etwa Geburt zu einem späteren Erwachsenensein, zu einer zukünftigen Abgeschlossenheit, sondern, wie die Geburt der Individuen, eine Geburt zur Unabgeschlossenheit, eine in unbestimmter Weise unabgeschlossene Geburt.

Das Seminar (oder die im Plenum versammelte Kommune-Gruppe) findet nun die Möglichkeit, das Problem der Organisation, der Strukturen zu stellen und eine Form für das Seminar zu erfinden. Noch einmal heben wir hervor, daß die Gruppe, bevor sie sich organisiert, um eine bestimmte festumrissene Aufgabe zu vollbringen, um zu »arbeiten«, zunächst ihre innere Machtstruktur organisieren und an sich selbst arbeiten muß. Hier stellt sich das Problem der Souveränität. Die Verteilung der Aufgaben und der Macht bringt jene »Quasi-Souveränität« eines jeden, welche die fusionierende Gruppe kennzeichnete, in Gefahr. Faktisch ist es notwendig, daß eine bestimmte Führungsrolle in der Gruppe ausgefüllt wird, aber die Gruppe will auf ihre Souveränität nicht verzichten, indem sie sich einen Führer gibt.

In dem Augenblick, da die Gruppe in die Organisationsphase eingetreten ist, kann die Kontrolle der Möglichkeiten zu Flucht, Abweichung oder Teilnahmeverweigerung strengere Formen annehmen. Die Gruppenmitglieder fühlen sich jetzt durch ihre Verpflichtungen gebunden. Die bis jetzt durch Angriffe gegen den Trainer zum Ausdruck gebrachte Agressivität (sie ist Ausdruck von Kontradependenz und von Angst, aber auch — wenn es sich um ein Bethel-Laboratorium handelt — eine Kritik, die durch den Trainer hindurch auf die soziale Institution zielt, die er repräsentiert, und auf die Organisation, die er verkörpert) richtet sich jetzt von der Gruppe ausgehend gegen Mitglieder der Gruppe selbst. Es ist nun zu unterscheiden zwischen Verhalten wie etwa der Suche nach »Sündenböcken« (agressives Wiederaufleben der anfänglichen Ungewißheit) und Verhalten wie dem »Terror der Brüderlichkeit«, welche sich auf die innere Organisation der Machtbefugnisse der Gruppe in ihrer neuen Struktur beziehen. Man nennt dies den »Gruppendruck«. Alle Formen des Druckausübens — auch die am wenigsten »gewalttätig« scheinenden — müßten als diffuse oder verschleierte Äußerungen des Terrors analysiert werden. Mit dem Terror kommen wir zum Problem der Institution. Nach Sartre wird der Terror zur instituierten Macht.

Das Trainingsseminar ist eine *Institution.* Sartres Untersuchung erhält hier ihren vollen Sinn. Es zeigt sich bereits, daß die Trainingsgruppe klassischer Art versucht ist, aus dem gesellschaftlichen Gesamtzusammenhang institutionelle Modelle bürokratischen Funktionierens zu entlehnen, z. B. das Abstimmen oder die Wahl der Führung. Dieses Phänomen ist verständlich: Wenn die Gruppe sich nicht instituieren kann, mündet sie in die indirekte Demokratie. Hier, in dieser Möglichkeit, eine »direkte Mikrodemokratie« zu erfinden, zeigt sich das politische Selbsterziehungspotential eines solchen Trainingsseminars [1].

Die in den Bethel-Methoden angelegten Erkenntnisse müssen also konsequent weiterverfolgt werden. Das Ergebnis wird die — schwierige — Entdeckung einer neuen Funktion der Analyse, eines neuen Trainertyps für das Selbstbestimmungsseminar sein.

Der Gedanke der Selbstbestimmung kann für uns nicht die »Utopie« einer völlig stabilisierten Gesellschaft, der gesellschaftlichen Homöostase, oder, in der Sprache Hegels, einen »Sonntag des Lebens« bedeuten. Würde man darin die abgeschlossene Realisierung eines Entwurfs suchen, so verfinge man sich in den apologetischen Fallstricken der Dialektik, die G. Gurvitch mit vollem Recht kritisiert hat.

Selbstbestimmung bedeutet für uns nicht den revolutionären Abschluß aller historischen Konflikte. Der Gedanke der permanenten Revolution führt vielmehr, wenn er zu Ende gedacht wird, zu dem Gedanken einer niemals abgeschlossenen Revolution.

Eine wesentliche Errungenschaft des Selbstbestimmungsseminars könnte eben die Unabgeschlossenheit sein. Und damit ist vielleicht der äußerste Punkt unserer Kritik des Konzepts von Bethel erreicht. Das Modell von Bethel setzt in eben dem Maße, wie es nicht Kritik ist, die Möglichkeit einer Reife der Gruppe voraus. Übersetzt in die Sprache der Geschichtsphilosophie kann diese Vorstellung sowohl an die in unseren Tagen so häufig wiederaufgenommenen Ideen der Aufklärung anschließen wie an die positivistische Idee eines Erwachsenenalters der Menschheit. In der Ideologie von Bethel finden sich Anklänge an Condorcet, an einen bestimmten Aspekt Rousseaus und sogar an Auguste Comte.

---

[1] Mit Sartre unterscheiden wir streng zwischen Institution und Bürokratie. Nicht jede Institution ist eine Bürokratie. Aber die Bürokratie ist die verdinglichte Institution. Letztlich ist die Beziehung Teilnehmer—Stab gleich der Beziehung Basis/Bürokratie.

Die Umkehrung der Beziehung zwischen Pädagogik und Politik leitet uns in eine entgegengesetzte Richtung. Die politische Konzeption des Trainings, die in gewissem Sinne weniger optimistisch ist als die pädagogische, bedeutet sowohl, daß die Menschen »erwachsen« sind, daß sie die Gesellschaft in Autonomie lenken können, wie auch, daß dieselben Menschen niemals völlig »erwachsen« sein werden, insofern dieser Ausdruck besagen soll, daß eines Tages ein vollkommenes Gleichgewicht gefunden oder hergestellt werden könnte. Hier trifft unsere Untersuchung über die Nicht-Direktivität in ihrer Geschichte und ihrer aktuellen Bedeutung auf das, was unserer Meinung nach heute ihre Grundlage abgeben muß: auf den Gedanken einer grundsätzlichen Unabgeschlossenheit der Gruppen und des Menschen überhaupt. Und schließlich glauben wir, daß eine Kritik an den Illusionen des Erwachsenseins einen direkten Angriff auf die pädagogische Direktivität bedeutet und damit auch auf die Strukturen, die aus unserer Gesellschaft eine bürokratisierte Gesellschaft machen.

Schlußfolgerungen

Zum Schluß will ich das in diesem Buch Vorgebrachte in Form von Thesen zusammenfassen. Diese Thesen betreffen zunächst die Organisationssoziologie, sodann die Psychosoziologie der Gruppen und schließlich die institutionelle Pädagogik.

1. Die Bürokratisierung der Industriegesellschaft durchläuft drei Phasen. Gegenwärtig ist die Phase C in der Entwicklung begriffen.

2. In der Phase C unterliegen die traditionellen Merkmale bürokratischen Funktionierens einer radikalen Umwälzung. Die »typischen Grundzüge« der Bürokratie, wie wir sie ausgehend von Marx und Max Weber beschrieben haben, müssen also als gebunden an eine bestimmte Zeit und an einem bestimmten Ort angesehen werden. Die neue Bürokratie der Zukunft wird geschmeidiger, »offener« sein. Sie wird zu ihrem Vorteil den Gedanken der Selbstbestimmung in sich aufnehmen.

3. Dieses soziale System bleibt trotz seiner Wandlungen bürokratisch, sofern man bereit ist, unter »Bürokratie« das Privateigentum an der Organisation zu verstehen — also »die Organisation der Trennung zwischen Führenden und Ausführenden«.

4. Die historische Funktion der Psychosoziologie der Gruppen und der Organisationssoziologie besteht darin, den Organisationen den Übergang von der Phase B zur Phase C zu erleichtern.

5. Diese gesellschaftliche Funktion der Psychosoziologie gerät mit einer anderen Funktion in Konflikt: der Funktion eines Raumes, wo die gesellschaftliche Sprache uneingeschränkt laut wird, wo die Trennung und das Sichverkennen zwischen Individuen und Gruppen überwunden ist. Das impliziert, daß man die Bedeutung der Gruppen auf der Ebene der Institutionen untersucht: Dies ist die Aufgabe der institutionellen *Sozio-Analyse.*

6. Der Sozio-Analytiker kann diesem Widerspruch in der Praxis der Intervention und des Trainings nicht anders begegnen als durch eine Strategie, die ihm in die Organisationen Eintritt verschafft.

7. Derselbe Widerspruch findet sich in den am weitesten fortgeschrittenen Strömungen der Pädagogik, besonders in der sogenannten »nichtdirektiven« Orientierung. Diese letztere verkennt, wie alle Richtungen der Neuen Schule und der aktiven Methoden, das Grundproblem der Pädagogik, das nicht nur als ein Problem der Erziehungstechniken, sondern auch und vor allem als Problem der Organisationsformen der Erziehung — d. h. als Problem der Institutionen — gestellt werden muß.

8. Die institutionelle Pädagogik verfolgt das Ziel, diese Verkennung zu überwinden, indem sie eine erzieherische Selbstbestimmung organisiert, die sich darauf gründet, daß die Lernenden ihre Erziehung selbst in die Hand nehmen.

Diese acht Thesen bringen in ihrer Reihenfolge die Entwicklung unserer Gedanken zum Ausdruck. Indem wir durch soziologische Analyse und Erfahrung den gegenwärtigen Wandlungsprozeß der westlichen Bürokratien und ihren allmählichen Übergang in die Phase C aufgedeckt haben, haben wir die inneren Widersprüche zweier Praktiken, nämlich der »Gruppendynamik« und der »neuen Pädagogik«, besser lokalisiert und verstanden.

Diese Klärung hat uns dazu bewogen, zwei neue Aktionsformen vorzuschlagen: einerseits die »institutionelle Sozio-Analyse« und andererseits die »institutionelle Pädagogik«.

Literaturhinweise

Althusser, L. (1964): Les étudiants. In: La Pensée, März 1964.

Anzieu, D. (1956): Le psychodrame analytique chez l'enfant. Paris.

— (1966): Etude psychoanalytique des groupes réels. *Temps modernes,* 242.

Ardoino, J. (1965): Propos actuels sur l'éducation. Paris.

Barthes, R. (1957): Mythologies. Paris. Deutsch (gekürzte Ausgabe): Mythen des Alltags, 2. Auflage Frankfurt 1970.

Bass, Bernard M. (1967): The anarchist movement and the t-group. *Journal of Applied Behavioral Science,* Vol. III, 2. Deutsch in: *Gruppendynamik* I, 2, 1970.

Benedict, R. (1956): Urformen der Kultur. Hamburg.

Bennis, W. G., Shepard, H. A. (1956): A theory of group development. *Human Relations,* Vol. 9, 4, 415—438.

Benusiglio, D. (1959): Intervention psychosociologique dans une grande entreprise de distribution. In: *Hommes et techniques,* 15 (169).

— (1963): Les méthodes de groupe et le mouvement étudiant. In: *Recherches universitaires,* 4—5.

Bion, W. R. (1961): Experiences in groups. London. Deutsch: Erfahrungen in Gruppen und andere Schriften. Stuttgart, 1971.

R. R. Blake (1964): Studying group action. In Bradford et al. (1964).

Bradford, L. P., Gibb, J. R., Benne, K. D. (1964): T-group theory and laboratory method. New York. Deutsch: Gruppen-Training. Stuttgart 1972.

Brown, J. A. C. (1961): Psychologie sociale dans l'industrie. Paris.

Burnham, J. (1951): Das Regime der Manager. Stuttgart.

Cardan, P. (1961): Le mouvement révolutionnaire sous le capitalisme moderne. In: *Socialisme ou barbarie,* 6 (32), April/Juni 1961.

— (1965): Marxisme et théorie révolutionnaire. In: *Socialisme ou barbarie,* 39.

Cartwright, D., Zander, A. (1953): Group dynamics. Research and theory. London.

Caso, A. (1963): Land tenure among the ancient mexicans. In: *American Anthropologist,* 65 (4). August 1963.

Chatelain, F. M. (1945, 1947): Les principes de l'école active. In: *Revue de »l'Ecole Nouvelle Française«,* Dezember 1945, Juli 1947.

Coch, L., French jr., J. (1954): Overcoming resistance to change. In: Cartwright und Zander, Group dynamics. London.

Cousinet, R. (1943): Une méthode de travail libre par groupes. 2. Auflage. Paris.

Crozier, M. (1963): Le phénomène bureaucratique. Paris.

— (1964): Vorwort zur frz. Ausgabe von March und Simon, Organizations. Paris.

Daval, Bourricaud, Delamotte, Doron (1963): Sciences humaines et psychologie sociale. Les méthodes. In: Traité de psychologie sociale, Bd. I. Paris.

Destutt de Tracy, A. L. C. (1826): Eléments d'idéologie. Paris.

Djilas, M. (1964): Die neue Klasse. Eine Analyse des kommunistischen Systems. München.

Drucker, P. (1964): Praxis des Managements. Ein Leitfaden für die Führungsaufgaben in der modernen Wirtschaft. Düsseldorf.

Dufrenne, M. (1960): La personnalité de base. In: Traité de sociologie, Bd. II. Paris.
Durkheim, E. (1893): De la division du travail social. 6. Auflage 1926. Paris.
Eisenstadt, S. N. (1958): Bureaucracy and bureaucratisation. In: *Current Sociology*, 7 (2).
Engels, F. (1962 a): Herrn Eugen Dührings Umwälzung der Wissenschaft. Marx/Engels: Werke (MEW), Bd. 20. Berlin.
— (1962 b): Ludwig Feuerbach und der Ausgang der klassischen Philosophie. In: MEW, Bd. 21.
Enriquez, E. (1962): Les communications dans les organisations sociales. In: Hierche, H., Les techniques modernes de gestion des entreprises. Paris.
Faucheux, C. (1954): La dynamique de groupe. In: *Année psychologique*.
— (1959 a): Einleitung zu K. Lewin: Psychologie dynamique. Paris (ausgewählte Schriften in französischer Übersetzung).
— (1959 b): Les conceptions américaines du groupe de diagnostic. In: *Bulletin de psychologie*, no. spécial, 158—161.
Faucheux, C., Moscovici, S. (1958): Etude sur la créativité des groupes. In: *Bulletin de psychologie*, 11.
Festinger, L. et al. (1950): Theory and experiment in social communication. Ann Arbor.
Filloux, J.-C., Rogers, C. (1963): Le non-directivisme et les relations humaines. In: *Bulletin de psychologie*, 16.
Friedmann, G., Naville, P. (1961): Traité de sociologie du travail. 2 Bde. Paris.
Gabel, J. (1962): La fausse conscience. Paris. Deutsch: Ideologie und Schizophrenie. Frankfurt a. M. 1967.
Giscard, P. H. (1958): La formation et le perfectionnement du personnel d'encadrement. Paris.
Godelier, M. (1962): Le mode de production asiatique et les schémas marxistes d'évolution. Paris. Deutsch: Die asiatische Produktionsweise. Berlin 1972.
Gulick, L. H., Urwick, L. (1937): Papers on the science of administration. New York.
Gurvitch, G. (1963): La vocation actuelle de la sociologie, Bd. I. Paris.
Hare, P. A., Borgatta, E. F., Bales, R. F. (1955): Small groups, studies in social interaction. New York.
Hauriou, M. (1925): La théorie de l'institution et de la fondation. In: *Cahiers de la nouvelle journée*.
Hegel, G. F. W. (1821): Grundlinien der Philosophie des Rechts. Vierte Auflage, Hamburg 1955.
Hubert, R. (1961): Traité de pédagogie générale. Paris.
Jaques, E. (1951): The changing culture of a factory. London.
Kardiner, A. (1939): The individual and his society. New York.
Klineberg, O. (1964): Psychologie sociale, 2 Bde. Paris.
Lacan, J. (1956): Champ de la parole et de la conscience. In: *La psychanalyse* 1.
Lapassade, G. (1963): Un problème de pédagogie institutionelle. In: *Recherches universitaires*, 6.
— (1959): Fonction pédagogique du t. group. In: *Bulletin de psychologie*, no. spécial 158—161. Neu abgedruckt in: G. Lapassade, L'analyseur et l'analyste, Paris 1971.
— (1963 a): Le deuil de la philosophie (Kierkegaard et Marx). In: *Etudes philosophiques*.

— (1963 b): Psychologie et politique. In: *Recherches universitaires,* 4—5.
— (1963 c): L'entrée dans la vie. Paris.
— (1965): Bureaucratie dominante et esclavage politique. In: *Socialisme ou barbarie,* 40, Juni-August 1965.
— (1970): Von der Gruppendynamik zur institutionellen Analyse. *Gruppendynamik* I, 2.
Lefort, C. (1960): Qu'est-ce que la bureaucratie? In: *Arguments,* 17, 1. Trimester 1960.
Legrand, J. A. (1964): L'information dans l'entreprise. In: Information et publicité, 4. Ergänzungsbd. von »Problèmes d'opinion«.
Levy, A. (1965): Psychologie sociale. Textes fondamentaux. Paris.
— (1963): Une intervention psychosociologique dans un service psychiatrique. In: *Sociologie du travail.*
— (1959): Problèmes d'organisations et de structure dans la perspective des théories classiques. In: *Hommes et entreprises,* Vol. III, 17/18.
Lévi-Strauss, C. (1950): Einleitung zu: M. Mauss, Sociologie et anthropologie. Paris.
— (1949): Les structures élémentaires de la parenté. Paris.
Lewin, K. (1943): Forces behind food habits and methods of change. In: *National Research Council Bulletin, 108.*
— (1944): Constructs in psychology and psychological ecology. University Iowa.
— (1947): Frontiers in group dynamics. In: *Human relations,* I, Ss. 5—41 und 143—153.
Lewin, K., Lippitt, R., White, K. (1939): Patterns of aggressive behavior in experimentally created »social climates«. In: *Journal of social psychology, 10.*
Lukács, G. (1923): Geschichte und Klassenbewußtsein. Berlin. Neuausgabe Neuwied und Berlin 1970.
Maisonneuve, J. (1964): La psychologie sociale. Neuauflage. Paris.
March und Simon (1958): Organizations. New York.
Marrou, J. I. (1948): Histoire de l'éducation dans l'antiquité. Paris.
Marx, K. (1947): Das Kapital. Berlin.
— (1953): Die Frühschriften. Stuttgart.
Mayo, E. (1950): Probleme industrieller Arbeitsbedingungen. Frankfurt a. M.
Meigniez, R. (1967): L'analyse de groupe. Paris.
Meister, A. (1963): Socialisme et autogestion. L'expérience yougoslave. Paris.
Merton, R. K. (1936): The unanticipated consequences of purposive social action. In: *American Sociologic Review,* 1.
— (1940): Bureaucratic structure and personality. In: *Social Forces,* 18.
Michels, R. (1911): Zur Soziologie des Parteiwesens in der modernen Demokratie. Leipzig. Neuausgabe: Stuttgart 1970.
Mills, W. (1959): The sociological imagination. New York. Deutsch: Kritik der soziologischen Denkweise. Neuwied 1963.
Montmolin, G. de, Lambert, R., Pagès, R., Flament, C., Maisonneuve, J. (1964): Psychologie sociale expérimentale. Traité de psychologie expérimentale. Paris.
Moreno, J. (1932): The first book on group psychotherapy. New York.
— (1967): Die Grundlagen der Soziometrie. Köln und Opladen.
Morin, E. (1960): Ce que n'est pas la bureaucratie. In: *Arguments* 17.
— (1963): L'esprit du temps. Paris.
Moscovici, S. (1961): La psychanalyse, son image et son public. Paris.

Mothe, D. (1960): Les ouvriers et la culture. In: *Socialisme ou barbarie*, 5 (32), April/Mai 1960.
Mouillaud, M. (1964): Enseignement et enseigné. In: *La pensée*, 118. Dezember 1964.
Nahoum, C. (1954): L'entretien psychologique. Paris.
Nuttin, J. (1950): La thérapeutique non directive. In: Psychanalyse et conceptions spiritualistes de l'homme. Löwen.
Pagès, M. (1955): Psychothérapie non directive de Carl Rogers. In: Encyclopédie médicale, Bd. Psychiatrie, 3.
— (1959): Eléments d'une sociothérapie de l'entreprise. In: *Hommes et techniques*, 15.
— (1959 a): Note sur le t.group ou groupe de diagnostic. *Bulletin de psychologie*, no. spécial 158—161.
— (1965): L'orientation non directive en psychothérapie et en psychologie sociale. Paris.
Pagès, R. (1958): Quelques sources, notamment fouriéristes, de la sociologie experimentale. *Arch. internat. sociol. coopération*, 4.
Pagès, R. (1969): L'analyse psychosociologique et le mouvement de mai 68. *Communications*, 12.
Palmade, G. (1954—55): Note sur l'interview non directif. In: *Bulletin de psychologie*, 8.
Palmero, J. (1958): Histoire des institutions et des doctrines pédagogiques par les textes. Paris.
Parsons, T., Shils, E. A. (Hg. 1951): Toward a general theory of action. Cambridge, Mass.
Pieron, H. (1963): Examen et sociologie. Paris.
Pingaud, B. (1963): Une expérience de groupe. In: *Les temps modernes*. März 1963.
Raymond, H. (1960): La bureaucratisation des loisirs. In: *Arguments*, 17.
Riesman, D., Denney, R., Glazer, N. (1958): Die einsame Masse. Hamburg.
Rizzi, B. (1939): La bureaucratisation du monde. Paris.
Rocheblave-Spenle, A. M. (1962): La notion de rôle en psychologie sociale. Paris.
Rogers, C. (1961): On becoming a person. Boston. Deutsche Ausgabe: Stuttgart 1973 (in Vorbereitung).
— (1971): Lehren und Lernen. *Gruppendynamik* II, 2.
Rogers, C., Kinget, M. (1962): Psychothérapie et relations humaines. Paris.
Sartre, J.-P. (1964): Marxismus und Existenzialismus. Hamburg.
— (1967): Kritik der dialektischen Vernunft. Hamburg.
— (1962): Vers une psychosociologie politique. In: *Arguments*, 25—26.
Schmid, J. R. (1936): Le maître-camarade et la pédagogie libertaire. Paris.
Slavson, S. R. (1956): Einführung in die Gruppentherapie. Göttingen.
Stoetzel, J. (1960): La psychologie des relations interpersonnelles. Traité de sociologie, Bd. II. Paris.
— (1963): La psychologie sociale. Paris.
Taylor, F. W. (1913): Die Grundsätze wissenschaftlicher Betriebsführung. München und Berlin.
Tökei, F. (1969): Zur Frage der asiatischen Produktionsweise. Neuwied und Berlin.
Tosquelles, F. (1966): Pédagogie et psychothérapie institutionelle. Paris.

Trotzki, L. (1938): La quatrième internationale et l'URSS.
— (1924): Deutsch: Der neue Kurs. Hamburg.
Touraine, A. (1960): L'aliénation bureaucratique. In: *Arguments* 17.
— (1959): Situation du mouvement ouvrier. *Arguments,* 12/13, Sondernummer: La classe ouvrière: mythes et réalités.
van Bockstaele, J. und M. (1959): Note préliminaire sur la socianalyse. *Bulletin de psychologie,* no. spécial 158—161.
Weber, M. (1947): Wirtschaft und Gesellschaft. Tübingen.
Whyte, W. H. jr. (1956): Organization man. New York. Deutsch: Herr und Opfer der Organisation. Düsseldorf, 1958.
Wiener, N. (1948): Cybernetics. New York.

Namen- und Sachregister